华中科技大学法学教育40周年
暨法学院建院20周年

新文科法学精品文库

放射性废物管理立法比较研究

胡帮达　著

法律出版社 LAW PRESS · CHINA
北京

图书在版编目(CIP)数据

放射性废物管理立法比较研究 / 胡帮达著. -- 北京：法律出版社，2022
(新文科法学精品文库)
ISBN 978 - 7 - 5197 - 6455 - 5

Ⅰ. ①放… Ⅱ. ①胡… Ⅲ. ①放射性污染－污染防治－立法－对比研究－世界 Ⅳ. ①D912.604

中国版本图书馆 CIP 数据核字(2022)第 030155 号

放射性废物管理立法比较研究
FANGSHEXING FEIWU GUANLI LIFA BIJIAO YANJIU

胡帮达 著

责任编辑 陆帅文
装帧设计 汪奇峰

出版发行 法律出版社
编辑统筹 法律教育出版分社
责任校对 杨锦华
责任印制 刘晓伟
经　　销 新华书店

开本 A5
印张 10.5　**字数** 282 千
版本 2022 年 9 月第 1 版
印次 2022 年 9 月第 1 次印刷
印刷 唐山玺诚印务有限公司

地址:北京市丰台区莲花池西里 7 号(100073)
网址:www.lawpress.com.cn
投稿邮箱:info@lawpress.com.cn
举报盗版邮箱:jbwq@lawpress.com.cn
销售电话:010 - 83938349
客服电话:010 - 83938350
咨询电话:010 - 63939796

书号:ISBN 978 - 7 - 5197 - 6455 - 5
定价:52.00 元

凡购买本社图书,如有印装错误,我社负责退换。电话:010 - 83938349

序　言

作为一种重要的能源选项，核能相比其他形式的能源往往更具争议性。一方面，全球能源短缺和气候变化应对的迫切需求使“核能复兴”又开始成为热点话题；另一方面，核事故、核恐怖主义、核扩散风险以及放射性废物的处理处置等问题又使得各国对核能议题噤若寒蝉。如何规制各种风险，确保安全发展和利用核能是国际社会和各国立法者面临的重要议题。

作为核能风险规制的一个重要方面，放射性废物的安全管理一直是全球性难题。很多国家和地方曾热衷于发展核电项目但因无法回答“放射性废物向何处去”的问题而不得不选择放弃。当前，不少曾经选择大力发展核电项目而暂时搁置放射性废物处置问题的国家也不得不面对这一棘手问题。2021 年 4 月，福岛核事故发生后的第 10 个年头，日本政府作出向太平洋排放福岛核污水的决定在全球引发争议，如何在法律的框架内，采取对当代和后代负责任的方式来妥善处理放射性废物（包括核事故所致放射性废物）已不再限于一国之“私事”，而成为超越国界的、关乎整个人类命运的国际公共事务。

我国自 1991 年秦山核电站运行以来，在民用核能的开发利用方面取得了长足进展。在核电站建造和运行方面，我国目前（截至 2022 年 7 月 31 日）在运行核电机组数为 54 台，位居全球第三；在建核电机组数为 17 台，居全球第一；在核电技术方面，我国自主研发制造、具有独立自主知识产权的三代核电“华龙一号”已跻身世界前列。然而，伴随着我国核电的快速发展，放射性废物的管理也开始面临着较为严峻的形势，核电站运行累积产生的放射性废物与日俱增，给核电站的运行安全、环境安全和核能发展的社会可接受性均带来了挑战，合理规划并安全处置放射性废物已刻不容缓。

放射性废物的管理是一个高度复杂的系统工程，有赖于技术的突破、国家政策的保障、社会民众的支持和国际社会的合作。而法律在其中发挥着不可替代的作用，唯有在法律上将放射性废物管理所依赖的上述要素转化为国家（政府）、相关企业和社会公众的具体权利与义务，放射性废物管理工作才能有序和稳定地开展起来。

事实上，作为《乏燃料管理安全与放射性废物管理安全联合公约》的缔约方，我国2003年制定的《放射性污染防治法》、2011年制定的《放射性废物安全管理条例》和2017年制定的《核安全法》均对放射性废物的管理有所规定，这些法律法规构建了我国当前放射性废物管理的基本制度框架，为我国放射性废物管理工作的安全有序开展提供了基础性的规范指引。然而，相对于放射性废物管理的复杂性和新形势，现行的法律法规仍然难以提供充分的制度供给。实务部门已经指出，我国放射性废物管理在体制和机制（尤其是执行机制）、规划制定和实施、资金保障、公众沟通和生态补偿等方面还需要不断完善。近年来，核能业界对放射性废物管理问题进行专门立法，即制定“放射性废物管理法”的呼声亦愈发强烈。尽管这一呼声目前还尚未转化为立法机关的立法工作计划，以及未来是通过制定“放射性废物管理法”还是修改现行的法律法规来进行制度完善都具有不确定性，但从学术研究的视角而言，这无疑是一个具有研究价值的课题。

基于上述背景，笔者尝试对放射性废物管理相关的文献进行搜集和整理，发现国内从法律视角来研究放射性废物管理的论著寥寥无几，亦即国内相关学术研究处于相对空白状态。有鉴于此，作为一个核法律研究者，笔者自认为有必要在此领域做一些铺垫性的工作，推动国内学界对此领域法律问题的关注和进一步研究，进而为我国放射性废物管理的立法与制度完善提供理论上的支持。本书即是这一想法的初步成果。

环顾全球，放射性废物的处置尚无最佳方案和成熟经验，大部分国家还处于规划和摸索阶段。笔者也清醒地认识到，我国放射性废物管理法律制度的构建和完善不应也不可能选择某一个国家的法律制度作为移植范本,但作为放射性废物管理方面的后发国家,对于他国经验可以海纳百川,博观而约取。循此拿来主义精神,本书选取了美国、英国、加拿大、法国、德国、俄罗斯、韩国和日本这8个国家作为考察对象,这8个国家涵盖了英美法系国家和大陆法系国家、有核武器国家和无核武器国家、核能大国和弃核国家,以及放射性废物处置方面经验相对丰富的国家和正在探索方向的国家,具有相对广泛的代表性。笔者认为,对这些国家放射性废物管理法律相关问题进行梳理、比较和总结,可以大致提炼出一些放射性废物管理所遵循的共通性思路,为研究我国放射性废物管理立法问题提供一个相对开阔的比较法视野。

详言之,本书所考察的上述国家的放射性废物管理经验可归结为四个方面:首先,在政策与实践方面,各国基本上都确立了放射性废物管理的政策目标,制定了长远规划,采取了分类管理原则并基本确定了技术路线;其次,在法律规范体系方面,各国都采用了专门立法模式,针对放射性废物管理制定了一部或多部法律,并制定了与之配套的法规、标准、技术导则等下位规范文件,构建形成了一个多层级的、与其法律相协同的放射性废物管理规范体系;再次,在组织架构方面,各国放射性废物管理所涉主体都比较多元化,职责分工各异但相互关联,通常包括放射性废物管理活动的专门监督管理部门、业务管理(实施)部门、相关管理部门、实施单位以及相关的研究与咨询机构;最后,在主要制度措施方面,各国放射性废物管理相关立法均体现了对《乏燃料管理安全与放射性废物管理安全联合公约》规定的细化,确立了包括许可、安全评价、环境影响评价、公众参与、质量保证、辐射防护、报告、应急和资金保障等基本制度。需指出的是,由于核能发展历史与未来政策、技术条件、法制体系等方面的差异,各国放射性废物管理虽有共性可寻,但在上述每一个方面的具体层面均呈现出各自的特色或差异。

在域外考察后,本书参照上述分析框架,对我国放射性废物管理的政策与实践以及法律规制现状进行了梳理和审视,认为我国放射性废物管理工作各方面都在有序推进,但在立法、监管体制与机制以及具体制度层面仍然存在一些不足,有必要制定一部“放射性废物管理法”。

其初步立法构想包括三个方面：其一，在立法目的和基本原则方面，立法应当保护人的安全与健康、保护生态环境和保障核能产业可持续发展，遵循“人－环境－核能产业”的法益保护顺位，确立“安全优先，预防为主，责任明确，公开透明和统筹协调”的原则；其二，在管理体制机制的设计和优化方面，立法应明确国务院核安全监督管理部门、国务院核工业主管部门和其他相关部门的放射性废物管理的职责分工与协调机制，明确地方政府在放射性废物管理方面的职责和建立放射性废物管理的区域协调机制，并明确放射性废物管理实施主体；其三，在主要制度设计层面，立法应整合安全许可、安全评价、环境影响评价、质量保证、报告和事故应急等行之有效的制度，完善公众参与和资金保障制度，重点构建放射性废物管理与核能发展协调机制。这些具体建议既有对域外经验的参考或借鉴，也有结合我国制度背景和特殊情况进行的专门设计。

应当说明的是，本书对域外放射性废物管理法治经验的考察和对国内放射性废物管理立法与制度完善的建议在很大程度上尚属于粗线条型的初步研究，对于各国制度差异的影响因素、实施效果和我国放射性废物管理的实践问题等方面的调研和分析都还不够深入。毋庸讳言，本书确实还存在很多不足。严格来讲，它还算不上一本深耕细作和具有思想深度的学术专著，至少离笔者酝酿本书之初在内心立下的学术目标还具有较大差距。

笔者更愿意将此书定位于一本资料性的工具书。在此意义上，本书相对系统地梳理了8个代表性国家和我国放射性废物管理方面的最新文献资料（包括各类官方报告、国家履约报告和法律文本），并特意在附录部分编译了这些国家放射性废物管理法律框架条目（条旨）。如能方便读者按图索骥，快速了解各国放射性废物管理法律问题的概貌，从而对感兴趣的具体问题展开深入研究，也算是本书的绵薄贡献。笔者也将在本书的基础上进一步深挖，希望能拿出更深入的学术作品。

本书得以顺利出版要特别感谢华中科技大学法学院的大力资助。2021年恰逢华中科技大学法学院建院20周年，学院决定以院庆为契机，支持本院教师出版学术专著。本书能搭上这一“顺风车”既是一种荣幸,也算是对学院院庆的一份"薄礼"。在此,衷心祝愿我们的华中大法学院继往开来,蒸蒸日上!

本书写作和出版过程中,生态环境部核与辐射安全中心高级工程师魏方欣博士为笔者提供了国内放射性废物管理方面的宝贵资料,笔者所带硕士研究生贾晗、杨悦、付亚敏、任腾腾、于莹、李欢欢、任子夜、胡梦露和肖沔等同学参与了书稿的资料梳理和文本校对工作,法律出版社郑怡萍和陆帅文两位编辑老师对本书的修改提出了宝贵意见并做了精心编校,在此一并感谢!

最后,对于本书存在的纰漏甚至错误,敬请读者不吝赐教和指正。

胡帮达

2022 年 8 月 1 日

于华中科技大学东四楼 306 - 2 室

目　　录

第一章 导 论

一、研究背景与问题

核能事业属于国民经济与社会发展重点领域，对保障能源安全、保护生态环境、提高人民生活水平和促进经济高质量发展具有重要意义。发展核能事业应当贯彻习近平总书记提出的总体国家安全观和中国核安全观，坚持“发展和安全并重，以确保安全为前提发展核能事业”。

进入21世纪以来，我国核能事业成就斐然，已成为在运行核电机组数全球第三、在建核电机组数全球第一的核能大国。然而，伴随核能发展规模的不断壮大，放射性废物的产生量和在堆存储量也在不断增加。与此同时，我国早期建设的核设施已逐渐进入退役阶段，其退役过程中还会产生大量的放射性废物。这些日益累积的放射性废物如不能得以妥善处理将导致重大安全风险和生态环境风险，并将影响社会公众对核能事业发展的接受度，进而对我国政府积极有序推进核能发展的政策实施带来挑战。

放射性废物管理具有处置的长期性、影响的难以感知性、污染后果的不可逆性、公众的极度敏感性等几大特点，受政治、法律和技术等诸多因素影响，对任何一个核能国家来说都是一个现实难题。在法律上，尽管我国《核安全法》《放射性污染防治法》等法律已对放射性废物的管理有所规定，但由于这些法律立法目标定位的限制，现行放射性废物管理相关的法律制度尚未形成完整的体系，在体制机制、实施主体与责任、公众的权利保护、资金保障等方面仍存在诸多不足，难以满足我国当前及未来的放射性废物管理的现实需求。在此背景下，如何从制度层面应对这一挑战，成为我国核领域继《核安全法》之后立法和制度完善、核安全治理能力与治理体系现代化建设工作的重要课题之一。

我国社会各界对放射性废物管理立法的呼声也日渐高涨。据笔者调研所知：中国工程院和中国科学院40多位院士于2017年8月联名向国家有关部门提交了《关于尽快制定"放射性废物管理法"》的院士建议；中国科学院于2018年12月向中共中央、国务院呈送的《关于加快解决我国放射性废物环境安全问题的建议》时也提出应尽快制定"放射性废物处置法"；在十三届全国人大二次会议中，近20位全国人大代表提出了关于制定放射性废物管理法的议案。

2021年4月13日，日本政府作出向海洋排放福岛第一核电站核废水的决定引发了争议，放射性废物处置问题再次成为全球舆论关注的热点。国内外舆论对我国放射性废物管理安全问题也不乏关注。在此背景下，我国是否有必要针对放射性废物管理专门立法（制定"放射性废物管理法"）的问题更值得思考，更具有现实关照性。

考虑很多核能国家在放射性废物管理方面已有较长时间的实践和进行了专门性的立法，以及很多核能国家和中国一样都是《乏燃料管理安全和放射性废物管理安全联合公约》的缔约方，并认识到放射性废物管理因高度专业性而具有的实践共性，对代表性核能国家（美国、加拿大、英国、法国、德国、日本、韩国和俄罗斯）的放射性废物管理的政策与实践背景以及法制经验进行考察、比较分析和归纳总结，对于思考我国放射性废物管理立法和制度完善问题具有重要参考价值。

上述国家具有代表性的理由在于四方面：一是这些国家的核电机组数在全球排名位于前列（分别是美国第一位，法国第二位，俄罗斯第四位，日本第五位，韩国第六位，加拿大第八位，英国第九位，德国第十四位）；二是这些国家涵盖了除中国外的其他合法拥有核武器国家（美国、法国、俄罗斯和英国）；三是这些国家涵盖了积极发展核能的国家（如法国、俄罗斯等），也涵盖了已明确放弃发展核电的国家（如德国）；四是在法系上，这些国家也分别可以作为大陆法系国家和英美法系国家的代表。

二、研究综述

我国学界对放射性废物管理的制度研究尚处于起步阶段，相关论著屈指可数。在期刊论文方面，通过在中国知网检索"放射性废物管理"的篇名和关键词可以找到为数不多的和法律制度相关的期刊论文，这些论文在内容上可归纳为关于我国放射性废物管理的问题与思考以及域外放射性废物管理动态的介绍两个方面。对于前者，现有研究主要涉及放射性废物管理的政府责任、我国核电厂放射性废物管理面临的挑战、中国放射性废物管理的经验等；[1]对于后者，现有研究涉及对法国、韩国、英国、西班牙和俄罗斯等国家放射性废物管理实践现状的简要梳理。[2] 此外，亦发现数本（数篇）关于放射性废物管理法律制度相关的专著和博士论文。在专著方面，阎政博士在其《美国核法律与国家能源政策》一书中梳理了美国放射性废物管理的法律问题，[3]汪劲教授在其主编的《核法概论》中对我国现行放射性废物管理的法律即制度内容进行了简要介绍；[4]在博士论文方面，甘露茜博士在其博士论文《核能行业放射性废物安全管理法律制度研究》中梳理了法国、美国、芬兰、英国、加拿大和韩国的放射性废物管理制度并提出了我国放射性废物管理制度完善的建议。[5]

国外学者对放射性废物管理法律制度的关注相对较早，研究相对深入。现有代表性文献的内容主要包括三个方面：一是对某一国家放射性废物管理制度的系统研究，例如斯图尔特（Stewart）等在其《核燃料循环无处可去：美国放射性废物法》中对美国放射性废物管理的制度

---

〔1〕 参见耿保江：《论我国放射性废物管理中的政府责任》，载《南京工业大学学报（社会科学版）》2017年第16期；叶奇蓁、张志银：《我国核电厂放射性废物管理进展及挑战》，载《中国核电》2010年第3期；于雪峰、林浩淼：《核电"走出去"放射性废物管理的"中国方案"》，载《中国核工业》2018年第2期。

〔2〕 参见王海丹、伍浩松：《法国的乏燃料与放射性废物管理》，载《国外核新闻》2013年第11期；郭志锋：《韩国的放射性废物管理》，载《国外核新闻》2004年第3期；陈亚君、陆燕：《西班牙放射性废物管理中的公众沟通》，载《国外核新闻》2018年第7期；王海丹、伍浩松、王政：《英国核设施退役和放射性废物管理实践》，载《中国核工业》2014年第7期；孔庆军、李峰、朱杰等：《俄罗斯放射性废物管理现状》，载《辐射防护通讯》2016年第4期。

〔3〕 参见阎政：《美国核法律与国家能源政策》，北京大学出版社2006年版。

〔4〕 参见汪劲主编：《核法概论》，北京大学出版社2021年版。

〔5〕 参见甘露茜：《核能行业放射性废物安全管理法律制度研究》，重庆大学2019年博士学位论文。

历史与其存在的问题进行了深入的梳理和剖析;[1]二是对放射性废物管理的国际比较研究,例如阿希姆(Achim)等在其《核废物治理的挑战:国际比较》中对美国和部分欧洲国家放射性废物管理的法律制度及其问题进行了比较分析;[2]三是对放射性废物管理立法要求的一般性归纳,例如卡尔顿(Carlton)等在其《核法手册》与《核法手册:实施立法》中总结了放射性废物管理立法的原则和制度要素。[3]

总体而言,国内外现有研究为本书的研究奠定了基础,但还存在系统性研究和针对性研究不足的问题,对我国放射性废物管理立法的课题而言,在比较法和国内法的层面都有必要开展进一步的研究。

三、研究意义与目标

本研究的意义包括理论意义和现实意义。理论意义是通过比较分析代表性核能国家的放射性废物管理法制经验,总结放射性废物管理法律制度的一般逻辑和核心要素,为我国学术界进一步研究放射性废物管理法律制度问题提供一个相对丰富的资料基础和初步分析框架;现实意义是论证我国开展放射性废物管理专门立法的必要性并提出初步的立法构想,为有关部门推动我国放射性废物管理立法和制度完善工作提供理论支撑和参考素材。

本研究的目标是提出我国制定"放射性废物管理法"的初步立法构想,包括明确立法目的与基本原则定位、管理体制的设计与优化、主要制度的构建与完善路径以及与其他相关法律的衔接思路等。

四、研究思路与方法

(一)研究思路

为实现上述研究目标,本书遵循如图 1－1 所示研究思路,即先对

---

[1] See Stewart, Richard Burleson & Jane Bloom Stewart, *Fuel Cycle to Nowhere: U. S. Law and Policy on Nuclear Waste*, Vanderbilt University Press, 2011.

[2] See Achim Brunnengräber et al., *Challenges of Nuclear Waste Governance: An International Comparison*, VS Verlag für Sozialwissenschaften, 2018.

[3] See Carlton Stoiber & Alec Baer et al., *Handbook on Nuclear Law*, International Atomic Energy Agency, 2003; Carlton Stoiber & Alec Baer et al., *Handbook on Nuclear Law: Implementing Legislation*, International Atomic Energy Agency, 2010.

美国、加拿大、英国、法国、德国、日本、韩国和俄罗斯这8个代表性核能国家的放射性废物管理经验进行考察和归纳,然后在比较法视野下对我国放射性废物管理的实践与立法问题进行梳理和分析。

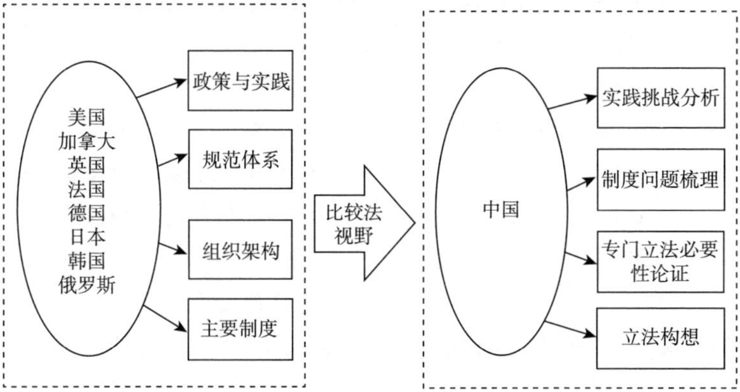

图1-1 研究思路示意

(二)研究方法

本研究采用比较研究法、规范分析法和调查研究法,具体而言:

1. 比较研究法。通过梳理和分析美国、加拿大、英国、法国、德国、日本、韩国和俄罗斯这8个代表性的核能国家的放射性废物管理的政策与实践、法律规范体系、组织架构和主要制度措施,归纳出放射性废物管理立法的模式和基本内容。

2. 规范分析法。通过分析代表性核能国家的放射性废物管理相关法律文本和我国放射性废物管理相关法律(如《核安全法》《放射性污染防治法》等)文本,明确放射性废物管理法律制度内容。

3. 调查研究法。通过采用电话、邮件等方式对我国主要核能企业、放射性废物管理相关政府部门的专业人员进行咨询,了解我国放射性废物管理的实践问题、有效经验和制度需求。

五、基本概念界定

概念是法律研究的逻辑起点。理解和研究放射性废物管理立法问题需要先对“放射性废物”和“放射性废物管理”这两个基本概念和相关专业术语进行界定。由于放射性废物管理相关的国际公约和国际原子能机构制定的文件在一定程度上反映了共同实践和国际共识,此处以《乏燃料管理安全和放射性废物管理安全联合公约》以及国际原子能机构出版的安全术语和相关安全导则为主要参考,来介绍"放射性废物"和"放射性废物管理"的一般概念。

（一）放射性废物

根据《乏燃料管理安全与放射性废物管理安全联合公约》第 2 条第 h 款的定义,"放射性废物"系指缔约方或者其决定得到缔约方认可的自然人或法人预期不做任何进一步利用的而且监管机构根据缔约方的立法和监管框架将它作为放射性废物进行控制的气态、液态或固态放射性物质。从该定义中可以看出"放射性废物"的四个特征:第一,在物质属性上,放射性废物是一种放射性物质;第二,在使用价值上,放射性废物是预期不做任何进一步利用的物质;第三,在形态上,放射性废物包括气态、液态和固态三种形态;第四,在法律依据上,放射性废物是由缔约方的监管者根据本国的法律规定来界定的。

根据国际原子能机构的定义,放射性废物根据放射性水平(浓度)一般分为免管(豁免)废物(exempt waste)、中低水平放射性废物(low and intermediate level waste,下文简称中低放废物)和高水平放射性废物(high level waste,下文简称高放废物)(如图 1-2 所示),根据半衰期的长短分为长寿命废物(long lived waste)和短寿命废物(short lived waste)。

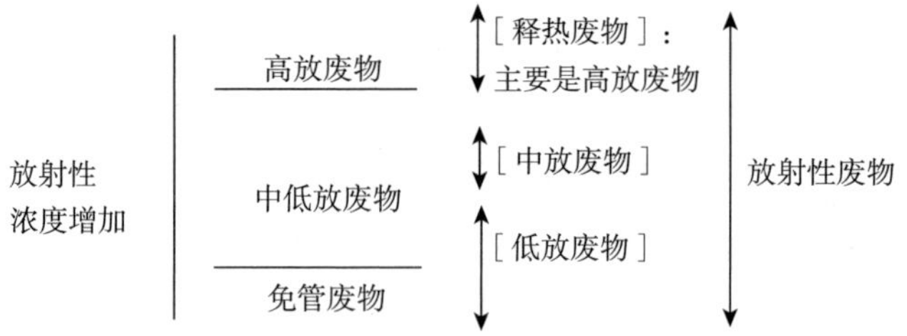

图 1-2　放射性废物的分类

资料来源:IAEA, *IAEA Safety Glossary Terminology Used in Nuclear Safety and Radiation Protection* 2018 *Edition*, IAEA, 2019, p. 192.

其中,高放废物,是指含有乏燃料中存在的大多数裂变产物和锕系元素的放射性液体以及一些相关的废物流、固化后的物质、乏燃料(如被宣布为废物)或具有类似放射特性的任何其他废物;中低放废物,是指放射性特征介于免管废物与高放废物之间的放射性废物;免管废物,是指含有放射性物质,但其活度或放射性浓度等于或低于监管要求的清洁解控水平,根据免管原则解除监管控制的废物;长寿命废物,所含放射性核素水平相当高,其半衰期大于30年的放射性废物;短寿命废物,不含半衰期超过30年的含有大量放射性核素的放射性废物。

和放射性废物相关,与放射性废物概念容易混淆的是乏燃料的概念。为此,有必要对乏燃料的概念进行简要介绍。根据《乏燃料管理安全与放射性废物管理安全联合公约》第2条第n款的定义,乏燃料(spent fuel)系指在反应堆堆芯内受过辐照并从堆芯永久卸出的核燃料。国际原子能机构指出,形容词"乏"意味着乏燃料不能以现有形式用作燃料。但是,乏燃料可以通过后处理过程从中提取放射性同位素以供进一步使用。在此意义上,如果一个国家不打算后处理乏燃料,也可以直接将乏燃料作为放射性废物;如果后处理乏燃料,在后处理过程中提取的进一步使用的放射性同位素之后的剩余物质也是放射性废物。

此外,在有的国家或场合,放射性废物也可能有其他称谓,例如"核废物""核废料"等。这些不同的称谓在本质内涵上与上述国际原子能机构定义的放射性废物的概念基本相同。本书将根据各国的具体情况或习惯来分别使用这些概念。

(二)放射性废物管理

根据《乏燃料管理安全与放射性废物管理安全联合公约》第2条的定义,"放射性废物管理"系指与放射性废物的装卸、预处理、处理、整备、贮存或处置有关的一切活动,包括退役活动,但不包括场外运输。放射性废物管理也可涉及排放。

国际原子能机构将放射性废物的管理活动进行了细分,具体如图1-3所示。

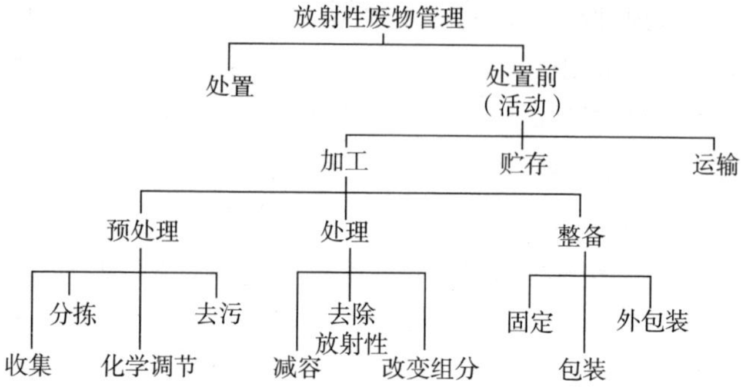

图 1－3　放射性废物管理的具体活动类型

资料来源：IAEA，*IAEA Safety Glossary Terminology Used in Nuclear Safety and Radiation Protection* 2018 *Edition*，IAEA，2019，p. 187.

六、本书的结构安排

本书主要包括六部分：

第一章“导论”，介绍了研究的背景与问题、研究综述、研究意义与目标、研究思路与方法以及本书的结构安排。

第二章“代表性核能国家放射性废物管理的政策与实践”，依次梳理了美国、加拿大、英国、法国、德国、日本、韩国和俄罗斯这 8 个代表性核能国家放射性废物管理的政策与实践并进行比较，旨在归纳放射性废物管理立法需要考量的政策与实践背景。

第三章“代表性核能国家放射性废物管理的法律规范体系”，依次梳理了美国、加拿大、英国、法国、德国、日本、韩国和俄罗斯这 8 个代表性核能国家放射性废物管理的法律规范体系并进行比较，总结出放射性废物管理立法的选择模式。

第四章“代表性核能国家放射性废物管理的组织架构”，依次梳理了美国、加拿大、英国、法国、德国、日本、韩国和俄罗斯这 8 个代表性核能国家放射性废物管理的组织架构并进行比较，总结出放射性废物管理的体制设计的思路与考量因素。

第五章“代表性核能国家放射性废物管理的主要制度措施”，依次梳理了美国、加拿大、英国、法国、德国、日本、韩国和俄罗斯这 8 个代表性核能国家放射性废物管理的主要制度措施并进行比较,归纳出放射性废物管理的一般制度要素和内在逻辑。

第六章“比较法视野下我国放射性废物管理立法构想”,分析我国放射性废物管理的实践、面临的挑战和制度应对的不足之处,论证我国放射性废物管理专门立法的必要性,并从立法目的与基本原则定位、体制机制设计和主要制度构建与完善方面提出制定“放射性废物管理法”的初步立法构想。

此外,本书还设有附录部分“代表性核能国家放射性废物管理法律框架条目(条旨)编译”,将本书考察的 8 个代表性核能国家的放射性废物管理专门性法律的章节和条文标题(条旨)进行翻译和汇编,方便读者快速了解这些国家的放射性废物管理立法的大致内容。

第二章　代表性核能国家放射性废物管理的政策与实践

放射性废物管理立法需要考虑诸多因素。其中,放射性废物管理的国家政策导向和已开展的实践是影响立法和制度设计的重要背景和基本考量因素。这里的政策泛指一国对放射性废物管理的总体立场(态度)、计划或战略等宏观安排,实践泛指一国放射性废物管理所涉及的分类、处理处置方式、设施或场址安排等技术与管理层面的具体安排。理解一国放射性废物管理的政策和实践也是理解该国放射性废物管理立法和制度设计的前提。本章将依次对美国、加拿大、英国、法国、德国、日本、韩国和俄罗斯的放射性废物管理政策和实践进行梳理,并进行比较和总结。

一、美国放射性废物管理的政策与实践

(一)美国核能利用与放射性废物概况

美国是世界上最大的核能生产国。其核能利用历史悠久,商业核电站的发电始于1958年。截至2021年7月12日,美国共有93台正在运行的核电机组,2台正在建设中的核电机组,40台永久关闭的核电机组。[1] 这些核反应堆的平均年龄约为39岁。纽约最古老的运行反应堆"九里角1号机组"于1969年12月开始商业运行。最新投入使用的反应堆瓦茨酒吧2号机组于2016年并网发电,这是自1996年瓦茨酒吧1号机组上线以来第一个上线的反应堆。自1990年以来,美国商业核电站每年供应全国约20%的电力,2020年发电量达到7900亿千瓦

〔1〕 资料来源:国际原子能机构反应堆信息系统网,https://pris. iaea. org/PRIS/CountryStatistics/CountryDetails. aspx? current = US。

时,年发电量首次超过煤炭。[1] 美国一直使用核能生产可靠、低碳的能源,并支持其国防活动。[2]

美国是放射性废物的产生大国。美国核监管委员会(Nuclear Regulatory Commission)和协议州(Party States)[3] 管理大多数低放废物、高放废物以及铀和钍的加工残留物。此外,在美国,铀矿尾矿(从任何主要按其原料含量加工的矿石中提取或浓缩铀或钍而产生的尾矿或废物),以及在医疗实验室和医院以及研究和工业活动等应用中产生的日常废物也被称为放射性废物。美国放射性废物的分类详见表 2－1。

表 2－1　美国放射性废物分类

废物类别	特征描述
高放射性废物	乏燃料再加工产生的高放射性物质,包括在再加工过程中直接产生的液体废物和从这种液体废物中提取的含有足够浓度裂变产物的任何固体物质,以及核监管委员会根据规则确定的其他需要永久隔离的高放射性物质
A 类低放射性废物	A 类废物由 10 CFR 61.55(a)(2)(i)中列出的特性和 10 CFR 61.56(a)中的物理形态要求决定。(美国没有 A 类废物的最低门槛)
B 类低放射性废物	必须满足比 A 类废物更严格的废物形式要求的废物,以确保稳定性。B 类废物的物理形态和特性必须满足 10CFR 61.56 中规定的最低要求和稳定性要求

[1] See U. S. Energy Information Administration, *Nuclear Explained U. S. Nuclear Industry*, U. S. Energy Information Administration (Apr. 6,2021), https://www.eia.gov/energyexplained/nuclear/us－nuclear－industry.php.

[2] See Office of Nuclear Energy, 5 *Fast Facts about Nuclear Energy*, Department of Energy (Mar. 23,2021), https://www.energy.gov/ne/articles/5－fast－facts－about－nuclear－energy.

[3] “协议州”(Party States)是指根据经修订的《1954 年原子能法》第 274b 款,原子能委员会或核监管委员会已与之签订有效协议的任何州。

续表

废物类别	特征描述
C 类低放射性废物	废物不仅必须满足比 B 类废物更严格的废物形式要求，以确保稳定性，还需要在处置设施采取额外措施，以防止无意中的侵入，如设置工程屏障或更大的掩埋深度。C 类废物的物理形式和特性必须满足 10CFR61.56 中规定的最低要求和稳定性要求
超过 C 类浓度的低放射性废物	超过 C 类浓度的低放射性废物（Greater – than – Class C Low – Level Waste）
《1954 年原子能法》第 11e(2) 规定的核副产品①	从任何矿石中提取或浓缩铀或钍产生的尾矿或废物，主要针对其原料进行加工，包括铀溶液提取过程产生的离散表面废物。通过这种溶液提取操作消耗的地下矿体不构成该定义中的“副产品材料”

①美国《1954 年原子能法》第 11 条 e(2) 核副产品，指任何一种自我具有放射性的物质（特殊核物质除外）以及生产特殊核物质过程中具有了放射性的物质。

（二）美国放射性废物管理的政策

一般而言，“放射性废物管理”包括放射性废物处理和放射性废物处置这两个重要构成部分。其中，放射性废物的“处理”主要是为了产生结构稳定的最终废物形式，并最大限度地减少其放射性和危险成分向环境的释放，例如将液体转化为固体、将废物封闭在容器中或严密包装；放射性废物“处置”被定义为旨在通过减少体积、去除放射性核素和改变成分来改变废物的特性，从而提高废物管理的安全性和成本效益的操作。[1] 美国通常不区分处理和处置这两个术语，而通常将其称为处理或加工。在《美国关于乏燃料管理安全和放射性废物管理安全联合公约的第六次国家报告》中更多地使用处理的概念。[2]

---

〔1〕 参见《乏燃料管理安全和放射性废物管理安全联合公约》，第 2 条第(i)项。

〔2〕 See U. S. Department of Energy, *United States of America Sixth National Report for the Joint Convention on the Safety of Spent Fuel Management and on the Safety of Radioactive Waste Management*, p. 36, IAEA (Oct. 20, 2017), https://www.iaea.org/sites/default/files/10 – 20 – 176thusnationalreportfinal.pdf.

美国在管理放射性废物方面拥有数十年的实践,并充分了解早期和可持续管理战略的重要性。美国在核设施建设之前的早期阶段就制定了放射性废物和乏燃料管理战略。例如,核反应堆的许可证申请必须考虑解决反应堆乏燃料的储存问题。美国在制定放射性废物管理战略时,通常考虑安全、环境保护、应急准备、设施需求的合理性、成本和时间等因素。[1]

具体而言,美国放射性废物管理政策的主要目标是确保公众和工人的健康与安全以及放射性材料安全、长期密封并与环境保持隔绝,为过去和未来的核能利用活动中产生的放射性废物提供管理、处理、储存、运输和最终处置的场所。[2]

美国核监管委员会、能源部和环保署共同负责美国放射性废物管理政策的实施。其中,核监管委员会负责制定和实施法规,确保储存和处置方法对废物长期管理的安全;能源部主要负责处置商业乏燃料和高放废物,并研发处理、储存、运输和处置能源部产生或拥有的所有废物的技术和方案;环保署根据《1954 年原子能法》的授权负责制定保护环境免受放射性核素影响的标准。[3] 这些机构制定政策时坚持的一个原则是,要尽快确保放射性废物被永久埋葬在一个或多个深层地质储存库中,不给后代留下必要的负担。为贯彻该原则,美国核废物管理机构审查小组(Interagency Review Group on Nuclear Waste Management)

---

〔1〕 See U. S. Department of Energy, *United States of America Sixth National Report for the Joint Convention on the Safety of Spent Fuel Management and on the Safety of Radioactive Waste Management*, p. 19, IAEA (Oct. 20, 2017), https://www. iaea. org/sites/default/files/10 – 20 – 176thusnationalreportfinal. pdf.

〔2〕 See OECD – NEA, *Radioactive Waste Management Programmes in OECD/NEA Member Countries: United States*, p. 4, OECD – NEA, https://www. oecd – nea. org/jcms/pl_33786/radioactive – waste – management – programmes – in – oecd/nea – member – countries – united – states.

〔3〕 See OECD – NEA, *Nuclear Legislation in OECD and NEA Countries: United States (2016 update)*, p. 16, OECD – NEA (2016), https://www. oecd – nea. org/jcms/pl_24255/nuclear – legislation – in – oecd – and – nea – countries – united – states – 2016 – update.

建议开发几个储存库，以便在 20 年内开始接收放射性废物。[1]

2012 年，美国政府发布了对核燃料和高放废物的管理和处置战略。该战略是一个迈向可持续计划的框架，旨在部署一个能够运输、储存和处理来自民用核能发电、国防、国家安全和其他活动中使用过的燃料和高放废物的综合系统。[2]

（三）美国放射性废物管理的实践

美国放射性废物管理的实践可以从低放废物的处置、高放废物的处置、铀尾矿处置和以往场址补救行动计划四个方面来考察。

1. 低放废物的处置

在美国，低放废物包括被放射性物质污染或因暴露于中子辐射而具有放射性的物品。这种废物通常包括受污染的防护鞋罩和衣服、擦拭抹布、拖把、过滤器、反应器、处理残留物、设备和工具、发光表盘、医用管、拭子、注射针、注射器以及实验室动物尸体。低放废物通常由产生者在现场储存，可以等到完全衰变时作为普通垃圾处理，也可以等到数量足够多时装运到美国交通部批准的低放废物处理场。[3]

低放废物处理在商业经营的低放废物处理设施必须获得美国核监管委员会或协议州的许可。这些设施的设计、建造和运营必须符合安全标准。设施的运营商还必须对设施所在的地点进行详细的评估，并分析该设施在未来数千年内的表现。《1985 年低放废物政策法》（修订版）赋予各州处理低放射性废物的责任。该法鼓励各州签订契约，允许它们在公共处置设施中处理废物。大多数州已经签订了契约。然而，自该法通过以来，美国只建造了一个新的处置设施。

---

〔1〕 See Stewart, Richard Burleson & Jane Bloom Stewart, *Fuel Cycle to Nowhere: U. S. Law and Policy on Nuclear Waste*, Vanderbilt University Press, 2011, p. 56 – 57.

〔2〕 See OECD – NEA, *Nuclear Legislation in OECD and NEA Countries: United States* (2016 *update*), p. 16, OECD – NEA (2016), https://www. oecd – nea. org/jcms/pl_24255/nuclear – legislation – in – oecd – and – nea – countries – united – states – 2016 – update.

〔3〕 See U. S. NRC, *Radioactive Waste*, U. S. NRC (Mar. 12, 2020), https://www. nrc. gov/waste/low – level – waste. html.

美国协议州目前有四个获得许可的低放废物处理设施[1](见表2－2)处于运行中。其运营公司分别是能源解决方案巴恩韦尔运营公司(Energy Solutions Barnwell Operations)、美国生态公司(U. S. Ecology)、能源解决方案克莱夫运营公司(Energy Solutions Clive Operations)和废物控制专家有限责任公司(Waste Control Specialists)。其中,能源解决方案巴恩韦尔运营公司位于南卡罗来纳州巴恩韦尔,能够处理A、B、C三类废物。美国生态公司位于华盛顿里奇兰,能够处理A、B、C三类废物。能源解决方案克莱夫运营公司位于犹他州克莱夫市,接受来自美国所有地区的废物,仅能处理A类废物。废物控制专家有限责任公司位于得克萨斯州,能够处理A、B、C三类废物。此四个低放废物处理设施于2020年共处理了约101万立方英尺和4万多立方英尺低水平放射性废物。

表2－2　2020年美国四个低放废物设施处理低放废物的现状

处置设施	体积(立方英尺)	活度(居里)
安德鲁斯县,得克萨斯州	31,560	23,933
巴恩韦尔,南卡罗来纳州	31,478	643
克莱夫,犹他州	930,528	6511
里奇兰,华盛顿州	15,291	9236
总计	1,008,857	40,323

资料来源:U. S. NRC, *Low－Level Waste Disposal Statistics*, U. S. NRC (Mar. 22, 2021), https://www.nrc.gov/waste/llw－disposal/licensing/statistics.html.

2. 高放废物的处置

高放废物是核反应堆反应过程中产生的作为副产品的高放射性物质。高放废物包括两种形式:第一种是待处置的反应堆乏燃料,第二种

[1] See U. S. NRC, *Locations of Low－Level Waste Disposal Facilities*, U. S. NRC (Mar. 12, 2020), https://www.nrc.gov/waste/llw－disposal/licensing/locations.html.

是乏燃料后处理后剩余的放射性物质。[1]

从乏燃料中再处理提取同位素可再次用作反应堆燃料。尽管过去美国允许商业后处理乏燃料，但并没有实行。然而，在美国，大量的高放废物是由国防后处理项目产生的，如在华盛顿州汉福德、南卡罗来纳州萨凡纳河以及纽约西谷的后处理作业。这些放射性废物通常由美国能源部而不是由核监管委员会监管，这些废物与所有乏燃料一起列入了高放废物处理计划中。

由于高放废物和乏燃料会产生高放射性裂变副产物，必须对其进行小心处理和储存。由于使高放废物无害的唯一途径是经过数十万年的衰变，因此必须采用一种能够为公众提供足够保护的方式进行储存和处置。美国《1982年核废物政策法》规定对高放废物实行"地下隔离深藏法"处置。位于美国内华达州亚卡山脉是目前美国初步选定的高放射性废物最终处置场址。亚卡山核废物项目理论上能够容纳7.7万吨主要来自核电厂的高放废物，并计划将其密封长达100万年。但是由于各种利益博弈，这个项目到现在还没有确定。亚卡山的核废物场址选择工作开始于1987年，但一直伴随着很多争议。[2] 2002年，美国能源部向美国总统建议将亚卡山作为高放废物处置场址。这一建议被总统所采纳并获得国会批准。2008年，美国能源部向美国核监管委员会提交了在内华达州亚卡山建造首个高放废物地质处置库的许可申请。但由于内华达州的反对，2009年亚卡山被认为不是一个可行的选项，相关的工程也被终止。美国能源部仍然在致力于履行其处置乏燃料和高放废物的职责。

3. 铀尾矿处置

在美国，许多地方公众被允许使用工厂尾矿作为砂浆材料，但工厂尾矿砂浆用于建造建筑基础时会导致房屋和其他结构中的氡水平过高

---

〔1〕 See U. S. NRC, *Radioactive Waste*, U. S. NRC (Mar. 12, 2020), https://www.nrc.gov/waste/high-level-waste.html.

〔2〕 See U. S. NRC, *Historical Information*, U. S. NRC (Mar. 12, 2020), https://www.nrc.gov/waste/hlw-disposal/historical-information.html.

从而对居住者构成辐射风险。为此,美国国会通过《1978 年铀矿尾矿辐射控制法》以防止铀矿场的工厂尾矿对人体健康造成重大危害。在这一法律的规定下,美国国会通过与感兴趣的州、印第安部落和场地使用者合作提供评估和采取补救行动,通过对安全和环境无害的方式控制这样的尾矿,减少或消除其对公众健康的辐射危害。铀尾矿厂址的许可证到期后,其所有权最终将转移至国家,由美国能源部于 2004 年成立的遗产管理办公室长期监护。

美国能源部已经在 22 个不活跃的铀矿场和 5000 多个附近地区完成了表面补救行动。截至 2014 年,美国能源部遗产管理办公已负责在大约 28 个铀尾矿处理场提供长期监视和维护服务。[1]

4. 以往场址补救行动计划

美国能源部于 1974 年开始实施"以往场址补救行动计划"。这是一项旨在清理受曼哈顿项目和美国原子能委员会过去活动污染的地点的行动。[2] 能源部已经检查了 600 多个地点,审查了旧记录和进行了放射性调查。到 1997 年,美国 14 个州的 46 个地点已被确定有资格参加上述计划并需要采取补救行动。

从 1997 年开始,以往场址补救行动计划的管理工作从美国能源部转移到美国陆军工兵部队。从 1997 年到 2014 年,通过美国国会和美国陆军工兵部队的指定,该项目又增加了 7 个地点。美国陆军工兵部队与受影响社区和监管机构协商,根据美国《综合环境反应、赔偿和责任法》和《国家石油和危险物质污染应急计划》开展行动。利益相关者包括土地所有者、美国环境保护署、核监管委员会、能源部、州监管机

---

〔1〕 See OECD – NEA ,*Nuclear Legislation in OECD and NEA Countries*: *United States* (2016 *update*) , p. 19 – 20, OECD – NEA(2016), https://www. oecd – nea. org/jcms/pl_24255/nuclear – legislation – in – oecd – and – nea – countries – united – states – 2016 – update.

〔2〕 See OECD – NEA ,*Nuclear Legislation in OECD and NEA Countries*: *United States* (2016 *update*) , p. 20, OECD – NEA(2016), https://www. oecd – nea. org/jcms/pl_24255/nuclear – legislation – in – oecd – and – nea – countries – united – states – 2016 – update.

构、承包商、纳税人和以往场址补救行动计划网站所在地的社区居民。陆军工兵部队定期与能源部会面，评估潜在的新地点，并将完成的地点移交给能源部进行长期管理。

二、加拿大放射性废物管理的政策与实践

（一）加拿大核能利用与放射性废物概况

加拿大的核技术开发始于 1941 年。1945 年，加拿大成为全球第二个在反应堆中控制核裂变的国家。经过 70 多年的发展，加拿大现在已经成为世界第二大铀生产国，其每年的铀出口包含相当于约 10 亿桶石油的能源。2017 年，加拿大生产的铀有 87% 是供出口的，占全世界产量的 22%。[1] 加拿大核工业由私人所有的公司和公共部门的组织组成，[2] 国家所有的只有加拿大原子能有限公司，另外三个核电公司安大略省电力（OPG）公司、魁北克水电（Hydro – Québec）公司以及新不伦瑞克（NB Power）公司均为私人所有。加拿大核工业涵盖了整个核燃料领域，从核研发、铀矿开采和燃料制造、核反应堆建设与运营，到核废料管理和退役等领域，并在开发和部署小型模块化反应堆方面处于全球领先地位。加拿大核工业为该国政府贡献了超过 60 亿美元的收入（包括每年约 50 亿美元的核电产值和每年超过 10 亿美元的铀出口）。

截至 2019 年 12 月 31 日，加拿大共有 19 台正在运行的核电机组，6 台永久关闭的核电机组，无在建核电机组。其中，在运行的核电机组有 18 台在安大略省，1 台在新不伦瑞克省。[3] 这 19 座反应堆的总装

---

〔1〕 See Library of Parliament, *Nuclear Energy and Radioactive Waste Management in Canada*, p. 3, Parliament of Canada (Feb. 4, 2020), https://lop.parl.ca/sites/PublicWebsite/default/en_CA/ResearchPublications/201941E.

〔2〕 See Library of Parliament, *Nuclear Energy and Radioactive Waste Management in Canada*, p. 2, Parliament of Canada (Feb. 4, 2020), https://lop.parl.ca/sites/PublicWebsite/default/en_CA/ResearchPublications/201941E.

〔3〕 See Government of Canada, *The Canadian Nuclear Industry and its Economic Contributions*, Government of Canada (Dec. 19, 2016), https://www.nrcan.gc.ca/energy/energy – sources – distribution/uranium – nuclear – energy/nuclear – energy/canadian – nuclear – industry – and – its – economic – contributions/7715.

机容量为13554MWe,2019年全年发电94.9TWh,占加拿大总发电量的14.9%。[1] 安大略省核能的持续使用将于2030年减少每年约3000万吨二氧化碳的排放,相当于预期排放量的3.8%。加拿大19座在运行的核反应堆和利用水力发电等其他可再生资源为加拿大电网提供超过3/4的无碳排放电力。

随着核能产业的发展,放射性废物管理与处置成为一个重要的问题。在加拿大,根据《加拿大核安全与控制法》的定义,放射性废物是指任何含有放射性物质的材料,包括气体、液体或者固体,以及加拿大核安全委员会颁布的《加拿大放射性废物管理和退役框架》中规定的所有者认定为放射性废物的情况。放射性废物的分类通常根据确保短期和长期安全所需的封闭与隔离程度进行确定,并需考虑同类型放射性废物的潜在危险。加拿大标准协会与核工业界、政府和加拿大核安全委员会合作,制定了放射性废物分类标准,将放射性废物分为低放射性废物、中放射性废物、高放射性废物、铀尾矿和工厂废料。[2] 放射性废物产生于核燃料循环的各个阶段,包括铀矿开采、提炼和转换、核燃料制造、核电和研究反应堆的运行,以及退役阶段。[3] 对于核反应堆运营过程中产生的核废物,由废物的生产者或者所有者承担短期以及长期的管理责任。[4]

---

〔1〕 资料来源:国际原子能机构反应堆信息系统网,https://pris.iaea.org/PRIS/CountryStatistics/CountryDetails.aspx?current=CA。

〔2〕 See Canadian Nuclear Safety Commission, *Seventh Canadian National Report for the Joint Convention on the Safety of Spent Fuel Management and on the Safety of Radioactive Waste Management*, B.1.1, CNSC (Apr., 2021), http://www.nuclearsafety.gc.ca/eng/resources/publications/reports/jointconvention/index.cfm.

〔3〕 See Natural Resources Canada, *Inventory of Radioactive Waste in Canada Review* 2016, p.3, NRCan, https://www.nrcan.gc.ca/sites/www.nrcan.gc.ca/files/energy/pdf/uranium - nuclear/17 - 0467%20Canada%20Radioactive%20Waste%20Report_access_e.pdf.

〔4〕 See Natural Resources Canada, *Inventory of Radioactive Waste in Canada* 2016, p.5, NRCan, https://www.nrcan.gc.ca/sites/www.nrcan.gc.ca/files/energy/pdf/uranium - nuclear/17 - 0467%20Canada%20Radioactive%20Waste%20Report_access_e.pdf.

加拿大自然资源部每3年收集、汇编和分析加拿大的放射性废物清单数据。更新后的数据公布在加拿大放射性废物3年期清单中，该清单详细介绍了加拿大四种不同类型放射性废物的生产、积累以及未来预测情况。截至2019年12月31日，加拿大核工业产生的高放废物存量为12,718立方米，占比0.5%；中放废物为15,681立方米，占比0.6%；低放废物为2,524,670立方米，占比98.9%。铀尾矿和工厂废料共计38500万吨（见表2－3）。

表2－3 加拿大不同类型放射性废物历史累积量

类型	体积（立方米）	百分比（%）
低放射性废物	2,524,670	98.9
中放射性废物	15,681	0.6
高放射性废物	12,718	0.5
总计	2,553,069	100

资料来源：Canadian Nuclear Safety Commission, *Seventh Canadian National Report for the Joint Convention on the Safety of Spent Fuel Management and on the Safety of Radioactive Waste Management*, D. 1. 2, CNSC (Apr. ,2021), http://www.nuclearsafety.gc.ca/eng/resources/publications/reports/jointconvention/index.cfm.

（二）加拿大放射性废物管理的政策

在加拿大，与核活动和核物质有关的事项属于加拿大政府的管辖范围。加拿大自然资源部负责制定加拿大的核政策，包括涉及放射性废物的政策。加拿大政府制定的《放射性废物政策框架》规定了加拿大政府以及核废物生产者和所有者的作用和责任，其要点包括三个方面：一是联邦政府将确保以安全、无害环境、全面、具有成本效益和综合的方式进行放射性废物处置；二是联邦政府负责制定政策，规范和监督核废物的生产者和所有者，以确保他们遵守法律规定，并按照批准的废物处置计划履行其资金和运营责任；三是基于“谁污染谁付费”原则，放射性废物生产者和所有者负责资助、组织、管理和运营其废物所需的处置和其他设施。

根据加拿大目前的立法和监管框架，乏燃料被认为是另一种形式的放射性废物。因此，关于管理放射性废物的立法和政策同样适用于乏燃料和其他形式的放射性废物。[1]

为推进放射性废物的管理，加拿大制定的政策文件——《放射性废物政策框架》指出，在作出有关放射性废物管理的监管决定时，加拿大核安全委员会将根据具体案件的事实和情况，通过考虑某些关键原则来实现其目标，这些具体原则包括六项：一是通过实施设计措施、操作程序和退役做法，在可行范围内尽量减少放射性废物的产生；二是放射性废物的管理与它对人体的健康和安全、对环境和对国家安全的放射性、化学和生物危害相称；三是评估放射性废物对人体健康和安全以及环境的未来影响，包括预测会发生最大影响的时间段；四是预测放射性废物的管理对人体健康和安全以及环境产生的影响不超过加拿大在作出监管决定时允许的影响；五是在合理可行的情况下，尽快制定、资助和实施必要的措施，以防止放射性废物的危害对今世和后代造成不合理的风险；六是在加拿大管理放射性废物可能对人体健康和安全以及环境产生的域外影响，不得超过在加拿大国内的影响。[2]

2019 年 9 月，国际原子能机构对加拿大进行了一次同行评议，认为加拿大拥有较全面的核辐射安全框架，建议加拿大政府应加强现有政策并制定相关战略，以落实加拿大政府放射性废物政策框架中所述的原则。

为回应上述建议，加拿大政府将审查其现有的放射性废物政策，并考虑如何加强该政策以落实《放射性废物政策框架》中所述的原则，包

---

〔1〕 See Canadian Nuclear Safety Commission, *Seventh Canadian National Report for the Joint Convention on the Safety of Spent Fuel Management and on the Safety of Radioactive Waste Management*, B. 1. 2, CNSC (Apr., 2021), http://www. nuclearsafety. gc. ca/eng/resources/publications/reports/jointconvention/index. cfm.

〔2〕 See Canadian Nuclear Safety Commission, *Seventh Canadian National Report for the Joint Convention on the Safety of Spent Fuel Management and on the Safety of Radioactive Waste Management*, B. 1. 2, CNSC (Apr., 2021), http://www. nuclearsafety. gc. ca/eng/resources/publications/reports/jointconvention/index. cfm.

括建立一个相关的战略。加拿大自然资源部将作为负责制定和实施加拿大联邦核能政策的政府牵头部门进行这一审查。2018 年 12 月,加拿大核安全委员会发布了监管文件《加拿大放射性废物管理和退役框架》,阐述了加拿大放射性废物管理和退役的治理和监管框架,明确加拿大核安全委员会秉持的放射性废物管理的理念与联邦放射性废物政策框架完全一致,确定了对许可活动中产生的放射性和危险废物进行长期管理的必要性,并确认了加拿大核安全委员会对优化监管工作的承诺,指出加拿大核安全委员会应与各州和地方政府协商和合作。这一文件为加拿大放射性废物管理政策的实施奠定了基础。

在放射性废物管理具体实施计划方面,加拿大政府根据就地处置原则,结合不同类型的放射性废物制定相应的长期处置规划。针对中低放射性废物长期管理的四个项目预计在未来几年完成,其中有三个项目包含对加拿大核实验室产生的低放射性废物的近地表处置方案,有两个项目(Port Hope,Port Granby)正在建设中,有一个项目(Chalk River)目前正在审批阶段。之前安大略省电力公司提出的针对其产生的中低放射性废物的深层地下填埋方案在审批过程中被当地人拒绝了,目前正在考虑可供替代的解决方案。[1] 建设完成之后,上述几个项目预计能够处置 360 万立方米来自加拿大两个主要核废物生产者(加拿大核实验室和安大略省核能公司)产生的放射性废物。[2] 另外两家核电公司,新不伦瑞克电力公司与魁北克水电公司 2016 年产生了大约 2% 的中放射性废物与不到 1% 的低放射性废物,这两家核电公司尚未提出针对其放射性废物的长期处置计划。[3]

---

〔1〕 See Library of Parliament, *Nuclear Energy and Radioactive Waste Management in Canada*, p. i, Parliament of Canada (Feb. 4, 2020), https://lop.parl.ca/sites/PublicWebsite/default/en_CA/ResearchPublications/201941E.

〔2〕 See Library of Parliament, *Nuclear Energy and Radioactive Waste Management in Canada*, p. 7, Parliament of Canada (Feb. 4, 2020), https://lop.parl.ca/sites/PublicWebsite/default/en_CA/ResearchPublications/201941E.

〔3〕 See Library of Parliament, *Nuclear Energy and Radioactive Waste Management in Canada*, p. 10, Parliament of Canada (Feb. 4, 2020), https://lop.parl.ca/sites/PublicWebsite/default/en_CA/ResearchPublications/201941E.

对于高放射性废物，根据《核燃料废物法》的规定，由加拿大政府负责审查加拿大核废物管理组织编写的研究报告，从该核废物管理组织提议的方案中选择一个长期管理方案，并在其实施过程中进行监督。该法生效后，要求核能公司建立必要的信托基金，以资助实施长期废料管理活动。经过广泛的研究和公众咨询，加拿大核废物管理组织于2005年11月3日向加拿大政府提交了其研究方案。加拿大核废物管理组织提出了四个方案：一是在反应堆所在地长期储存；二是中央浅层或地下储存；三是深层地质处置；四是适应性分阶段管理（Adaptive Phased Management）方法。

经过3年的公众咨询，加拿大政府于2007年宣布将选择适应性分阶段管理方法对乏燃料和放射性废物进行长期管理。该方法分为六个阶段过程，即选址、建造、运行、持续监管、退役与关闭和后期监管。[1]在过去的几年里，政府的一些关键决定促进了这一方法的实施。2009年4月，自然资源部部长批准了一个供资公式，确保在信托基金中留出足够的资金来支付这一方法的整个生命周期的费用。2009年8月14日，自然资源部部长与加拿大核废物管理组织签订了一份关于当地居民参与的谅解备忘录。该备忘录明确了政府和加拿大核废物管理组织在就该项目根据《核燃料废物法》与当地居民协商方面的作用和责任。

自2010年年初以来，加拿大核废物管理组织一直在推进其选址过程，以确定一个安全、可靠和合适的地点来建造深地质处置库管理乏燃料与放射性废物。截至2020年3月，安大略省西北部的伊尼亚斯和安大略省南部的南布鲁斯仍被认为是该项目的潜在接收地区。加拿大核废物管理组织预计将在2023年之前确定一个单一的首选地点。

（三）加拿大放射性废物管理的实践

在实践方面，加拿大政府采取的是开放式燃料循环系统，即对乏燃料进行直接处理。这主要是因为，加拿大境内铀矿资源丰富，对乏燃料

[1] See Library of Parliament, *Nuclear Energy and Radioactive Waste Management in Canada*, p. 14, Parliament of Canada (Feb. 4, 2020), https://lop.parl.ca/sites/PublicWebsite/default/en_CA/ResearchPublications/201941E.

进行再处理的技术成本过高以及废物的放射性含量因来源而异。换言之,放射性废物管理技术取决于废物的特性和数量。

1. 高放废物管理实践

对于高放废物的处理,学界认为最为妥当的处置方法是地质深埋,但因其建造要求特殊、技术复杂,截至目前,在国际上并无一座成型的永久性放废库。目前国际上只有极少数国家在此类项目上处于领先地位,如芬兰、法国和瑞典已经完成选址工作。在加拿大的适应性分阶段管理方法中,地质深埋库目前正处于选址阶段,预计到 2023 年完成选址工作。

目前,加拿大的高放废物被临时安全地储存在有许可证的设施中。高放废物将继续留在这些场所,直到有合适的长期管理方案来进行长期管理。乏燃料第一次离开动力反应堆时,首先放置在一个冷却池中静置 10 年左右以冷却燃料并屏蔽辐射,之后会被转移到反应堆厂处地表上的混凝土干燥储存容器中。[1] 在加拿大,每个核电站在设计之初都会留有足够的空间来就地储存该核电站运营期间产生的乏燃料。自 1990 年以来,所有的反应堆场址都选择了干式贮存技术来进行额外的限产临时贮存,加拿大目前有三种基本设计用于干式贮存乏燃料,分别为:加拿大原子能有限公司的混凝土罐、加拿大原子能有限公司的模块化空气冷却贮存系统以及安大略省电力公司的干式贮存容器。[2] 适应性分阶段管理法既是一种技术方法,也是一种强调适应性的管理制度,它可以在深层地质储存库中提供对这种放射性废物的控制和隔离。这个计划的终点是确定一个安全的地点,作为长期管理废物的处置库。适应性分阶段管理法还涉及开发一个运输系统,将放射性废物从目前

---

〔1〕 See Library of Parliament, *Nuclear Energy and Radioactive Waste Management in Canada*, p. 11, Parliament of Canada (Feb. 4, 2020), https://lop. parl. ca/sites/PublicWebsite/default/en_CA/ResearchPublications/201941E.

〔2〕 See Canadian Nuclear Safety Commission, *Seventh Canadian National Report for the Joint Convention on the Safety of Spent Fuel Management and on the Safety of Radioactive Waste Management*, B. 1. 3, CNSC (Apr., 2021), http://www. nuclearsafety. gc. ca/eng/resources/publications/reports/jointconvention/index. cfm.

储存的设施转移到新的地点。适应性分阶段管理法允许在实施的速度和方式上具有灵活性,并在整个实施过程中促进人们和社区的持续参与。[1] 这一国家基础设施计划将在几十年内展开,并要接受监管部门的批准和监督。

2. 中低放废物管理实践

加拿大原子能有限公司和安大略省电力公司[拥有加拿大22个坎度(CANDU)反应堆中的20个]是加拿大中低水平放射性废物的主要生产者和所有者。截至2019年年底,它们生产的中、低放废物年度累积量分别达到加拿大所有中低水平放射性废物累积量的90%和99%。这些累积率分别代表了加拿大核实验室的研发活动(包括退役和环境修复)和安大略省的核电生产产生的废物。在加拿大原子能有限公司的累积率中,包括长期管理的来自一些小型放射性材料生产者和使用者(如医院和大学)的中、低放废物。此外,其他两个坎度反应堆(由新不伦瑞克电力公司和魁北克水电公司拥有)和卡梅科(Cameco)(全球最大铀矿生产商)公司在安大略省的铀加工和转换设施产生了大部分的剩余中低放废物。一般来说,中低放废物的所有者需得到加拿大核安全委员会的许可,才能运行临时存储设施来管理这些放射性废物。

安大略省电力公司拥有的坎度反应堆的大部分中、低放射性废物被安全地储存在安大略省的布鲁斯核电站的西部放射性废物管理设施的一个中心位置。机组整修产生的一些中放废物被储存在达林顿和皮克林反应堆场内各自的放射性废物管理设施中。新不伦瑞克电力公司和魁北克水电公司有自己的设施,用于在其反应堆现场临时储存中、低放废物。

加拿大原子能有限公司处理遗留放射性废物和实施退役的活动由加拿大核实验室根据"政府所有、承包商经营"的模式进行安排推进。对于研发产生的废物,加拿大原子能有限公司以及加拿大核实验室在两个场址以及其三个原型反应堆场址拥有废物储存设施。随着退役工

---

[1] 关于"适应性分阶段管理法"的介绍详见加拿大核废物管理组织网,https://www.nwmo.ca/en/Canadas - Plan/About - Adaptive - Phased - Management - APM。

作的进行，中、低放废物将被整合到加拿大核实验室进行储存。运行中的贮存设施包括一个用于去污水污泥的散装材料填埋场、屏蔽式模块地上贮存结构、混凝土掩体和瓦罐孔。加拿大核实验室也代表加拿大原子能有限公司接受医院、大学和小型工厂产生的中低放废物，并采取收费服务的方式。除了加拿大核实验室现有的临时贮存设施外，一个重要的处置设施是拟建的近地面处置设施，预计总处置能力为 100 万立方米，并在 2024 年前可用于处置低放废物。[1]

3. 铀矿与铀厂的放射性废物处理实践

自 20 世纪 50 年代中期以来，加拿大已经产生了超过两亿吨的铀矿尾矿废物。铀矿产生的放射性废物具有低放射性，尾矿的管理很大程度上取决于矿山的位置。加拿大铀矿开采和加工产生的废物采用现场管理，并通过掩埋或覆盖的方式进行长期防护，这两种技术可以减少酸的产生和伽马射线及氡气的释放。[2]

三、英国放射性废物管理的政策与实践

（一）英国核能利用与放射性废物概况

英国是核能起步较早的国家，于 1945 年正式开展原子能计划并于 1956 年运行第一座商业型核电站。到 20 世纪 60 年代初，英国已完成了第一核能计划，共拥有 9 座核电站，达到了约 4200 兆瓦的核电装机容量。此外，英国还分别向日本和意大利出口了两座镁诺克斯核电站，这一时期，英国核能事业迎来其辉煌时代。[3]

20 世纪 70 年代，在两次石油危机冲击下，能源供求关系发生巨大

---

[1] See Canadian Nuclear Safety Commission, *Seventh Canadian National Report for the Joint Convention on the Safety of Spent Fuel Management and on the Safety of Radioactive Waste Management*, B. 1. 4. 2, CNSC, (Apr. ,2021), http://www. nuclearsafety. gc. ca/eng/resources/publications/reports/jointconvention/index. cfm.

[2] See Library of Parliament, *Nuclear Energy and Radioactive Waste Management in Canada*, p. 4, Parliament of Canada, (Feb. 4, 2020), https://lop. parl. ca/sites/PublicWebsite/default/en_CA/ResearchPublications/201941E.

[3] See World Nuclear Association, *Nuclear Power in the United Kingdom*, World Nuclear Association (Aug. ,2021), www. world – nuclear. org/information – library/country – profiles/countries – t – z/united – kingdom. aspx.

变化,再加上三里岛事故和切尔诺贝利事故的影响,英国核能发展进入萧条时期。

20 世纪 90 年代,核电对英国发电量的贡献大约为 25% ,但由于老旧核电厂的退役和设备老化影响核电运营效率,这一比例逐渐下降。基于同样的原因,作为 20 世纪民用核能大国,英国在其后近 20 年时间未发展核电。直到 21 世纪初,由于先后制定了《能源法》《气候变化法》以及需要履行在温室气体减排方面的国际承诺等原因,以核能发电和风力发电等为代表的低碳能源成为英国能源新政策的重点。2015 年 11 月,英国政府明确了将在 2025 年逐步淘汰不削减二氧化碳的燃煤发电,建造新的燃气发电厂,以及更多地依赖核能和海上风力发电来应对老化、不可靠的电厂和对煤炭的过度依赖。目前,英国约 20% 的电力来自核能,但预计到 2025 年,其中近一半有发电能力的核反应堆将退役。[1] 截至 2021 年 7 月 12 日,英国共有 15 台正在运行的核电机组,2 台正在建设中的核电机组,30 台永久关闭的核电机组。[2]

英国在发电、国防方案以及其他工业、医疗和研究活动中积累了大量放射性废料和核材料。其中一些废物已经被储存起来,但大部分仍是现有设施的一部分,只有到下个世纪左右,随着工厂关闭、退役和清理,它们才会变成废物。[3]

在英国,根据其含有的放射性核素的活度和产生的热量情况,放射性废物被分为较高活度放射性废物和较低活度放射性废物两大类(如表 2 – 4 所示)。前者包括高放废物、中放废物和一小部分低放废物;后

---

〔1〕 See World Nuclear Association, *Nuclear Power in the United Kingdom*, World Nuclear Association (Aug., 2021), www. world – nuclear. org/information – library/country – profiles/countries – t – z/united – kingdom. aspx.

〔2〕 资料来源:国际原子能机构反应堆信息系统网,https://pris. iaea. org/PRIS/CountryStatistics/CountryDetails. aspx? current = GB。

〔3〕 See Nuclear Decommissioning Authority, 2019 *UK Radioactive Waste Inventory*, p. 10, Nda. gov. ck (Dec., 2019), https://ukinventory. nda. gov. uk/wp – content/uploads/2020/01/2019 – Waste – Report – Final. pdf.

者包括低放废物和极低放废物。[1]

表 2 - 4 英国放射性废物的分类

放射性废物类别	
较高活度放射性废物(HAW)	较低活度放射性废物(LAW)
1. 高放废物(HLW)	1. 低放废物(LLW)
2. 中放废物(ILW)	2. 极低放废物(VLLW)
3. 一小部分低放废物(LLW)	

资料来源:Nuclear Decommissioning Authority, 2019 UK Radioactive Waste Inventory, p. 11, Nda. gov. ck (Dec. ,2019), https://ukinventory. nda. gov. uk/wp - content/uploads/2020/01/2019 - Waste - Report - Final. pdf.

英国放射性废物源于民用核电行业和民用核电行业以外的其他放射性技术应用活动,具体来源活动包括核燃料制造、核电站运行和退役、乏燃料再处理、反应堆研发项目、国防活动、研究机构、放射性的医疗和工业用途等。其中,民用核电行业是英国放射性废物的主要来源。各来源的具体情况可见表 2 - 5。

表 2 - 5 英国放射性废物来源

来源类型	来源活动	相关介绍
民用核电行业	核燃料制造	核燃料的制造(燃料制造和铀浓缩)产生的废料通常只有低水平的铀污染
	核电站运行和退役	在目前运行中和退役中的核电站的运行和退役处理过程中通常会产生大量放射性废物

[1] See Nuclear Decommissioning Authority, 2019 UK Radioactive Waste Inventory, p. 14, Nda. gov. ck (Dec. ,2019), https://ukinventory. nda. gov. uk/wp - content/uploads/2020/01/2019 - Waste - Report - Final. pdf.

续表

来源类型	来源活动	相关介绍
	乏燃料再处理	下述乏燃料的再处理过程中,均会产生放射性废物: 在坎布里亚郡的塞拉菲尔德,用化学方法回收铀和钚,对马格诺克斯反应堆的乏燃料进行后处理;马格诺克斯后处理工厂计划在2020年完成马格诺克斯剩余燃料的后处理;热氧化后处理工厂的乏燃料后处理工作在2018年结束
	反应堆研发	英国几乎所有的核能研发产生的废料都是20世纪40年代政府资助项目遗留下来的。许多试验和原型反应堆都是在全国各地的研究地点运行的,这些反应堆和相关设施现在已经关闭,现场操作涉及退役、拆除和清理
民用核电行业以外的其他放射性废物来源	国防活动	国防废弃物的主要来源是核武器的生产和英国核动力潜艇舰队的运行。在武装部队和国防设施内一般使用放射性材料造成的废料较少
	研究机构	卡勒姆聚变能源中心继续对聚变反应堆技术进行研究,并进行了联合欧洲环面和兆安球形托卡马克实验。卢瑟福阿普尔顿实验室利用其中子源支持不同研究团体的工作
	放射性的医疗和工业用途	其余的废物是在医疗诊断和治疗以及工业应用中使用放射性造成的。这些包括医疗设备和食品的灭菌,材料的无损检测(完整性,厚度,密度)等。虽然上述用于研究、医学和工业的放射性材料会产生放射性废料,但是它们是在粒子加速器中产生的,而不是在核反应堆中

资料来源:Nuclear Decommissioning Authority,2019 *UK Radioactive Waste Inventory*, p. 11,Nda. gov. ck (Dec. ,2019), https://ukinventory. nda. gov. uk/wp - content/uploads/2020/01/2019 - Waste - Report - Final. pdf.

截至 2019 年 4 月 1 日，英国现存放射性废物的总报告体积为 133000 立方米，预计未来产生的废弃物量为 4420000 立方米。其中，总废物体积中超过 94% 的放射性废物是低活度放射性废物，位于塞拉菲尔德的放射性废物约占总废物量的 74%。[1] 预计在可见未来，英国各类放射性废物的累积量如表 2 – 6 所示。

表 2 – 6　英国各类放射性废物预计数量

放射性废物类型	报告体积（立方米）	报告质量（吨）	包装体积（立方米）	包装数量（包）
高放废物	1390	3200	1500	7660
中放废物	247,000	280,000	499,000	292,000
低放废物	1,480,000	1,900,000	1,280,000	22,300
极低放废物	2,830,000	2,900,000	2,690,000	—
总量	4,560,000	5,100,000	4,470,000	322,000

（二）英国放射性废物管理的政策

在英国，商业、能源和工业战略部（Department for Business, Energy and Industrial Strategy）以及苏格兰政府（在苏格兰）负责制定安全管理放射性废物的政策。英国政府的放射性废物管理政策致力于确保所有放射性废物都得到安全和适当的管理，不对人和环境构成不可接受的危险。[2]

英国放射性废物管理战略涉及放射性废物的规划和准备、处理和

〔1〕 See Nuclear Decommissioning Authority, 2019 *UK Radioactive Waste Inventory*, p. 32, Nda. gov. ck (Dec., 2019), https://ukinventory. nda. gov. uk/wp – content/uploads/2020/01/2019 – Waste – Report – Final. pdf.

〔2〕 See Nuclear Decommissioning Authority, 2019 *UK Radioactive Waste Inventory*, p. 18, Nda. gov. ck (Dec., 2019), https://ukinventory. nda. gov. uk/wp – content/uploads/2020/01/2019 – Waste – Report – Final. pdf.

包装、储存、处置全生命周期。[1] 英国放射性废物管理政策的一个重要特点是采用废物等级模式,该模式包括放射性废物处理的五个步骤,并根据其对环境的影响程度进行优先排序(如图2-1所示)。

图2-1　英国放射性废物处理等级示意

资料来源:Nuclear Decommissioning Authority,2019 *UK Radioactive Waste Inventory*, p. 19,Nda. gov. ck (Dec. ,2019),https://ukinventory. nda. gov. uk/wp-content/uploads/2020/01/2019-Waste-Report-Final. pdf.

从图2-1中可以看出,在放射性废物管理过程中存在优先顺位,即在可能的情况下优先防止废物产生,在不可避免的情况下尽量减少废物产生,在有机会的情况下再利用和循环利用废物,以及最终处置无法通过任何其他方法进行管理的废物。

英国核退役局(Nuclear Decommissioning Authority)于2019年发布了《放射性废物综合管理战略》,其主要内容包括七方面:一是通过对长期废物管理采取灵活的方法,来支撑减少风险和危害的主要举措;二是充分考虑放射性废物管理的全生命周期以及通过放射性废物管理来支撑其他英国核退役局战略或更广泛的英国计划(如大规模退役计划);三是图2-1中放射性废物管理的顺位安排是公认的合理做法,被作为放射性废物管理决策的框架,用以有效平衡各项优先事项,包括资金价值、可负担性、技术成熟度,以及保护健康、安全和环境;四是通过对放射性废物的及时分类,来提供有效的放射性废物管理;五是在适当的情况下,通过鼓励所有项目和供应链的进一步整合,特别是通过寻求机会共享处理和临时存储资产方面的能力,充分发挥领导作用;六是支持和促进使用健全的决策程序,以确定放射性废物管理的最有利选择;

[1] See Nuclear Decommissioning Authority,2019 *UK Radioactive Waste Inventory*,p. 18, Nda. gov. ck (Dec. ,2019),https://ukinventory. nda. gov. uk/wp-content/uploads/2020/01/2019-Waste-Report-Final. pdf.

七是为持续作业、减少灾害和退役提供健全、可持续的基础设施。[1]

具体到不同类型的放射性废物的管理，其政策要求有所差异。对于低活度放废物的管理而言，其应当优先考虑三方面因素：一是允许更灵活地管理已存在和未来将出现的大量的低放废物；二是在英国独立监管机构的支持下，保持对安全的关注；三是在考虑处置方案之前，避免产生、尽量减少使用放射性物质，同时注重放射性废物的回收和再利用，尽量减少低放废物的产生。对于较高活度放射性废物的管理而言，需要考虑到和较低活度放射性废物管理战略之间的协同性，对于中放废物和低放废物边界的一些较高活度放射性废物，特别是那些含有短周期放射性核素的废物，更适宜的管理路线是在近地表处置。[2]

此外，在英国，苏格兰、威尔士和英格兰在放射性废物管理政策方面也存在差异。其中，苏格兰政府对高活度放射性废物的管理政策是，将高活度放射性废物置于近地表设施中长期管理，但由于苏格兰没有高放废物的积累，其高活度放射性废物的管理政策不包括高放废物。[3] 而英格兰和威尔士则将发展地质处置设施作为高活度放射性废物长期管理战略的重要内容部分。[4]

对于海外乏燃料处理产生的放射性废物，英国政府的政策是，在乏

---

〔1〕 See *Integrated Waste Management Radioactive Waste Strategy*, p. 8, APS. gov. uk (Sep., 2019), https://assets. publishing. service. gov. uk/government/uploads/system/uploads/attachment_data/file/838828/Radioactive_Waste_Strategy_September_2019. pdf.

〔2〕 See Nuclear Decommissioning Authority, 2019 *UK Radioactive Waste Inventory*, p. 18, Nda. gov. ck (Dec., 2019), https://ukinventory. nda. gov. uk/wp – content/uploads/2020/01/2019 – Waste – Report – Final. pdf.

〔3〕 See *Integrated Waste Management Radioactive Waste Strategy*, p. 31, APS. gov. uk (Sep., 2019), https://assets. publishing. service. gov. uk/government/uploads/system/uploads/attachment_data/file/838828/Radioactive_Waste_Strategy_September_2019. pdf.

〔4〕 See Nuclear Decommissioning Authority, *Integrated Waste Management Radioactive Waste Strategy*, p. 24, APS. gov. uk (Sep., 2019), https://assets. publishing. service. gov. uk/government/uploads/system/uploads/attachment_data/file/838828/Radioactive_Waste_Strategy_September_2019. pdf.

燃料后处理后，将产生的废物归还乏燃料来源国。目前，塞拉菲尔德的索普和马格诺克斯后处理工厂的部分废物来自对海外乏燃料的后处理。

（三）英国放射性废物管理的实践

在英国的不同区域放射性废物管理的部门不同。在英格兰，放射性废物管理由联邦政府负责，而在苏格兰、威尔士和北爱尔兰的责任则分别移交给苏格兰政府、威尔士政府和北爱尔兰行政机构。[1] 实践中，放射性废物处理的路线大致可以根据较高活度放射性废物和较低活度放射性废物进行区分。

1. 较高活度放射性废物的处理

对于较高活度放射性废物的处理，英国目前的做法是，将其玻璃化后先储存至少50年后再处置。在储存期间，放射性废物产生的热量将会下降，这使其更容易运输和处理。大多数中放废物储存在生产场址，尽管有些废物在有明确和令人信服的战略需要时被转移到场址以外的适当设施（如塞拉菲尔德）。小型放射性废物产生者也利用塞拉菲尔德的设施和哈韦尔（Harwell）的中放废物储存设施来储存放射性废物。处理和包装可以将未经处理的废物转变成适合长期储存的形式，直至发展出适当的处置路线。[2]

英国政府对高活度放射性废物的长期管理方案是深层地质处置，该方案使用工程屏障和覆盖在处置设施（地质处置设施）上的数百米岩石来隔离废物，这些特殊设计的拱顶和地下深处的隧道将储存高活度放射性废物，从而防止放射性物质释放到地表环境中。英国政府最近启动了一项选址程序，为地质处置设施寻找一个地质条件适宜的志愿接受社区，场地的地质特征对设施的长期安全至关重要。

---

〔1〕 See Nuclear Decommissioning Authority, 2019 *UK Radioactive Waste Inventory*, p. 18, Nda. gov. ck (Dec., 2019), https://ukinventory. nda. gov. uk/wp – content/uploads/2020/01/2019 – Waste – Report – Final. pdf.

〔2〕 See Nuclear Decommissioning Authority, 2019 *UK Radioactive Waste Inventory*, p. 21, Nda. gov. ck (Dec., 2019), https://ukinventory. nda. gov. uk/wp – content/uploads/2020/01/2019 – Waste – Report – Final. pdf.

2. 较低活度放射性废物的处理

较低活度放射性废物包括低放废物和极低水平废物。对于前者,英国政府同时制定了关于民用核工业活动和非核工业的低放废物管理战略,要求通过改善废物的分类和特征以及替代处理方法,减少低放废物在低放废物储存库中的数量。[1]

目前,低水平废物储存库仍然是英国固体低放废物管理的主要依赖。低放废物的处理手段主要为,利用水泥将不适合焚烧、金属处理或堆填的废物固定在符合 ISO 标准的低碳钢容器内,然后将其存放在废物处理厂。废物处理厂还会将放射性废物压实,以尽量减少其体积。在此过程中,废物桶或废物箱在高达每平方米 2000 吨的高压下压实,该处理过程将在一个有混凝土衬里的处置库工程设施中进行。

在凯斯内斯的邓雷油田附近,一个新的浅层工程低放废物处理设施已经建成并于 2015 年接受放射性废物的移交。该处理设施将接收邓雷场址退役的低放废物,以及从历史处置坑回收和重新包装的低放废物。它还将接收邻近的瓦肯(Vulcan)核电站无法回收的低放废物。

四、法国放射性废物管理的政策与实践

(一)法国核能利用与放射性废物概况

1956 年,法国第一台 40 兆瓦核电反应堆"G1"在马尔库尔投产。另外两台反应堆"G2"和"G3"也先后于 1959 年和 1960 年投入运行。在此基础上,法国原子能委员会开发了天然铀石墨气冷反应堆技术,并将其确定为法国早期核电技术路线。法国在马尔库尔研究基地建成上述三台反应堆后,又相继在希农(1963 年、1965 年和 1966 年)、河畔圣洛朗(1969 年和 1971 年)和比热(1972 年)建设了多台天然铀石墨气冷堆机组。1962 年,法国原子能委员会还建设了一台 70 兆瓦重水反应堆,于 1967 年并网发电。目前,这些反应堆已经退役,现进入拆除和去污阶段。

---

[1] See Nuclear Decommissioning Authority,2019 *UK Radioactive Waste Inventory*,p. 19, Nda. gov. ck (Dec. ,2019),https://ukinventory. nda. gov. uk/wp – content/uploads/2020/01/2019 – Waste – Report – Final. pdf.

20 世纪 70 年代初石油危机爆发后，法国决定大规模发展核电，在引进美国压水堆技术的基础上，制订和实施了一项目标宏伟的标准化核电发展规划。2020 年，法国 1/3 在役核电机组将达到寿期，进入更新换代阶段。法国将建设更经济、更环保、安全水平更高的新一代核电站。法国制订了第四代反应堆研究开发计划，拟于 2040 年形成产业规模。[1] 截至 2021 年 1 月，法国共有 56 座运行核电机组，1 台正在建设中的核电机组，14 台永久关闭的核电机组，发电量为 61370 兆瓦，占全国电量的 70%。[2]

法国一直非常积极地发展核技术。核反应堆，特别是燃料产品和服务一直是一项重要的出口项目。法国是世界上最大的电力净出口国，因为它的发电成本非常低，每年从中获利超过 30 亿欧元。法国的核电项目耗资约 4000 亿法郎（以 1993 年的货币计算），不包括建设期间的利息。其中一半由法国电力公司自筹资金，8%（320 亿法郎）由国家投资，42%（1680 亿法郎）由商业贷款提供资金。法国选择发展核电的主要原因包括：核电可推进国家能源自主化进程（核电使法国能源进口减少了 50%），有利于环境保护（法国是欧洲温室气体排放最低的国家之一），是保持稳定、有竞争力电价的保障。

法国也是放射性废物的产生大国。根据放射性半衰期和放射性水平，法国将放射性废物分为高放射性废物、中放射性长寿命废物、低放射性长寿命废物、低放射性和中放射性短寿命废物、极低放射性废物、极短寿命放射性废物 6 种类型。[3] 各类放射性废物的特征如表 2 – 7 所示。

---

〔1〕 参见《法国的核能》，载法国大使馆网 2020 年 5 月 11 日，https://cn.ambafrance.org/%e6%b3%95%e5%9b%bd%e7%9a%84%e6%a0%b8%e8%83%bd-18697。

〔2〕 资料来源：国际原子能机构反应堆信息系统网，https://pris.iaea.org/PRIS/CountryStatistics/CountryDetails.aspx?current=FR。

〔3〕 See Nuclear Safety Authority, *France sixth National Report on Compliance with the Joint Convention Obligations*, p. 39 – 40, IAEA（Oct., 2017）, https://www.iaea.org/sites/default/files/6rm-france.pdf.

表 2－7　法国放射性废物分类及其特征

放射性废物类型	特征描述
高水平放射性废物	主要是废旧燃料经过处理后的玻璃化包装。这些废物包装包含了在法国产生的所有废物中所包含的绝大多数放射性物质,无论是裂变产物还是少量锕系元素。废物的活性水平为几十亿 Bq/g。由于放射性高,这些废物还会散发热量
中水平长寿命放射性废物	主要来自处理后的乏燃料和处理厂的维护和运行。这主要包括来自核燃料的结构废物,即用水泥封装或压实的废物包装的外壳(包壳部分)和末端部件,以及技术废物(使用过的工具、设备等),甚至是处理某些污泥等排出物所产生的废物。这些废物的活性在 100 万～10 亿 Bq/g。没有或有少量可忽略的热量释放
低水平长寿命放射性废物	主要由石墨和含镭废物组成。石墨废料主要来自以前的气冷堆技术。石墨废料主要含有寿命较长的 β 放射性核素,如碳 14 和氯 36。其活性在 1 万～10 万 Bq/g。含镭废物大部分来自非核电站活动(如含稀土矿石的加工),主要含有长寿命 α 放射性核素,其活性在几十 Bq/g 至几千 Bq/g 之间
中水平短寿命放射性废物	主要来自核电站、燃料循环设施和研究机构的运营、维护和拆除,也有一小部分来自与医学研究有关的活动
极低水平放射性废物	主要产生于拆除核电站、燃料循环设施、研究机构,还有一小部分是由核设施的操作和维修产生的。其活性水平一般低于 100 Bq/g
极短寿命放射性废物	极短寿命放射性废物主要来自医疗和非核电站研究部门

上述所有类型的核设施以及目前正在退役或属于燃料循环一部分的设施都产生或管理放射性废物。核动力反应堆、研究反应堆的燃料在使用后会变成乏燃料。这些燃料将储存在现场,然后在国家放射性

废物管理局的阿海珐基地或某些研究反应堆设施中等待再处理，然后处置。

2019 年 4 月，法国国家放射性废物管理局发布了 2017 年的放射性废物清单，显示法国当时共有 162 万立方米放射性废物，其中 59% 来自发电，28% 来自科研，9% 来自军事，3% 来自工业，1% 来自医疗应用。

法国产生的核废料（以体积计）中，约有 90% 已经配备了最终的处理渠道。这些储存和处置设施由国家放射性废物管理局以工业规模管理。其中，极低放射性废物被送往莫维利埃场址（奥贝省）进行处理，而短寿命低放射性和中放射性废物被送往苏莱因地面处理中心进行处理（也在奥贝省）。中水平长寿命放射性废物占核废料总量的 3%，放射性总量的 4%，而高水平放射性废物只占核废料总量的 0.2%，但放射性总量却占比 96%，其他放射性废物约占废物总量的 97%，不到放射性总量的 0.04%。[1] 高放射性废物目前没有最终的处理渠道，在提供特定的最终存储库之前，由其生产者对其进行调整和存储。这些废物将被放置在一个深层地质储存库，进行最后的处置。这个深层地质储存库项目叫作地质处置工业中心（The Industrial Centre for Geological Disposal），由国家放射性废物管理局负责。

（二）法国放射性废物管理的政策

法国核安全局的放射性废物管理政策是以安全、连贯和有组织的方式推进放射性物质和废物的管理。优先事项之一是为每一类放射性物质和废物，不论其活性、寿命或来源，提供安全管理解决办法，并优先采用最后管理解决办法。这需要确定可预见的储存和处置设施的需求，并确保符合《环境法典》的要求和管理模式的层次结构（减少来源、回收、再利用、焚烧和处置）。对法国核安全局来说，这项政策必须伴随着对与放射性废物管理有关的所有活动的严格监测。它特别重视管理

[1] See French Alternative Energies and Atomic Energy Commission, *The management of nuclear waste*, CEA (June 28, 2016), https://www.cea.fr/english/Pages/research-areas/nuclear-energy/cea-research-on-the-management-of-nuclear-waste.aspx.

放射性废物(生产、加工、包装、储存、运输和处置)的每一步骤的安全。[1]

(三)法国放射性废物管理的实践

法国核安全局的管理战略涵盖所有类别的放射性废物,涉及建立特定的废物管理系统,不仅要考虑到放射性危险,而且要考虑到这些废物所产生的化学、物理和生物危险。

法国的放射性废物管理从核电厂设计开始,在装置的运行寿期通过限制所产生的废物量、毒性和所含残余放射性物质的数量来进行。最后,通过识别、分类、处理、包装、运输和储存等过程,消除废物(回收或最终处置)。所有与废物管理有关的操作,从生产到处置,构成废物管理路线,每一条路线必须适合有关废物的类型。每条路线内的操作相互联系,所有的路线相互依存。这些作业和路线构成一个系统,必须在涉及安全、可追溯性和减少体积等问题的放射性废物管理总方针指引下加以优化。

法国放射性废物管理的实践可以通过收集、储存及处置工业设施,奥贝废物处置设施,曼什废物处置设施以及地质处置工业中心这四个设施的运行和相关活动来展现。

1. 收集、储存及处置工业设施

收集、储存及处置工业设施(Industrial Facility for Grouping, Sorting and Disposal)位于奥贝省莫维利埃,主要负责对废物进行分组、分类和临时储存,是一个对极低放射性废物以及在核电站和大型核研究设施之外产生的核废物的处理设施。其极低放射性废物主要来自核设施的运作或拆除、使用放射性物质的常规工业和污染地点的修复。这些废物在生产现场将被包装在金属盒或被称为“大袋子”的大塑料袋中,并按照严格的国际法规通过公路从生产商运输到处置设施。这些经包裹的放射性废物到达收集、储存及处置工业设施之后,要对其进行监测,

---

[1] See Nuclear Safety Authority, *France sixth National Report on Compliance with the Joint Convention Obligations*, p. 45, IAEA (Oct., 2017), https://www.iaea.org/sites/default/files/6rm-france.pdf.

以确认运输容器的放射性水平(剂量率和污染)和废物包装的放射性水平。其中,有一些废物包装在处置前要经过额外的处理,如有些塑料废物需要被压实以减少体积,而污泥和废液要进行固化等。85%的废物经过处理和包装后直接处置,每年约有3万立方米的极低放射性废物被放置于特定的黏土沟渠中。[1]

2. 奥贝废物处置设施

奥贝废物处置设施(Aube Waste Disposal Facility)的设计目的是处置100万立方米的短寿命低中水平放射性废物。自1992年启动以来,截至2018年12月,奥贝废物处置设施已经处理了超过39.3万个放射性废物包。这些废物主要来自以法国电力公司(Électricité de France)、法国替代能源和原子能委员会和法国Orano公司(原阿海珐公司)这三家大型核设施运营单位为代表的核能部门。此外,奥贝废物处置设施也处理来自医院、研究实验室或其他工业活动的非核废料。在奥贝废物处置设施处理的废物主要包括:运营修理产生的技术废物、核设施退役废物、通风清洁产生的废物、设备更换和特殊维护产生的废物。

奥贝废物处置设施处置库接收包装在不同容器中的放射性废物。这些包装可能有圆柱形、立方体或平行六面体形状,尺寸可变。不同的容器的性能不同,如“混凝土”容器被认为是可持续或耐用的,而“金属”容器被认为是易腐的;其放置的废物类型也不同,包括异质废物、同质废物、钢铁、混凝土、塑料、树脂等。这些放射性废物的包装分为易腐包装和非易腐包装。易腐包装包括金属桶(100升、200升、450升和870升)和金属盒子(10立方米,金属废料熔化的金属锭);非易腐包装包括10立方米混凝土箱和各类混凝土桶。

这些废物包装都要用砂浆灌满内部,旨在用砂浆封堵住包装内所有散装放射性废物,在废物周围形成一个坚固的、限制放射性的5厘米

[1] See Andra, *The CIRES*, Andra(2021), https://international.andra.fr/operational-facilities/industrial-facility-grouping-sorting-and-very-low-level-waste-vllw-disposal-facility-cires/cires.

厚的介质。灌浆之后要经过压实,将装满“软”放射性废物的200升桶压实,然后放在一个450升的圆桶中。一般来说,一个450升的桶平均包含4~5个压实后的包装。最后,这些废物包被放置在25平方米、8米高的钢筋混凝土仓库结构中。一旦仓库被填满,就用混凝土板封闭结构,然后用不透水涂层密封。在作业结束时,将在建筑物上盖上一个主要由黏土构成的盖,以确保长期封存废物。奥贝废物处置设施的废物处理设施将被监测300年。[1]

3. 曼什废物处置设施

曼什废物处置设施(Manche Disposal Facility)是一个开创性的设施。它是法国第一个运行和关闭的放射性废物储存库,主要是处理低、中放射性废物。曼什废物处置设施已经运行了25年,总共接收了527,225立方米的中、低放射性废物。放置在曼什废物处置设施的大部分放射性废物来自法国电力公司、法国替代能源和原子能委员会,以及从事核燃料循环业务的法国欧安诺(Orano)公司运营的核设施的运行、维护以及拆除过程。

曼什废物处置设施处置放射性废物的方式是:当放射性废物包装达到足够的安全水平时,将其包装放在一个称为“处置平台”的平板上(混凝土包裹首先被放置在结构的边缘形成一个平缓的类似金字塔形的斜坡形状,然后在中间的地方填充其他包裹和碎石来固定它们)。这种最终处置结构被称为“坟墓”形式。当废物包装还需要额外的保护时,还将被放置在被称为“混凝土衬砌沟”或“巨石”的结构中加固处理。

曼什废物处置设施于1994年关闭,是世界上第一个进入关闭后监测阶段的放射性废物处置设施。该设施不再接收废物包裹,但仍在定期进行各种改进和改造,以期在未来50年内最终关闭。[2]

---

[1] See Andra, *The Short - Lived, Low and Intermediate Level Waste* (*LILW - SL*), Andra (2021), https://international. andra. fr/operational - facilities/aube - waste - disposal - facility - csa/short - lived - low - and - intermediate - level - waste - lilw - sl.

[2] See Andra, *Manche disposal facility* (*CSM*), Andra (2021), https://international. andra. fr/existing - facilities/manche - disposal - facility - csm.

4. 地质处置工业中心

地质处置工业中心(Industrial Centre for Geological Disposal)是一个将在法国建造的放射性废物深层地质处置设施。它将用于处理法国现有核设施产生的高放射性长寿命废物,直到它们被拆除,以及对来自核电站的乏燃料进行后处理。核工业是高放废物和中长寿命废物的主要产生者,地质处置工业中心将要处理约10,000立方米的高放废物和75,000立方米的中长寿命废物,即总计约85,000立方米的放射性废物。

地质处置工业中心尚处于建设过程中,在等待地质处置工业中心的试运行期间,现有的高放废物和中长寿命废物暂时封装存储在生产设施的建筑物中。如果地质处置工业中心获得许可,这些废物包装将在其有效寿命期间转移到地质处置工业中心。然而,一些废物,如发热的高放废物,必须在这些设施中保存几十年,直到其冷却后才最终在地质处置工业中心处理。[1]

五、德国放射性废物管理的政策与实践

(一)德国核能利用与放射性废物概况

德国是发展民用核能较早的国家。1957年德国第一座研究堆开始运行,1960年第一座商用核电厂投入运行,至1988年已有19座在运核电厂。2000年德国联邦政府和电力公司签署核电厂停堆协议。根据德国《原子能法》的规定,核电厂平均运行年限为32年,2002年,德国永久关闭了2座核电厂。2010年联邦政府和联邦议会决定延长核电厂的运行年限至40年。[2]

受国内各种因素影响,德国核能发展日渐式微。2011年日本福岛核事故发生后,德国联邦议会于当年6月30日德国联邦议会通过了关于逐步淘汰核电的《原子能法》的第13次修正案。德国联邦政府和联

---

〔1〕 See Andra, *Protection from the most hazardous radioactive waste*, Andra(2021), https://international. andra. fr/projects/cigeo/protection – most – hazardous – radioactive – waste/protection – most – hazardous – radioactive – waste.

〔2〕 参见郭慧芳:《德国放射性废物管理》,载《中国核科学技术进展报告》2015年第4卷。

邦议会决定有序终止在德国使用核能,采取了实施到2022年年底逐步淘汰核能发电,以清洁可再生能源取代核电的能源发展政策。迄今为止,德国已永久关闭了30座核电站,这些关闭的核电站已经或正在执行退役。

截至2021年7月,德国共有6台正在运行的核电机组,30台永久关闭的核电机组,无正在建设中的核电机组。[1] 德国正在运行核电站分别是格罗恩德(Grohnde)核电站、布罗克多夫(Brokdorf)核电站、内卡尔韦斯泰姆(Neckarwestheim)核电站、埃姆斯兰(Emsland)核电站、伊萨尔(Isar)核电站、贡德雷明根(Gundremmingen)核电站。这6座核电站分别由德国三大能源集团(E. ON公司、RWE公司和EnBW公司)负责运营。[2] 根据德国《原子能法》第13次修正案的规定,核电站运营商必须将剩余核电站逐步在2022年之前永久关闭。

尽管德国开始实行淘汰核电的能源发展政策,但已经关闭或退役,以及正在运行的核电站产生的放射性废物的处置问题仍是德国政府的重要工作议程。

在德国,放射性废物是指根据其《原子能法》和《辐射防护条例》的规定必须有序处置的物质。由于德国打算将所有类型的放射性废物采取深部地质构造的处置方式,德国不再使用各国通常采用的根据放射性废物的放射性活度来对放射性废物进行分类的标准(将放射性废物分为高放射性废物、中放射性废物、低放射性废物),而是根据放射性存量和放射性衰变过程中的产热情况将放射性废物分为产生热量的放射

---

〔1〕 资料来源:国际原子能机构反应堆信息系统网,https://pris. iaea. org/PRIS/CountryStatistics/CountryDetails. aspx? current = DE。

〔2〕 参见朱翁爱:《德国核设施退役治理市场探析》,载《现代工业经济和信息化》2020年第7期。

性废物和产生热量微不足道的放射性废物（如表2-8所示）。[1] 其中，科研和医疗产生的放射性废物大多数具有较低的放射性，几乎不产生热量或热量很少。而核电厂则是放射性废物的主要来源，产生低放、中放和高放产热废物。非产热废物的体积占放射性废物总体积的90%以上，但此类废物的放射性只占1%。

表2-8 德国放射性废物的分类及其特征

放射性废物的类型	特征描述
产生热量的放射性废物	产生热量的放射性废物的特点是活动浓度高，因此具有高衰变热。这种废物对深部地质构造处置设施的设计和运行提出了特殊要求（需采用特殊安置技术和对处置矿井进行热设计）。尚未再处理就作为放射性废物处置的乏燃料本身即属于产生热量的放射性废物，其对应于通常标准中的高放废物和一部分的中放废物
产生热量微不足道的放射性废物	核设施的运行和退役以及放射性同位素的应用产生的活动浓度明显较低的废物类型属于产生热量微不足道的放射性废物，其对应于通常标准中的低放废物和中放废物的主要部分

截至2019年12月31日，德国共储存了124,736立方米（总量）的放射性废物。这些废物主要来自研究机构、核电站和核工业，包括卡尔斯鲁厄后处理厂以及医疗应用和非核工业。截至2019年年底，德国共产生了37,241立方米的固体低放射性和中级放射性废物（包括1998

[1] Federal Ministry for the Environment, Nature Conservation and Nuclear Safety, *Report of the Federal Government for the Seventh Review Meeting in May* 2021 *on the fulfilment of the obligations of the Joint Convention on the Safety of Spent Fuel Management and on the Safety of Radioactive Waste Management*, p. 54-56, Federal Ministry for the Environment, Nature Conservation and Nuclear Safety (Nov. 20, 2020), https://www.bmu.de/fileadmin/Daten_BMU/Download_PDF/Nukleare_Sicherheit/jc_7_bericht_deutschland_en_bf.pdf.；郭慧芳：《德国放射性废物管理》，载《中国核科学技术进展报告》2015年第4卷。

年以后为保持处置设施开放而运行的放射性废物)，并在莫尔斯莱本(Morsleben)放射性废物储存库处理了6621个密封来源。据预测，到2040年德国将有29.7万立方米非产热放射性废物，2.4万立方米产热放射性废物(包括908立方米为高放废液玻璃固化体、2814立方米为中放废物和乏燃料)。[1]

(二)德国放射性废物管理的政策

德国采用了对放射性废物进行地质处置的政策路线。自2017年修订其《选址法》后，德国启动了对高放射性废物处置设施的选址程序。《选址法》的目标是为处置设施尽可能找到一个在100万年内确保安全的地点。该项选址程序将于2031年完成。

在德国，放射性废物管理的所有程序依法都应遵循污染者支付原则。根据这一原则，核废物生产者必须对核设施(如核电厂和研究中心)运行和退役期间产生的放射性废物进行控制和安全管理。为此，核废物生产者建造或订购了使产生的放射性废物能够得以安全处理和储存的设施，对其进行控制和管理，直到其得以最终处置。这一过程可以在分散或集中的设施中进行。德国《放射性废物管理转移法》规定将管理放射性废物的资金和行动义务从核电厂许可证持有人转移给联邦政府。2017年，核电厂许可证持有人依法向联邦政府提供了储存和处置放射性废物的资金。联邦政府现已根据《核废物管理基金法》附件1承担了储存和处置放射性废物的筹资义务。2019年1月，许可证持有人将《放射性废物管理转移法》附件1中列出的储存设施(用于储存乏燃料)免费转让给受联邦政府委托进行储存管理的联邦放射性废物临时处置公司，并于2020年1月将《放射性废物管理转移法》附表2中列出的储存设施(用于储存放射性废物)也一并免费转让给该放射性废物临时处置公司。此外，根据《核废料管理责任重组法》的规定，许可证持有人将适当包装的核废物转移至联邦放射性废物临时处置公司，即意味着履行将放射性废物管理的责任转移给联邦政府的义务。

---

〔1〕参见郭慧芳:《德国放射性废物管理》，载《中国核科学技术进展报告》2015年第4卷。

德国还与法国签订了关于管理德国燃料组件后处理所产生的放射性废物的协定。在废物移交至德国联邦放射性废物临时处置公司运营的储存设施之前,仍由废物生产者负责处理。

除上述由核废物生产者负责储存的放射性废物外,其他来自研究、工业和医药产生的放射性废物必须运送到由德国各州提供的土地收集设施。如果放射性物质衰变后无法清除,德国联邦政府有义务对此放射性废物进行处理。

(三)德国放射性废物管理的实践

德国放射性废物管理的实践可以从放射性废物处理处置的技术路线和处置设施的运行两方面来梳理。

在放射性废物处置技术路线方面,德国采用的是先对放射性废物进行临时储存然后再深地质处置的模式。[1] 具体而言,第一步:在废物最终处置之前,通过不同类型的容器将放射性废物进行包装并集中贮存设施中进行临时贮存。临时贮存设施的技术概念是基于双效坚固贮存桶而实现的,贮存大楼带有非能动空气冷却系统。2000 年,德国政府和电力公司达成共识,在每个反应堆场址建造临时贮存设施(共 12 座)。核电厂产生的乏燃料将贮存在 12 座核电厂所在场址的干法贮存设施内。第二步:待放射性废物储存达到特定期限符合最终处置时,将放射性废物放置已建好的深地质处置库中。德国政府要求,所有放射性废物均需处置在深部地质体中,要求该处置库应于 2030 年建好并运行。除以后处理的乏燃料外,德国将采取对乏燃料直接处置的技术方案。鉴于德国北部有 200 个大小不同的盐丘以及岩盐的优点,德国 20 世纪 60 年代就选定岩盐作为放射性废物处置库的围岩。目前,深地质处置是德国管理各类放射性废物优先选择的处置方案,这种方法可实现集中处置,并将放射性废物与生物环境隔离。

在放射性废物处置设施方面。目前德国拥有 13 个中间贮存设施贮存高放废物,并有 3 个最终处置库:莫尔斯莱本(Morsleben)、康拉德

---

〔1〕 参见郭慧芳:《德国放射性废物管理》,载《中国核科学技术进展报告》2015 年第 4 卷。

(Konrad)和亚瑟二号(AsseII)。[1] 其中,莫尔斯莱本处置库位于萨克森-安哈尔特,1971年至1998年约有37,000立方米的低、中放废物被永久储存在这里,其热量几乎可以忽略不计。但是,由于Morsleben盐矿并不符合现行最终处置库的标准,该处置库目前正在根据法律规定安全关闭并执行退役。康拉德处置库位于德国下萨克森州,是德国第一个依据法律获得许可证的储存库,其审批过程持续了大约20年。2007年,德国政府批准了该储存库的建造和运营许可,目前正在将康拉德铁矿改造为最终处置库,容量约303,000立方米。亚瑟二号矿是位于下萨克森州雷姆林根(Remlingen)附近的盐矿。德国联邦政府曾于1967年至1978年在该矿内储存了大约47,000立方米低、中放废物。为了保证处置库的长期安全,德国政府于2013年通过法令要求对计划送往该库的放射性废物进行回收。

六、日本放射性废物管理的政策与实践

(一)日本核能利用与放射性废物概况

日本发展民用核能始于20世纪60年代。1963年10月26日,日本原子能研究所的动力试验炉(JPDR1)开始运行标志着日本民用核能发电的正式起步,之后日本陆续建造了大量的核电站,核电遂成为日本的能源支柱。截至2011年1月,日本的核反应堆发电量约占其总发电量的30%。日本原计划到2030年核能发电至少能满足日本20%的电力需求,但是2011年3月发生的福岛第一核电站事故之后,日本的原子能利用的环境发生了很大变化。

事故发生后,日本全国的核电站相继停止运行,2012年5月,日本运行的核反应堆基数42年来首次为零。除福岛第一核电站的6座反应堆被全部废止外,东京电力公司于2019年7月31日决定废止东电福岛第二核电站的4座核电站。[2] 福岛核事故后,日本所有的核电反

---

[1] 参见朱翁爱:《德国核设施退役治理市场探析》,载《现代工业经济和信息化》2020年第7期。

[2] 详见日本原子能委员会关于日本核能利用现状的介绍,载http://www.aec.go.jp/jicst/NC/about/hakusho/hakusho2019/2-1.htm。

应堆都必须获得监管机构的批准才能重启。第一批重新启动的反应堆仙台1号和2号在2015年获得批准,之后其他核电反应堆陆续得以批准重启。此外,为了遵守新的核安全规定,需要对现有反应堆进行大规模升级。[1] 截至2021年7月12日,日本共有33台正在运行的核电机组,2台正在建设中的核电机组,27台永久关闭的核电机组。[2]

日本现已关闭(停)的核反应堆以及正在运行的核反应堆都生产了大量的放射性废物。这些放射性废物的处理处置是日本政府及其核能企业面临的挑战。

日本的放射性废物有不同的分类标准。根据其放射性的活度水平,放射性废物被分为高放废物和低放废物两大类;根据其来源,放射性废物又分为核反应堆产生的废物、长半衰期产生热量的放射性废物(超铀废物)、铀废物和放射性同位素使用产生的废物、核研究和其他相关设施产生的放射性废物。其中,核反应堆产生的废物又细分为堆芯结构废物、低放射性的废物和极低放射性的废物。

日本现有的核设施类型包括核动力反应堆设施、研究反应堆设施、用于铀浓缩或燃料制造的核燃料处理设施、乏燃料储存设施、乏燃料后处理设施、放射性废物临时储存设施、放射性废物仓库、使用超过一定数量的铀或其他核燃料材料的设施以及处理放射性同位素的设施。其中,乏燃料储存设施和乏燃料后处理设施对应于乏燃料管理设施,放射性废物临时储存设施和放射性废物仓库对应于放射性废物管理设施。[3]

在放射性废物储存方面,截至2017年3月底,日本所运行的核电

---

〔1〕 See World Nuclear Association, *World Nuclear Performance Report* 2020, p. 41, World Nuclear Association (Aug. 25, 2020), https://world-nuclear.org/getmedia/3418bf4a-5891-4ba1-b6c2-d83d8907264d/performance-report-2020-v1.pdf.aspx.

〔2〕 资料来源:国际原子能机构反应堆信息系统网,https://pris.iaea.org/PRIS/CountryStatistics/CountryDetails.aspx?current=JP。

〔3〕 See OECD-NEA, *Radioactive Waste Management Programmes in OECD/NEA Member Countries: Japan*, OECD-NEA (2011), https://www.oecd-nea.org/rwm/profiles/Japan_profile_web.pdf.

站储存的废物包括约68万个200升桶、32个废蒸汽发生器、废控制棒、通道箱、废弃离子交换树脂。此外,事故后产生的碎石、修剪的树木、丢弃的防护服等(共345,300立方米),以及污水处理产生的废物(3586个铯吸收塔等和597立方米污泥)已暂时存放在东京电力公司的福岛第一核电站。除了核电站以外的设施中,乏燃料再处理设施中储存了约2448个高放射性的玻璃化废物包和约373立方米高放射性废液。[1]

在放射性废物的处置方面,自1992年以来,储存在商业动力堆放射性废物管理设施中的含有低浓度的放射性核素的低放射性废物,已被转移到日本核燃料有限公司的放射性废物处置库进行处置。截至2017年3月底,日本核燃料有限公司的放射性废物处置库已处理约29万桶(200升桶当量)的废物。[2]

(二)日本放射性废物管理的政策

日本政府的放射性废物管理政策主要包括经地质处置放射性废物、主动控制处置放射性废物和禁止向海洋倾倒放射性废物等方面。

首先,需要经地质处置的放射性废物主要包括高放射性废物和长寿命低热量产生放射性废物。对于高放射性废物的处置,根据日本国会于2000年5月颁布的《特定放射性废物最终处置法》的规定,高放射性废物地质处置场地的确定需要通过选择"初步调查区"、"详细调查区"和"最终处置设施建设地点"三个步骤。2015年,日本政府又对该政策进行进一步的完善。新的政策要求日本政府应主动解决高放射性废料的问题,明确了作为产生废物的当代人的责任,以免把这个负担传给后代。具体来说,为了确保公众对该问题的更深层次的关注和理解,日本政府应该从科学的角度表明高放废物处置场地的适宜性。2017

---

[1] See Nuclear Regulation Authority, *National Report of Japan for the Sixth Review Meeting*, p. 23, IAEA (Oct., 2017), https://www.iaea.org/sites/default/files/national_report_of_japan_for_the_6th_review_meeting_-_english.pdf.

[2] See Nuclear Regulation Authority, *National Report of Japan for the Sixth Review Meeting*, p. 24, IAEA (Oct., 2017), https://www.iaea.org/sites/default/files/national_report_of_japan_for_the_6th_review_meeting_-_english.pdf.

年7月,日本政府发布了《全国地质处置科学地形图》,对地质处置的技术可靠性进行评估,同时还对其他处置方案进行平行调查和研究,旨在对地质处置场地选址进行努力的同时保证后代能够选择最佳的处置方法。对于长寿命低热量产生放射性废物经地质处置,根据日本国会于2007年修订的《特定放射性废物最终处置法》的规定,隶属于日本经济产业省的自然资源和能源局(Agency for Natural Resources and Energy)将从后处理中产生的需要地质处理的超铀废物和从海外后处理工厂返回的高放射性废物的管理并入日本核废物管理组织。《特定放射性废物最终处置法》还规定,这类放射性废物的产生者需提供最终处置所需的费用。

其次,放射性废物须经主动控制处置,包括近地表沟处置、近地表坑处置和中深处置。目前,日本核电站产生的需要近地表沟渠处理和近地表坑处理的低放射性废物已经用这种方法进行处理。

最后,禁止向海洋倾倒放射性废物政策源于《防止倾倒废物和其他物质污染海洋公约》(1972年)及其1993年修订案。日本是该公约及其修订案的缔约方,有义务采取措施防止其本国的放射性废物向海洋倾倒。日本原子能规制委员会曾决定,日本政府将在未来取消将海洋倾倒作为低放射性废物处置原则的选择。为此,2005年5月,日本修订了《核源材料、核燃料和反应堆监管法》,禁止在海上倾倒放射性废物。[1]

(三)日本放射性废物处置的实践

日本自1992年开始处理核反应堆产生的低放废物。日本《特定放射性废物最终处置法》规定了乏燃料后处理产生的高放射性玻璃化放射性废物的处置要求、处置场所的选择程序、所涉执行机构和必要资金的安排。根据该法的规定,产生放射性废物的经营者需要承担放射性废物处理处置的责任。以下从日本低放废物处理和高放废物处理的技

---

[1] See Nuclear Regulation Authority, *National Report of Japan for the Sixth Review Meeting*, p. 16 – 18, IAEA (Oct., 2017), https://www.iaea.org/sites/default/files/national_report_of_japan_for_the_6th_review_meeting_-_english.pdf.

术路线,以及日本福岛核废水的处理介绍日本放射性废物管理的实践。

关于低放废物的处理。在日本,低放废物根据产生地点和放射能水平可以分为发电所产生的废弃物、含有超铀核物质的放射性废弃物和铀废料。这些放射性废物的处理方法根据抑制深度和放射性物质泄漏的屏障的要求分为,填埋处理、坑处理和地下中度深处处理三种方式。

其中,填埋处理,是指对于混凝土、金属等具有化学、物理稳定性质的废弃物中放射性水平极低的废弃物进行沟槽处理。这是不设置混凝土坑等人工构造物,而在浅地中填埋处理的方法。这些填埋场地经过50年左右的管理期后可以有可能转化为可一般利用的土地。

坑处理,是指将液体废弃物浓缩后的废液、放射能水平低的已使用树脂、焚烧可燃物后的焚烧灰等用水泥等凝固在铁桶里,以及对管道、过滤器等固体废弃物中放射性水平较低的放射性废物在浅地中设置混凝土坑等人工构筑物,用填埋的方法进行处理。

地下中度深处处理,是指将控制棒和炉内构造物、炉心产生的属于"低水平放射性废弃物"中的"放射性水平较高的废弃物"在距离地面70米以上的地下设置的填埋地进行处理。这是在地下用混凝土制作隧道型建筑物,填埋处理废弃物的方法。对于"低水平放射性废弃物"中"放射性水平较高的废弃物",也可以根据放射性物质浓度的衰减进行阶段性的管理,经过数百年的管理期后,这些场址的土地有可能转变成一般可利用的土地。目前这一处置方式的具体安排尚处于讨论中。[1]

关于高放废物的处理,为考虑到下一代人生存的环境,需将其埋在地下深处稳定的岩盘里,与人类的生活环境隔离。这种处理方法叫作"地层处理",即利用深层地层固有的性质,不影响人类未来的生活环境。满足高放废物处置需求的深层地层应当具有氧气少,物体难以变化,物体运动非常缓慢和远离人类的生活环境的特征。日本《特定放射

---

〔1〕 详见经济产业省资源能源厅关于放射性物质的介绍,载 https://www.enecho.meti.go.jp/category/electricity_and_gas/nuclear/rw/gaiyo/gaiyo01.html#h02。

性废物最终处置法》规定高放废物要在离地表300米以下的深层底层进行处理。日本核废物管理组织是实施《特定放射性废物最终处置法》关于地层处理高放废物规定的主体,法律规定日本核废物管理组织对高放废物处置场址要进行“文献”、“概要”和“精密”的阶段性调查。法律规定,调查阶段,在确认地质环境是否适合地层处理的同时,还需听取当地自治团体的意见。[1]

在福岛核废水处理方面,“福岛核废水”是2011年福岛第一核电站发生核事故后产生的。这次事故导致福岛第一核电站1号至3号机组堆芯熔毁。事故发生后,福岛第一核电站的运营方东京电力公司持续向1号至3号机组安全壳内注水以冷却堆芯并回收废水,这些废水加上持续汇入的建筑物的雨水和地下水使得废水的总量不断增加。东京电力公司对这些废水的处理方法是,将其储存在核电站基地内的储存罐中,但预计到2022年夏天这些储存罐就会被装满。由于继续增加储存罐将不利于进行废炉作业,[2]日本政府开始考虑如何处理这些储存的核废水。2021年4月,日本政府作出2年后向海洋排放这些核废水的决定。日本政府称,在排放这些废水前会对其采用多核素去除设备对其进行“去污”处理。理论上,采用这一设备可以去除62种放射性物质,但“氚”这种放射性物质无法去除,会残留在处理过的水中。日本政府的这一决定在全球范围内引发了争议。

七、韩国放射性废物管理的政策与实践

(一)韩国核能利用与放射性废物概况

韩国自1957年成为国际原子能机构成员之后便开始筹划发展核能,并于1978年开始运行第一座商用核电站。之后,韩国民用核电进入规模发展阶段,截至2021年7月12日,韩国共有24台正在运行的

---

[1] 详见经济产业省资源能源厅关于放射性物质的介绍,载 https://www.enecho.meti.go.jp/category/electricity_and_gas/nuclear/rw/hlw/hlw01.html。

[2] 详见经济产业省资源能源厅关于ALPS处理水的介绍,载 https://www.enecho.meti.go.jp/about/special/johoteikyo/osensuitaisaku01.html。

核电机组,4 台正在建设中的核电机组,2 台永久关闭的核电机组。[1] 这 24 台在运行的核电机组为韩国提供了约 1/3 的电力供应。[2]

韩国核能发展政策受《1974 年韩美原子能协定》(1974 Korea – US Atomic Energy Agreement)的约束。该协议也被称为"123 协定"(美国政府根据美国《1954 年原子能法》第 123 条与其他国家签订的原子能合作协议),其主要内容是允许韩国发展民用核电,但基于核不扩散目的,禁止韩国从事铀浓缩和乏燃料后处理。该协定于 2014 年到期,经韩美 2015 年谈判修订后展期 20 年。根据新修订的协定,韩国有权处理使用过的核燃料,获得稳定的核燃料供应和推动核电站出口,但只有获得美国的同意之后韩国才可以开展铀浓缩或通过后处理回收核燃料。[3]

韩国核电市场目前尚未实现自由化发展,韩国电力公司(Korea Electric Power Company)是韩国的唯一核能企业。该公司成立时是一家国有企业,发展至今其 49% 的股份由社会公众和外国投资者(约 30%)持有。其后,韩国电力公司的发电部门被拆分为 6 个实体,所有核电和少量水电成为其中一个最大的实体——韩国水电与核电有限公司(Korea Hydro & Nuclear Power)。韩国电力公司仍保留其电力传输和配送的垄断地位,其子公司——韩国电力核燃料公司(KEPCO NF)负责核燃料生产。

在放射性废物管理方面,根据韩国《核安全法》规定的定义,放射性废物分为两类,一类是高放废物,另一类是中低放废物。前者仅由乏燃料构成(韩国由于受《1974 年韩美原子能协定》的限制而不能对乏燃

---

[1] 资料来源:国际原子能机构反应堆信息系统网,https://pris.iaea.org/PRIS/CountryStatistics/CountryDetails.aspx? current = KR。

[2] World Nuclear Association, *Nuclear Power in South Korea*, World Nuclear Association (July, 2021), http://www.world – nuclear.org/information – library/country – profiles/countries – o – s/south – korea.aspx.

[3] See U.S. Department of State, U.S. – Republic of Korea (R.O.K.) Agreement for Peaceful Nuclear Cooperation, https://www.state.gov/remarks – and – releases – bureau – of – international – security – and – nonproliferation/u – s – republic – of – korea – r – o – k – agreement – for – peaceful – nuclear – cooperation/.

料进行后处理);后者根据韩国核安全与核安保委员会的相关文件规定被分为三个子类型,即极低放废物、低放废物和中放废物。2009 年以前,所有这些放射性废物均由韩国水电与核电有限公司自己负责管理。2009 年,韩国根据《放射性废物管理法》在贸易、工业和能源部下设韩国放射性废物有限公司(Korea Radioactive Waste Management Corporation)专门负责管理放射性废物,该公司于 2013 年更名为韩国放射性废物局(Korea Radioactive Waste Agency)。

对于放射性废物的最终处置,20 世纪 80 年代初期,韩国政府已开始致力于建立一个安全管理放射性废物的处置点。1998 年 9 月,韩国原子能委员会在召开的第 249 次会议上制定了"国家放射性废物管理政策",其目标是在 2008 年前建成一个中低放废物处置设施,以及在 2016 年前建成一个集中式乏燃料临时存储设施,但没有顺利完成选址。随后,韩国原子能委员会在 2004 年 12 月 17 日召开的第 253 次会议上修订了该政策,明确要求在 2008 年前完成中低放废物处置设施的建造。受各种因素影响,该中低放废物处置设施直到 2014 年才建成。

截至 2015 年年底,韩国核电厂共产生乏燃料 40 余万件,中低放废物 2 亿多桶,前者目前分别存放在 4 个反应堆厂址、乏燃料池或干式储存设施中,后者大部分存放在反应堆厂址,少部分运输至韩国月城中低放处置中心。[1]

(二)韩国放射性废物管理的政策

2015 年,韩国核能促进委员会(原韩国原子能委员会改革后的机构)第 4 次会议通过了《中低放废物管理计划》(Low - and Intermediate - level Radioactive Waste Management Plan);次年,韩国核能促进委员会第 6 会议通过了《高放废物管理基本计划》(Basic Plan on High - level Radioactive Waste Management)。

---

〔1〕 See OECD - NEA, *Radioactive Waste Management Programmes in OECD/NEA Member Countries: Republic of Korea*, p. 2, OECD, 2016. https://www. oecd - nea. org/jcms/pl_33738/radioactive - waste - management - programmes - in - oecd/nea - member - countries - republic - of - korea.

这两个计划明确了韩国放射性废物管理的基本政策,可以归纳为五个方面:一是政府直接管理,即需要长期安全管理的放射性废物应由政府负责管理;二是安全优先,即放射性废物应在适当考虑到生物和环境影响的基础上予以安全管理,以保护人民、社会和环境免遭辐射危害;三是在公众信任下执行,即放射性废物必须得以公开透明地管理以增进公众的理解和信任,必须以有助于促进当地社区和谐和发展的方式执行;四是产生者付费原则,即放射性废物管理的费用必须由其产生者在当前负担,而不至于给后代施加不适当负担;五是提高放射性废物管理效率,即放射性废物的产生量应当最小化以及放射性废物处置设施应当高效运行。[1]

(三)韩国放射性废物管理的实践

韩国的放射性废物管理实践包括高放废物(乏燃料)的处理和中低放废物的处置两方面。其中,中低放废物主要产生于核电站运行过程,需要在核电厂现场的处理设施中经历减容、固化等处理步骤。这些废物在运往韩国月城中低放废物处置中心之前将储存在核电厂等反应堆厂址所在地的临时储存设施中。根据计划,韩国月城中低放废物处置中心分 3 个阶段进行建设:第 1 阶段是在地下建立筒仓型设施(已于 2014 年完工);第 2 阶段是建造近地表处置设施;第 3 阶段是建造废物处置退役设施(仍处于计划中)。[2] 而在高放废物(乏燃料)的管理实践方面,韩国采取了"观望政策"(Wait and See Policy),所有乏燃料目前均临时储存在每一个反应堆乏燃料池或者反应堆厂址里的储存设施中。这些设施的储存能力有限,在不远的将来都面临饱和。为此,韩国

---

[1] See Nuclear Safety and Security Commission, *Korean Sixth National Report under the Joint Convention on the Safety of Spent Fuel Management and on the Safety of Radioactive Waste Management*, p. 18 – 19, IAEA (Oct., 2017), https://www.iaea.org/sites/default/files/national_report_of_republic_of_korea_for_the_6th_review_meeting_-_english.pdf.

[2] OECD – NEA, *Radioactive Waste Management Programmes in OECD/NEA Member Countries: Republic of Korea*, p. 4, OECD, 2016. https://www.oecd-nea.org/jcms/pl_33738/radioactive-waste-management-programmes-in-oecd/nea-member-countries-republic-of-korea.

正在计划建造乏燃料临时集中存储设施,这些设施计划将于 2035 年运营,最终容量为 20,000 公吨。[1]

在技术操作层面,韩国对核电站、核研究设施、核燃料设施、放射性同位素废物管理设施、放射性废物管理设施中的放射性废物采取了以下不同的方式处理。具体而言:

第一,对核电站产生的放射性废物的处理。气态放射性废物主要在核电站运行过程中的脱气或通风环节产生。对脱气环节产生的气体废物使用气体衰变罐或木炭延迟床进行处理,以减少放射性,并通过取样分析确定放射性水平达到相关标准后释放到大气中。通风系统产生的气体废物通过高效微粒空气(High – Efficiency Particulate Air)过滤器和木炭过滤器排放到环境中,其放射性水平受到持续监测,确保释放到大气中的气体排放物的放射性核素浓度和估计的场外剂量满足每种放射性核素的排放控制限值和韩国核安全与核安保委员会通知中规定的排除区域边界处(Exclusion Area Boundary)的年度剂量限制。核电站营运者需要向监管机构提交有关辐射安全的季度报告。液体放射性废物主要来自反应堆冷却剂和相关系统的清理或维护过程。一般情况下,液体放射性废物是用蒸发器、脱盐器、过滤器和反渗透设备进行处理。当测得的放射性浓度低于剂量控制限值时,会将废水排放到海洋中,同时剂量控制限值系统会对其进行持续监测。放射性核素浓度和估计的场外剂量应满足核安全与核安保委员会通知中规定的排除区域边界的年度剂量限制。固体放射性废物主要包括干活性废物(旧零件、纸张、衣服、手套、鞋子等),废树脂和废树脂过滤器。处理时,固体放射性废物一般由传统的压实机压实成形,或者使用中低放废物玻璃化设施对其中可燃固体废物进行玻璃化;废树脂将会被干燥并装入高完整性容器或等效容器中;废弃树脂过滤器则存储在合适的屏蔽容器中。

第二,对核研究设施产生的放射性废物的处理。气态放射性废物

---

〔1〕 World Nuclear Association, *Nuclear Power in South Korea*, World Nuclear Association (July, 2021), http://www. world – nuclear. org/information – library/country – profiles/countries – o – s/south – korea. aspx.

的处理方式和核电站产生的气态放射性废物的处理基本相似。液体放射性废物的处理方式是，将研究设施产生的液体放射性废物收集在设施的储罐中并输送到蒸发器中进行浓缩，然后将蒸发冷凝物在太阳能蒸发设备中进行处理，对残留物（如蒸发器浓缩物）进行沥青处理。固体放射性废物的处理方式是，先将固体放射性废物运输到放射性废物处理设施，处理后再将其运输到放射性废物存储设施。其中，具有高辐射剂量的固体放射性废物一般采用不锈钢罐包装并保存在混凝土块中，以对其进行完全地屏蔽；低辐射剂量的固体放射性废物则被压实并用钢桶包装，然后保存在存储建筑物中。

第三，对核燃料制造设施产生的放射性废物的处理。气态放射性废物的处理方式和核电站产生的气态放射性废物的处理基本相似。液体废物分为压水堆燃料制造工艺的废物和加压重水堆燃料制造工艺的废物。其处理方式是，根据液体废物的特性，对其进行蒸发、反渗透或离心等处理系统处理，确保排放到环境中的液体废物所含有的放射性核素浓度和估计的场外剂量满足剂量控制限值和核安全与核安保委员会通知中规定的年度剂量限制。核燃料制造设施的操作人员需向监管机构提交有关辐射安全的季度报告。固体废物分为干放射性废物（如衣服和手套等防护设备等）、金属、合成材料、木材和玻璃。其处理方式是，将其桶装，在测量了其放射性、重量、表面污染水平和辐射剂量率后储存于废物储存设施中。

第四，对放射性同位素废物管理设施产生的放射性废物的处理。气态放射性废物的处理方式和核电站产生的气态放射性废物的处理基本相似。液体放射性废物的处理方式是，将其储存在收集罐中，取样分析后进行处理。固体放射性废物的处理方式有变化，2015 年 6 月之前是继续在放射性同位素废物管理设施中处理，2015 年 7 月后将送往中低放废物处置设施处理。

第五，对中低放射性废物管理设施产生的放射性废物的处理。气态放射性废物的处理方式和核电站产生的气态放射性废物的处理基本相似。其产生的液态放射性废物的处理方式是，通过排水系统收集设施运行产生的液体放射性废物，然后使用脱盐系统进行处理，确保排放到环境中的液体废物所含有的放射性核素浓度和估计的场外剂量满足剂量控制限值和核安全与核安保委员会通知中规定的年度剂量限制，其产生的固体放射性废物的处理方式是对其经过压实包装后储存在规定的桶中，且设施营运者要向监管机构提交有关辐射安全的季度报告。

八、俄罗斯放射性废物管理的政策与实践

（一）俄罗斯核能利用与放射性废物概况

俄罗斯是世界主要核大国之一，是苏联的最大继承国。苏联于1946年研制成功第一座天然铀石墨反应堆，1954年建成世界上第一台试验核电机组，并在此后建立了庞大的核工业体系。冷战时期，苏联更是建造了包括核潜艇和核动力舰船在内的大量军用核动力装置以及庞大的核武库。

截至2021年7月12日，俄罗斯共有38台正在运行的核电机组，3台正在建设中的核电机组，9台永久关闭的核电机组。[1] 截至2019年12月31日，俄罗斯年核电年发电量为195.5亿千瓦时，占国内总发电量的19.7%。[2]

俄罗斯放射性废物来源主要包括核电站、核泄漏事故、核武器试验、铀矿和一些稀有矿产的开采和选冶等。根据俄罗斯联邦法律的规定，放射性废物可分为可回收的放射性废物和特殊（不可回收的）放射性废物。在处置方面，根据俄罗斯《联邦放射性废物管理法》第4条的规定，可取回的放射性废物可进一步细分（见表2-9）。

---

〔1〕 资料来源：国际原子能机构反应堆信息系统网，https://pris.iaea.org/PRIS/CountryStatistics/CountryDetails.aspx? current=RU。

〔2〕 See IAEA, *Nuclear Power Reactors in the World* (2020 *Edition*), p. 10&p. 14, IAEA (July, 2020), https://www-pub.iaea.org/MTCD/Publications/PDF/RDS-2-40_web.pdf.

表 2－9　俄罗斯可回收放射性废物的分类

分类标准	类别
放射性核素的半衰期	长寿命放射性废物
	短寿命放射性废物
放射性活度	高放废物
	中放废物
	低放废物
	极低放废物
放射性废物的形态	固体放射性废物
	液体放射性废物
	气体放射性废物
含核物质情况	含核物质放射性废物
	不含核物质放射性废物
	废弃的密封辐射源
	铀矿石开采和加工产生的放射性废物
	其他天然放射性核素含量高的矿物开采产生的废物

此外，俄罗斯核工业产业管理模式也不断变化。1992 年，俄罗斯成立了原子能部；2004 年，俄罗斯原子能部改名为国家原子能署；2007 年，国家原子能署改为俄罗斯国家原子能公司。至此，俄罗斯核工业正式从政府机构变成企业集团化运作模式。

（二）俄罗斯放射性废物管理的政策

俄罗斯将放射性废物的安全管理视为国家安全的关键构成要素和当前与未来核能利用的前提条件。通过和实施俄罗斯《2011 年联邦放射性废物管理法》成为俄罗斯在放射性废物管理方面的国家政策的重要部分。[1]

俄罗斯《联邦 2011 年放射性废物管理法》规定了放射性废物处置的要求、累积放射性废物库存和放射性废物存储设施的管理要求，规定了所有放射性废物管理活动的行政和财务基础。该法的通过推动了放射性废物的储存向放射性废物处置实践转变。

俄罗斯《联邦 2011 年放射性废物管理法》规定俄罗斯联邦建立一个统一的国家放射性废物管理系统，确保放射性废物处理的安全性，提高处理成本效率。统一的国家放射性废物管理系统的运行要求各国家组织机构之间相互合作，这些组织机构包括放射性废物管理的国家部门、原子能使用领域的国家管理部门和国家安全监管机构，国家放射性废物管理运营商、放射性废物的专门管理组织和放射性废物的产生组织。其中，国家放射性废物管理运营商是负责执行放射性废物处理操作以及其他放射废物管理活动的法律机构，放射性废物的专门管理组织负责放射性废物的收集、隔离、加工、调节、运输、储存以及废物处理设施的操作、退役或关闭。

俄罗斯联邦还建立了放射性废物处理验收标准和基于处理路线的放射性废物分类体系，批准了放射性废物处置设施、长期储存设施、持有特殊（不可取回）的放射性废物设施和特殊放射性废物处置设施清单，并在乌拉尔斯联邦、西伯利亚联邦、伏尔加岛、西北联邦等地区进行了详细设计和安全评估，以计划建立处理低放废物和中放废物的处置设施。目前，俄罗斯正致力于建立高放废物处置系统，并对某些设施的状态进行改变，将特殊（不可取回）放射性废物储存设施改为特殊（不可取回）放射性废物处置设施，将某些特殊（不可取回）放射性废物处置设施改为一般放射性废物处置设施。同时，俄罗斯也在建立地下实

---

〔1〕 See Russian Federation State Atomic Energy Corporation Rosatom and the Federal Environmental, Industrial and Nuclear Supervision Service, *The Fifth National Report of the Russian Federation on Compliance with the Obligations of the Joint Convention on the Safety of Spent Fuel Management and the Safety of Radioactive Waste Management*, p. 15, IAEA (2017), https://www.iaea.org/sites/default/files/russian-federation-eng-jc.pdf.

验室以证明深度处理高放废物的安全性。

（三）俄罗斯放射性废物管理的实践

俄罗斯放射性废物管理的实践可以从可取回的放射性废物的处理、中低放废物处理、核电厂放射性废物处理和放射性废物处理的技术方法等方面进行描述。[1]

在可取回的放射性废物处理方面，俄罗斯采用的处理方法是：固态的放射性废物一般先储存以减少衰变热，然后在深层处置设施中进行处理，但如果放射性废物中有半衰期大于31年的放射性核素则可直接在近地表达100米的深层处置设施中处理而不需要事先进行储存减少衰变热，其他一般的固体低放废物和极低放废物应在位于地面的近地表处置设施中处理；液体低放射性废物根据法律规定采用深孔注入法注入地下250~460米的砂岩层中并通过监测孔实施监测；铀矿开采和加工或与原子能使用无关的其他作业期间产生的具有高浓度的天然放射性核素在近地表处置设施中进行处置；固态高放废物目前主要暂存在玛雅克联合企业、矿山化工联合企业和西伯利亚化学联合企业等；液体高放废物（主要是乏燃料后处理过程中产生的高放废液）大部分暂存在玛雅克联合企业。为了选择合适的高放废物深地质处置地点，俄罗斯在乌拉尔山地区、西伯利亚地区等30个地区开展了选址调查，并计划建造一个高放废物深地质处置地下实验室以验证Nizhnekansky花岗岩石地质区域作为高放废物深地质处置的可靠性。目前俄罗斯已完成了地下实验室的设计，计划在2035年建成处置容量为2×104吨的高放废物处置库。[2]

在中低放废物处理方面，除了以上提到的固体放射性废物进行深层处理、液体放射性废物注入深地层之外，俄罗斯还采用过将放射性废物倾倒海洋、暂存在海船上等方式处理，这两种处理方式主要是俄罗斯

[1] 参见孔庆军、李峰、朱杰等：《俄罗斯放射性废物管理现状》，载《辐射防护通讯》2016年第4期。

[2] 参见孔庆军、李军、朱杰等：《俄罗斯放射性废物管理现状》，载《辐射防护通讯》2016年第4期。

海军采用的废物处理方式，前两种方式主要是俄罗斯内陆核工业企业采用的方式。

在核电厂放射性废物处理方面，由于苏联时期建设核电厂时原计划将所有废物在核电厂退役时一起处理，目前俄罗斯核电厂的大部分废物（包括液体废物）都处于暂存状态。这些核电厂现在正在采取措施，计划将这些原有固体废物进行取回、分类和整备，将可燃废物进行焚烧，以转化为适于处置的废物；将液体废物进行固化处理，转化为适于处置的固态废物。

在放射性废物处理的技术方法方面，俄罗斯结合本国实际情况开发了多种放射性废物处理技术，包括放射性废液玻璃固化技术、等离子焚烧技术、有机废液焚烧技术、沥青固化技术、中低放泥浆固化技术、固体废物压缩技术、金属废物熔炼技术以及灰渣和蒸残液胶结等技术，已形成了独立的技术体系。

九、比较与小结：放射性废物管理立法的政策与实践背景

综合上述梳理，可以对美国、加拿大、英国、法国、德国、日本、韩国和俄罗斯放射性废物管理的政策与实践做出以下五点总结：

第一，放射性废物的管理是各核能国家政策中的重要议题。上述国家都是放射性废物的产生大国，都意识到放射性废物的安全与环境风险。无论是将发展核能继续作为国家能源重要选项或必要组成部分的国家，还是已经决定淘汰核电的国家（德国），都在国家层面确立了放射性废物管理的目标。

第二，放射性废物的最终处置目前尚无成熟的实践或经验。尽管上述各国都确立了安全处置放射性废物的目标并开展了相关实践，但是关于不同类型的放射性废物处理、处置的技术路线的选择和进展状况都存在较大差异。在中低放废物的处置方面有少数国家有完整的实践（如法国已运行和关闭的曼什废物处置设施）；在高放废物处置方面，目前各国的高放废物基本上都处于中间贮存状态，虽然这些国家都选择了深地质处置作为长远方案，但这些国家的深地质处置库（设施）仍然处于选址研究或规划建设当中。

第三，放射性废物的管理需要国家的长远规划。放射性废物具有

社会敏感性、环境与健康危害的潜在性和衰变的长周期性等特征，其管理相比普通的废弃物而言更为复杂，需要有针对性地设计一套周密的计划。上述国家中，有的国家在核能发展之初便一并考虑放射性废物处置问题，例如美国制定了放射性废物和乏燃料管理战略；有的国家在近些年制定了放射性管理的阶段性或长期性的计划或战略，如加拿大发布了《加拿大放射性废物管理和退役框架》，英国制定了《放射性废物综合管理战略》等。考虑到放射性废物管理的复杂性，发展核能的国家应当将放射性废物管理的政策与核能发展的政策统筹考虑，以便为核能的发展和放射性废物的有序处置提供明确且相对稳定的政策预期。

第四，放射性废物应当坚持分类管理原则。从上述国家的梳理中可以看出，放射性废物主要来源于民用核反应堆的核燃料使用、乏燃料的后处理、核技术利用、核武器生产（淘汰）等过程，不同来源产生的放射性废物所含放射性核素的放射性活度和半衰期不同，由于其所带来的风险和采用的处置技术不同各国都选择了分类管理的思路。尽管各国在放射性废物的具体分类和处置方式上有所区别，但一般都根据放射性水平的强弱将放射性废物分为高放废物和中低放废物两大类型来进行管理，对高放废物一般以深地质处置为最终处置方式，对中低放废物一般采用近地表处置方式是大部分国家都比较认同的做法。

第五，放射性废物的处置需要专门的技术支撑。放射性废物的管理包括放射性废物的收集、分离、加工、整理、运输、储存以及放射性废物储存设施的选址、建造、运营、退役、关闭等一系列过程，这些过程都涉及专门的技术的应用。各国在放射性废物管理方面存在技术差别和差距。例如，在这些国家中，美国、法国和俄罗斯均具有相对较强的放射性废物处置技术能力。对放射性废物管理相关技术的掌握程度影响一国放射性废物管理的成效，也影响一国放射性废物管理的政策制定。

第三章 代表性核能国家放射性废物管理的法律规范体系

放射性废物管理国家政策的实施需要法律保障。《乏燃料管理安全与放射性废物管理安全联合公约》第 19 条规定,每一缔约方应建立并维持一套管辖放射性废物管理安全的立法框架。美国、加拿大、英国、法国、德国、日本、韩国和俄罗斯都是这一公约的缔约方,在放射性废物管理方面都制定了相应的法律并建立了一套规范体系。考察和比较这些国家的放射性废物管理立法实践可以了解放射性废物管理立法的模式或样态。

一、美国放射性废物管理的法律规范体系

(一)美国放射性废物管理法律规范体系的构成

美国是最早进行核能立法的国家之一,于 1954 年通过了首部现代意义上的原子能法——《1954 年原子能法》。随后,在此基础上,美国通过了多部与核能开发利用相关的法律。在核废物的处理处置方面,美国在 20 世纪 80 年代通过了两部主要的法律——《1982 年核废物政策法》和《1985 年低放废物政策法》。前者对乏燃料及高放射性废物处置的永久地质储存设施的选址、特征、建造、运行、监控直至关闭规定了较为完整的框架;后者对低放废物的处置作出了具体规定,明确联邦政府负责近地表处置无法满足安全要求的低放废物的管理,州政府负责适合近地表处置的低放废物的管理,并建立了低放废物处置区域协议制度和规定了处置实施期限等。此外,美国还通过了多部与放射性废物管理相关的法律(见表 3-1)。

表 3－1　美国放射性废物管理相关法律文件

序号	法律名称	调整事项
1	《1954 年原子能法》(经修订)	核能领域基本法
2	《1969 年国家环境政策法》	环境影响评价程序
3	《1974 年能源重组法》	监管机构设置
4	《1978 年铀尾矿辐射控制法》	铀尾矿辐射防护
5	《1978 年核不扩散法》	核不扩散
6	《1980 年国家安全和核能军事应用授权法》	国防活动产生的放射性废物处置
7	《1980 年西谷示范项目法》	高放废物处理示范项目
8	《1982 年核废物政策法》(经修订)	乏燃料和高效废物处置
9	《1985 年低放废物政策法》(经修订)	低效废物处置
10	《1992 年能源政策法》	监管机构职能
11	《1946 年行政程序法》(经修订)	一般行政程序

资料来源：U. S. Department of Energy, *United States of America Fourth National Report for the Joint Convention on the Safety of Spent Fuel Management and on the Safety of Radioactive Waste Management*, p. 51, IAEA (Sep. 11, 2011), https://www.iaea.org/sites/default/files/usa_4th_us_nat_report_09－21－11.pdf.

(二)美国放射性废物管理法律规范内容概要

以下分别对美国上述《1954 年原子能法》《1974 年能源重组法》《1980 年西谷示范项目法》《1982 年核废物政策法》《1985 年低放废物政策法》《1992 年能源政策法》《1946 年行政程序法》《1969 年国家环境政策法》的主要内容进行介绍。

1.《1954 年原子能法》(Atomic Energy Act of 1954)。[1] 该法是美国核能利用的基本法。该法的宗旨是“开发、利用和控制核能应致力于促进世界和平、提高总的福利,改善生活水平,加强私有企业的自由竞争”。在民用核能方面,它同时规范了美国核材料与设施的开发和安全监管两方面的活动。该法要求民用核材料和设施必须获得许可。它授权核监管委员会制定规章或命令,并执行这些规定以保护公众健康、安全,降低核能利用活动对生命与财产造成的危险。该法还规定核监管委员会要遵守有关举行听证和接受司法审查的要求。在某些材料的许可证监管方面,该法还规定,核监管委员会可以和符合要求的州签订协议,将相关的事项交给州来监管。此外,该法的一项主要修正案,即《普莱斯 - 安德森法》建立了许可证持有人关于核事故损害赔偿的有限责任制度。

2.《1974 年能源重组法》(Energy Reorganization Act of 1974)[2]。该法是美国第一部集中广泛意见制定的规范民用核能利用相关活动的法律。该法设立了美国核监管委员会。该法将依据《1954 年原子能法》设立的、同时负责核武器的研制与生产以及民用核材料的开发与安全监管的原子能委员会的职能进行了分离,将其中发展与生产核武器、促进民用核能发展以及国防核设施的监管职能划归到了新设立的美国能源部,将其中民用核能利用活动的安全监管的职能划归到了新设立的美国核监管委员会。该法奠定了美国当前的核能监督和管理组织框架。

3.《1980 年西谷示范项目法》(West Valley Demonstration Project

---

〔1〕 美国《1954 年原子能法》(Atomic Energy Act of 1954, as Amended)的英文文本载美国核监管委员会网,https://www.nrc.gov/docs/ML1536/ML15364A497.pdf#page=23。

〔2〕 美国《1974 年能源重组法》(Energy Reorganization Act of 1974)的英文文本载美国核监管委员会网,https://www.nrc.gov/docs/ML1327/ML13274A489.pdf#page=241。

Act of 1980)[1]。该法规定美国能源部在纽约西谷的纽约西部服务中心开展一个高放射性废物处理示范项目,以演示可用于准备固化高放射性废物的凝固技术。在该示范项目中,能源部被授权在现场固化和包装高放废物,处理示范项目产生的低放废物和超铀废物,并按照美国核监管委员会的要求进行净化和退役。能源部的职责完成后,放射性废物处理设施将归还给纽约州。2002 年,美国能源部在现场完成了液态高水平放射性废物的凝固工作,之后美国核监管委员会发布了关于西谷示范项目退役标准的最终政策声明。

4.《1982 年核废物政策法》(Nuclear Waste Policy Act of 1982)[2]。该法是卡特政府为回应社会公众对核能源和核电站安全问题、未解决的废物问题以及废物的政府管理缺位问题的强烈关切而制定的。[3]该法规定成立一个跨机构工作组并建议联邦政府计划永久处置核电站和核废物,规定联邦政府有责任提供高放废物和乏燃料的永久处置场地,高放废物和乏燃料的产生者有义务承担永久处置的费用。根据该法的规定:能源部和总统建议建立永久储存库需要经过本法设立的国会审查特别程序;能源部还要向美国核监管委员会申请建造批准证书,美国环保署负责建立适用的公共健康和安全标准;在规划和开展永久储存库的选址和建造过程中需要州、部族和公众的广泛参与。该法还设立了一个核废物基金,所有的商用核能发电机都被要求与美国能源部签订合同,承担放射性废物处置项目的费用。1987 年美国国会通过了《1982 年核废物政策法》的修订案,即《1987 年核废物政策法修正案》。该修订案将《1982 年核废物政策法》规定的 3 个高放废物地下隔离深藏设施选址点缩减为仅内华达州亚卡山脉一处,并且明文规定未

---

〔1〕 美国《1980 年西谷示范项目法》(West Valley Demonstration Project Act of 1980)的英文文本载美国核监管委员会网,https://www. nrc. gov/waste/incidental - waste/wir - wvdpa. html。

〔2〕 美国《1982 年核废物政策法》(Nuclear Waste Policy Act of 1982)的英文文本载美国核监管委员会网,https://www. nrc. gov/docs/ML1327/ML13274A489. pdf#page =419。

〔3〕 参见阎政:《美国核法律与国家能源政策》,北京大学出版社 2006 年版,第 121 页。

经国会授权，任何人和机构均不得在美国领土上选址建设任何形式的高放废物地下隔离深藏设施。

5.《1985 年低放废物政策法》（Low – Level Radioactive Waste Policy Amendments Act of 1985）[1]。该法确立了低放废物的处理政策，规定美国各州有处理其境内产生的低放废物的责任（美国能源部、海军、联邦政府因任何研究、开发、测试或生产任何核武器而拥有或产生的美国低水平放射性废物除外），当地的设施所有者州可以和多个州签订协议提供放射性废物处置服务，并接受核监管委员会或者和美国核监管委员会签订协议的州的监管。该法要求美国核监管委员会制定关于废物中放射性核素的豁免标准。该法还规定，联邦政府负责处理由美国核监管委员会许可的活动造成的大于 C 级的低水平放射性废物。

6.《1992 年能源政策法》（The Erergy Policy Act of 1992）[2]。该法规定了美国核监管委员会、美国环保署、美国能源部和美国交通部在核废物处置和防止核污染环境各环节中的各自职责和相互之间协作关系；规定了特定场所的公共健康和安全标准，以及内华达州亚卡山拟建储存库的特定场所许可要求。该法还授权美国能源部偿还某些活跃的铀和钍加工厂所有者的部分补救措施费用。

7.《1946 年行政程序法》（Administrative Procedure Act）[3]。该法是规范美国联邦行政机构行政程序的基本法，其颁布之初的重点是规范行政机构的规则制定和行政裁决行为，赋予利益相关者参与行政过程的权利，规定对行政机构行为进行司法审查的标准等。该法后来被多次修订，目前已经融合了多部法律，调整范围变得更大。比如，就信息获取而言，该法融合了《政府信息自由法》（The Freedom of Informa-

---

〔1〕 美国《1985 年低放废物政策修正法》（Low – Level Radioactive Waste Policy Amendments Act of 1985）的英文文本载美国核监管委员会网，https://www.nrc.gov/docs/ML1327/ML13274A489.pdf#page = 295。

〔2〕 美国《1992 年能源政策法》（The Erergy Policy Act of 1992）的英文文本载美国核监管委员会网，https://www.nrc.gov/docs/ML1536/ML15364A497.pdf。

〔3〕 美国《行政程序法》（Administrative Procedure Act）的英文文本载美国核监管委员会网，https://www.nrc.gov/docs/ML1327/ML13274A490.pdf#page = 69。

tion Act)、《阳光政府法》(The Government in the Sunshine Act)和《隐私法》(The Privacy Act);在意见分歧的替代解决机制方面,该法融合了《协商制定规则法》(Negotiated Rulemaking Act)和《行政纠纷解决法》(Administrative Dispute Resolution Act)。此外,该法还融合了《监管灵活性法》(The Regulatory Flexibility Act)和《国会审查法》(The Congressional Review Act)等的规定。该法作为一般行政程序法,适用于美国放射性废物管理相关的行政决策与监管活动。

8.《1969 年国家环境政策法》(National Environmental Policy Act)〔1〕。该法规定美国联邦政府的每一项严重影响人类环境的活动提议均需提供环境影响报告和替代措施。该环境影响报告和活动提议需通过美国环保署的审查程序。该法还在总统的行政办事机构中设立了环境质量委员会。该委员会已经制定并颁发了关于准备环境影响报告书及其准备过程中有关公众参与的规章。《1969 年国家环境政策法》主要适用于放射性废物处理处置设施的选址和建造过程。

二、加拿大放射性废物管理的法律规范体系

(一)加拿大放射性废物管理法律规范体系的构成

加拿大政府长期致力于核能的开发、利用以及核废物的安全处置。1996 年通过的《放射性废物政策框架》为放射性废物生产者和所有者提供了建立放射性废物处置机构和财政安排的指导。加拿大核废物监管立法体系是由加拿大议会通过的监管核工业的法律、加拿大核安全委员会制定的监管法规、其他监管性文件以及导则构成。〔2〕

在法律层面上,主要有《核安全与控制法》《核能法》《核燃料废物法》《影响评价法》《环境保护法》。其中,《核安全与控制法》和《核燃

---

〔1〕 美国《国家环境政策法》(National Environmental Policy Act)的英文文本载美国核监管委员会网,https://www.nrc.gov/docs/ML1327/ML13274A490.pdf#page=488。

〔2〕 See Canadian Nuclear Safety Commission, *Seventh Canadian National Report for the Joint Convention on the Safety of Spent Fuel Management and on the Safety of Radioactive Waste Management*, E.2.1, CNSC(Apr., 2021), http://www.nuclearsafety.gc.ca/eng/resources/publications/reports/jointconvention/index.cfm.

料废物法》是放射性废物管理方面的主要联邦立法。《核安全与控制法》是监管框架的授权立法,涵盖了核能工作人员健康与安全标准、环境保护措施、核设施安保、许可证审批、公众参与等方面的法定权限。根据该法的授权,加拿大核安全委员会有权在职责范围内制定具体的监管规则。《核燃料废物法》则为核燃料废物管理长期战略的实施提供了框架。此外,在加拿大,还有一些其他法律与放射性废物管理相关(见表3-2)。

表3-2　加拿大放射性废物管理相关的主要法律

序号	法律名称	调整事项
1	《核燃料废物法》(2002年)	核燃料废物管理
2	《核安全与控制法》(2017年修订)	核安全监管
3	《核能法》(2017年修订)	核能开发与利用
4	《核责任与赔偿法》(2017年)	核损害赔偿
5	《危险物质运输法》(2019年修订)	核燃料废物的运输监管
6	《影响评价法》(2019年)	环境影响评价
7	《环境保护法》(2021年修订)	污染防治

在法规层面,主要有加拿大核安全委员会根据《核安全与控制法》制定的14部法规。其中,有代表性的条例有《一般核安全与控制法规》《行政罚款法规(加拿大核安全委员会)》《一类核设施法规》《二类核设施与设备法规》《核不扩散进出口管制法规》《核安保法规》。这些法规规定了核废物处理的具体要求。

在监管性文件层面,加拿大核安全委员会主要制定和发布了《深层地质储存库场地特征指南》(REGDOC-1.2.1)、《加拿大放射性废物管理和退役框架》(REGDOC-2.11)、《废物管理第一卷:放射性废物的管理》(REGDOC-2.11.1)、《废物管理第二卷:铀矿废石和工厂尾矿的管理》(REGDOC-2.11.1)、《废物管理第三卷:放射性废物处置的安全实践》(REGDOC-2.11.1)、《核设施退役》(REGDOC-2.11.2)和《核设施退役和许可活动终止的财务担保》(REGDOC-3.3.1)等文件。[1] 这些文件的内容主要涉及监管政策、监管标准、监管指导、监管通知以及监管程序。

(二)加拿大放射性废物管理法律规范内容概要

在加拿大,与放射性废物管理密切相关的法律主要是《核安全与控制法》《核燃料废物法》《影响评价法》,以下对这些法律的内容做简要介绍。

1.《核安全与控制法》(Nuclear Safety and Control Act)[2]。该法于1997年由加拿大议会通过,并于2000年生效,取代了原先的加拿大《原子能控制法》。这是自1946年原子能控制委员会成立以来加拿大核能管制制度的第一次重大改革。《核安全与控制法》共12章127条,它建立了加拿大核安全委员会并授权其对加拿大的核能开发、生产和使用活动进行独立监管。该法第5章集中规定了加拿大核安全委员会的任务、责任和权力,还概括规定了许可制度以及许可证持有人向加拿大核安全委员会报告的义务。该法第6章与第7章规定了行为人违反监督管理规定或者放射性废物管理立法所要承担的法律责任。该法于2017年最新修订。

2.《核燃料废物法》(Nuclear Fuel Waste Act)[3]。该法于2002年由加拿大议会通过,共计15章32条。该法规定乏燃料的所有者负责制订长期废物管理计划,要求核能公司建立一个独立的废物管理组织来实施所有乏燃料的长期管理活动,要求废物所有者与金融机构建立信托基金以支撑其长期废物管理责任。它还要求乏燃料所有者向加拿大政府提交一份关于拟议的废物长期管理方法的研究报告,这项报告需要向公众(包括原住民在内)咨询意见并需接受社会和道德维度的

[1] 关于这些文件的相关简介详见加拿大核安全委员会网,https://www.cnsc-ccsn.gc.ca/eng/waste/index.cfm。

[2] 加拿大《核安全与控制法》(Nuclear Safety and Control Act)的英文文本载加拿大司法部网,https://laws-lois.justice.gc.ca/eng/acts/N-28.3/index.html。

[3] 加拿大《核燃料废物法》(Nuclear Fuel Waste Act)的英文文本载加拿大司法部网,https://laws-lois.justice.gc.ca/eng/acts/N-27.7/。

评估。[1] 此外,该法规定放射性管理组织需每3年向加拿大自然资源部部长提交放射性废物管理的研究报告和每个财政年度的资金支出与预算报告,并接受其监督。

3.《影响评价法》(Impact Assessment Act)[2]。该法于2019年由加拿大议会通过,替代了加拿大2012年《环境评价法》,为加拿大大部分地区的影响评估奠定了法律基础。影响评估是一种规划和决策工具,用于评估拟议项目对环境、经济、健康和社会的积极和消极影响。《影响评价法》规定,加拿大影响评价局(替代了之前的加拿大环境评价局)与加拿大国家安全委员会进行合作,对所有受该法约束的指定项目进行影响评估。放射性废物相关的核项目属于需要接受综合影响评估的项目范围。综合影响评估旨在确保《影响评价法》和《核安全与控制法》的要求以"一个项目,一个评估"的方式得到执行。

三、英国放射性废物管理的法律规范体系

(一)英国放射性废物管理法律规范体系的构成

英国放射性废物管理法律体系主要由一般联邦法律和部门或地方制定的法规构成。前者是指由英国议会(英国最高立法机构)制定的、主要规定与放射性废物管理相关内容的法律,通常具有基本法的性质,在放射性废物管理方面具有基础性的约束地位,适用于英国整个联邦或者部分地区,如《1965年核设施法》《1993年放射性物质法》等。后者实质是在满足基本法的前提下,由英联邦政府下属部门(大臣)或者英格兰、威尔士、苏格兰、北爱尔兰等地方政府部门在遵循基本法案的基础上颁布的,针对放射性废物运输与核设施等具体方面的法规,如《1989年污染控制(放射性废物)条例》《2015年基础设施规划(放射性废物地质处置设施)令》《2020年放射性废物和乏燃料越境运输(脱欧

---

[1] See Canadian Nuclear Safety Commission, *Seventh Canadian National Report for the Joint Convention on the Safety of Spent Fuel Management and on the Safety of Radioactive Waste Management*, E. 2. 1. 3, CNSC (Apr. ,2021), http://www. nuclearsafety. gc. ca/eng/resources/publications/reports/jointconvention/index. cfm.

[2] 加拿大《影响评价法》(Impact Assessment Act)的英文文本载加拿大司法部网, https://laws. justice. gc. ca/eng/acts/I-2. 75/index. html。

后)条例》等。英国与放射性废物管理相关的法律见表3－3。

表3－3　英国放射性废物管理相关法律

序号	法律规范名称	调整事项
1	《1965年核设施法》	核设施许可和监管
2	《1974年工作卫生和安全法》	辐射防护
3	《1990年环境保护法》	受污染土地修复
4	《1991年放射性物质(公路)运输法》	放射性物质运输
5	《1993年放射性物质法》	放射性物质(废物)管理
6	《2021年环境法》	环境保护
7	《2000年核保障法》	核保障
8	《2013年能源法》	监管机构设置

(二)英国放射性废物管理法律规范内容概要

以下对《1965年核设施法》《1974年工作卫生和安全法》《1993年放射性物质法》《1990年环境保护法》《2013年能源法》的主要内容进行介绍。

1.《1965年核设施法》(Nuclear Installations Act 1965)[1]。该法规定未获得监管机关(现为英国核规制办公室)授予的许可,不得在任何场址开展建造或运行核设施相关的活动,而且只有法人团体(注册的公司或者公共机构)才有资格申请上述许可,该许可不得转让。监管机关将根据该法的规定明确在许可证上载明的核安全或放射性废物管理的条件,许可证持有人未遵守这些条件则被视为违法。此外,监管机关还可从许可证持有人处收回与许可证颁发和许可执法相关的所有费用。

2.《1974年工作卫生和安全法》(Health and Safety at Work Act

〔1〕 英国《1965年核设施法》(Nuclear Installations Act 1965)的英文文本载英国立法网,https://www.legislation.gov.uk/ukpga/1965/57/contents。

1974)[1]。该法适用于英国境内包括核活动在内的所有工作活动。该法规定所有雇主和自营职业者都负有一般责任,应当采取相关措施在合理可行的范围内确保其员工以及受其工作活动影响的员工的工作健康和安全;监管机关(现为英国核监管办公室)可以制定适用于辐射防护方面的具体法规,对获得许可的核场址及其临近建筑区域的辐射防护活动进行监督和执法。

3.《1993年放射性物质法》(Radioactive Substances Act 1993)[2]。该法最初适用于英国整个联邦的放射性物质(包括放射性废物)利用与管理相关的环境保护方面,但后经修订后仅适用于苏格兰和北爱尔兰。该法对"放射性废物"作出了定义,并规定放射性废物处置前应当获得相关环境监管机关(苏格兰环保局或北爱尔兰环境局)的授权,放射性物质的持有和使用应当进行登记,在获得许可的核场地外堆积放射性废物应当获得授权,相关环境监管机关可以对其颁发的许可附加限制或条件。该法于2004年被修订,允许核场地的许可证经规定的协商程序后进行转让。[3]

4.《1990年环境保护法》(Environmental Protection Act 1990)[4]。该法第二部分建立了一个适用于英格兰、威尔士以及苏格兰受污染土地的规制制度体系,包括识别和修复受污染土地。这一制度体系适用范围分别于2006年在英格兰和威尔士以及2007年在苏格兰被拓展至由于放射性物质的使用而导致的含有放射性的土地,但是这里的放射

---

[1] 英国《1974年工作卫生和安全法》(Health and Safety at Work etc. Act 1974)的英文文本载英国立法网,https://www.legislation.gov.uk/ukpga/1974/37/contents。

[2] 英国《1993年放射性物质法》(Radioactive Substances Act 1993)的英文文本载英国立法网,https://www.legislation.gov.uk/ukpga/1993/12/contents。

[3] See Department for Business, Energy and Industrial Strategy, *The United Kingdom's Sixth National Report on Compliance with the Obligations of the Joint Convention on the Safety of Spent Fuel and Radioactive Waste Management*, p. 4 – 45, IAEA (Oct., 2017), https://www.iaea.org/sites/default/files/national_report_of_united_kingdom_for_the_6th_review_meeting_-_english.pdf.

[4] 英国《1990年环境保护法》(Environmental Protection Act 1990)的英文文本载英国立法网,https://www.legislation.gov.uk/ukpga/1990/43/contents。

性污染仅限于源于以往放射性同位素或自然核素相关的实践或工作活动或者辐射紧急情况，而不适用于来自核场址的放射性物质的污染。2007年该制度体系在英格兰被拓展适用于来自核设施的放射性污染但位于核设施范围外的土地的污染治理。

5.《2013年能源法》(Energy Act 2013)[1]。该法共270条，内容包括为鼓励低碳发电与确保供应安全而进行的电力市场改革方案、能源战略和政策的声明、政府管道和存储系统的使用等方面。其关于核能方面的规定主要是设立英国核监管办公室，授予其对核安全、核活动与设施场址的健康与安全、民用核安保、核保障和放射性物质运输活动的监管和制定相关法规的权力。

四、法国放射性废物管理的法律规范体系

(一)法国放射性废物管理法律规范体系的构成

法国放射性废物管理法律规范体系由其加入的国际公约、欧盟法律和法国国内层面的法律规范构成。

在国际层面上，法国加入了诸多和放射性废物管理相关的国际公约，包括《维也纳核损害民事责任公约》《核事故或辐射紧急情况援助公约》《核安全公约》《及早通报核事故公约》《乏燃料管理安全及放射性废物管理安全之联合公约》《防止倾倒废物和其他物质污染海洋公约》等。

在欧盟法层面，法国是欧盟成员国，需遵守在欧盟统一制定的相关法律文件。欧盟理事会于2011年7月通过了《建立安全和负责任的管理乏燃料和放射性废物的共同体框架的指令》(Directive 2011/70 / Euratom)[2]，要求成员国妥善管理各自的乏燃料和放射性废物。该指令共3章17条，主要内容可以归纳为五个方面：一是要求成员国特别根据下列原则通过一项管理乏燃料和废物的国家政策：污染者支付在其

[1] 英国《2013年能源法》(Energy Act 2013)的英文文本载英国立法网，https://www.legislation.gov.uk/ukpga/2013/32/contents。

[2] 《建立安全和负责任的管理乏燃料和放射性废物的共同体框架的指令》(Directive 2011/70 / Euratom)的英文文本载欧盟法网，https://eur-lex.europa.eu/legal-content/EN/TXT/PDF/?uri=CELEX:32011L0070&from=EN。

领土内产生的放射性废物的费用,并由成员国承担最终责任;尽量减少所产生的放射性废料的体积和危害;保护人类健康、安全和环境;储存在其生产国,除非根据指令条件定义的双边协议。二是要求建立一个立法框架和制定国家方案,根据对风险水平的分级方法,实施废物和乏燃料管理政策。该计划以国家清单为基础,必须涵盖从生产到长期管理的所有废物,定期审查并通知欧盟委员会。三是要求每个成员国在放射性废料和乏燃料管理安全领域设立一个主管管理当局,并拥有必要的财政和人力资源来执行其任务。它规定了安全要求,并呼吁建立废物和乏燃料设施的授权制度。它还要求执照持有人投入足够的财力和人力资源进行废物管理。四是要求向公众提供有关乏燃料和放射性废物管理的必要资料。五是要求对国家框架、相关监管当局以及国家方案及其实施情况进行定期自我评估,并辅以国际同行评审。该指令的相关规定在法国通过国内法转化,转化之后被纳入了法国的《环境法典》中。

在国家层面上,法国的国内法主要包括法律、法令、部长令和导则四个层级。其中,法律主要包括:《环境法典》《公共卫生法典》《劳动法典》《防卫法典》《1991 年放射性废物管理研究法》《2006 年放射性物质与废物可持续管理规划法》《2006 年核领域透明与安全法》。(见表 3-4)

表 3-4 法国与放射性废物管理相关的法律

序号	法律规范名称	调整事项
1	《环境法典》	核安全与环境保护
2	《公共卫生法典》	辐射防护
3	《劳动法典》	职业辐射防护
4	《防卫法典》	核安保与核不扩散
5	《1991 年放射性废物管理研究法》	放射性废物管理研究
6	《2006 年放射性物质与废物可持续管理规划法》	放射性废物管理
7	《2006 年核领域透明与安全法》	核安全

法令主要包括2006年12月14日涉及《环境法典》第L. 542－11条管辖的公共利益团体的第2006－1606号法令、2007年2月23日关于核成本安全融资的第2007－243号法令以及2007年5月11日关于核安全检查员任命和授权程序的第2007－831号法令等。[1]

部长令主要是2012年2月7日关于制定有关基础核设施的一般规则的部长级命令。[2] 导则主要包括法国核安全局发布的关于民用公共道路上运输放射性包裹或物质的7号导则(2016年)、关于可能受放射性物质污染的场地管理方法指南(2011年)、关于处置在根据《公共卫生法典》许可的设施中产生的受放射性核素污染的废水和废物的18号导则(2008年)以及关于放射性废物最终弃置于深层地质地层的安全指导(2008年)等。[3]

(二)法国放射性废物管理法律规范内容概要

上述法律规范体系中,和放射性废物管理密切相关的法国国内法律主要是《1991年放射性废物管理研究法》《环境法典》《2006年核领域透明与安全法》《2006年放射性物质与废物可持续管理规划法》。这些法律的内容概述如下:

1.《1991年放射性废物管理研究法》(Waste Management Research Act of 1991)。该法共15条,是一部框架性的法律,主要内容包括四个方面:一是确立高水平放射性废物的管理需要保证人体健康和注重生态环境保护,同时为子孙后代的生存居住权利提供法律保障的原则;二是规定政府每年要向议会提交关于高放废物、长寿命废物的研究情况的报告;三是规定了设立和操作地下实验室的条件;四是规定建立国家

---

〔1〕 See Nuclear Safety Authority, *France sixth National Report on Compliance with the Joint Convention Obligations*, p. 223, IAEA (Oct., 2017), https://www.iaea.org/sites/default/files/6rm－france.pdf.

〔2〕 See Nuclear Safety Authority, *France sixth National Report on Compliance with the Joint Convention Obligations*, p. 223, IAEA (Oct., 2017), https://www.iaea.org/sites/default/files/6rm－france.pdf.

〔3〕 See Nuclear Safety Authority, *France sixth National Report on Compliance with the Joint Convention Obligations*, p. 225, IAEA (Oct., 2017), https://www.iaea.org/sites/default/files/6rm－france.pdf.

放射性废物管理局,并规定了其相关职责,规定建立地方信息和监测委员会,就该地区实验室的运行等情况进行监督。

2.《环境法典》(Environment Code)[1]。该法典实际上是法国关于环境保护法的法律的汇编,融合了多部法律(包括《2006年核领域透明与安全法》)。它确立了防止或减少废物的产生、废物生产者责任以及废物的可追溯性与告知公众的废物管理基本原则。对于放射性废物管理,《环境法典》规定,应该确保对各种放射性材料和废物,特别是从使用放射源或放射性材料的设施的运行或退役中产生的放射性材料和废物的可持续管理,以尊重对人类健康、安全和环境的保护。该法典中其他关于放射性废物管理的条款都是为了这一目标而设计。

3.《2006年核领域透明与安全法》(Act No. 2006 - 686 of 13 June 2006 on Transparency and Security in the Nuclear Field)[2]。该法共有64条,是法国核安全领域的基础性法律,其主要内容可以归纳为三方面:一是设立法国核安全局作为独立的核安全监管机关并规定其实施核安全与辐射防护的监督和管理的权力和责任;二是规定有关核安全的信息公开制度,要求建立国家和地方层面的信息委员会,负责收集并披露相关信息;三是规定基础核设施核放射性物质的运输,要求加强基础核设施雇员在风险预防方面的作用,并规定了相关的刑事规定和制裁措施。该法最鲜明的特点是要求核安全工作坚持公开透明原则。

4.《2006年放射性物质与废物可持续管理规划法》(Programme Act No. 2006 - 739 of 28 June 2006 on the Sustainable Management of

[1] 参见莫菲:《法国环境法典化的历程及启示》,载全国人民代表大会网,2020年10月13日,http://www.npc.gov.cn/npc/c30834/202010/d56255b7a18c4a5d90c1018bc56650af.shtml。

[2] 法国《2006年核领域透明与安全法》(Act No. 2006 - 686 of 13 June 2006 on Transparency and Security in the Nuclear Field)的英文文本载法国核安全局网,http://www.french-nuclear-safety.fr/References/Regulations/Act-No.-2006-686-of-13-June-2006。

Radioactive Materials and Wastes)[1]。该法共有 3 章 23 条,其内容主要包括三方面:一是明确法国国家放射性物质和废物管理的政策和目标,要求政府每三年编制和公布放射性废物国家处理计划,规定 2015 年之前产生的长寿命中水平放射性废物的所有者应在 2030 年之前对其进行处理;二是规定放射性废物管理相关的组织和放射性废物管理资金的来源与使用,包括要求每个实验室或处理中心周边的地区都要建立公益组织参与相关管理工作、设立放射性物质与废物管理基金保证支付处置库的建设费和管理费和设立议会财政评估委员会监督政府部门的财政预算以保证核废料处理资金得到落实;三是规定核能企业向国家放射性废物管理局和相关行政机关提供必要信息的义务和违反本法相关规定的制裁措施。

五、德国放射性废物管理的法律规范体系

(一)德国放射性废物管理法律规范体系的构成

德国放射性废物管理法律规范体系的构成和法国比较相似,包括德国加入的相关国际公约、欧盟法和国内法律规范。[2]

在国际条约层面,德国加入了《防止倾倒废物和其他物质污染海洋的公约》及其议定书、《乏燃料管理安全和放射性废物管理安全联合公约》和《保护东北大西洋海洋环境公约》等放射性废物管理直接相关的国际公约。

在欧盟法层面,德国作为欧盟成员国和欧洲原子能共同体成员,需

---

〔1〕 法国《2006 年放射性物质与废物可持续管理规划法》(Programme Act No. 2006 – 739 of 28 June 2006 on the Sustainable Management of Radioactive Materials and Wastes)的英文文本载法国核安全局网,http://www. french – nuclear – safety. fr/References/Regulations/Programme – Act – No. –2006 –739 – of –28 –june –2006。

〔2〕 See Federal Ministry for the Environment, Nature Conservation and Nuclear Safety, *Report of the Federal Government for the Seventh Review Meeting in May* 2021 *on the fulfilment of the obligations of the Joint Convention on the Safety of Spent Fuel Management and on the Safety of Radioactive Waste Management*, p. 103 – 107, Federal Ministry for the Environment, Nature Conservation and Nuclear Safety (Nov. 20, 2020), https://www. bmu. de/fileadmin/Daten_BMU/Download_PDF/Nukleare_Sicherheit/jc_7_bericht_deutschland_en_bf. pdf.

要遵守欧盟或欧洲原子能共同体通过的条约、指令或条例。目前这方面的文件主要有《建立欧洲原子能共同体条约》《建立核设施安全共同体框架指令》和上述《建立安全和负责任的管理乏燃料和放射性废物的共同体框架的指令》等。其中,和放射性废物管理直接相关的是《建立安全和负责任的管理乏燃料和放射性废物的共同体框架的指令》。德国已于2015年通过的《原子能法》第14修订案将其要求纳入国内法中。

在国内法层面,根据德国联邦核废物管理安全办公室(Federal Office for the Safety of Nuclear Waste Management)发布的《反应堆安全和辐射防护手册》描述,德国放射性废物管理的国内法律规范呈金字塔结构。其中,金字塔的顶端是德国联邦议会制定(修订)的《宪法》和《原子能法》《辐射防护法》《核废物管理基金法》等一般性法律;中部是联邦政府和主管部门(如联邦环境、自然保护与核安全部)制定的法规(例如,《辐射防护条例》《核废物管理条例》《核废物运输条例》等)和监管文件;底部是相关咨询委员会(如德国反应堆安全委员会、辐射防护委员会、核废物管理委员会等)、标准委员会(如核安全标准委员会)以及相关行业制定的指导方针、建议、安全标准、技术规范和操作手册等文件。这些文件中,法律(包括《宪法》)和法规是主要的具有强制约束力的文件。目前,在德国与放射性废物管理相关的主要法律如表3－5所示。

表3－5　德国放射性废物管理相关的主要法律

序号	法律规范名称	调整事项
1	《宪法》(1949年)	核能利用基本原则
2	《原子能法》(2011年修订)	原子能基本法
3	《辐射防护法》(1986年)	辐射防护
4	《关于设立联邦辐射防护办公室法》(1989年)	监管机构设置
5	《关于设立联邦放射性废物管理安全办公室法》(2014年)	监管机构设置

续表

序号	法律规范名称	调整事项
6	《关于处置领域的组织结构重组法》(2016年)	监管机构调整
7	《选址法》(2017年)	核废物处置选址
8	《核废物管理责任重组法》(2017年)	核废物管理责任
9	《核废物管理基金法》(2017年)	核废物管理资金
10	《放射性废物管理转移法》(2017年)	核废物管理义务
11	《关于核电站退役和拆除成本以及放射性废物包装费用透明法》(2017年)	核废物包装
12	《关于核能部门拆除和处置费用的附加责任法》(2017年)	核废物管理费用

（二）德国放射性废物管理法律规范内容概要

从表3－5中可以看出，德国关于放射性废物管理的立法相对精细，涉及放射性废物管理的基本原则、基本要求、辐射防护、设施选址、监管机关、管理责任和资金等各方面。以下分别对德国《宪法》《原子能法》《辐射防护法》《关于设立联邦放射性废物管理安全办公室法》《选址法》《核废物管理基金法》《放射性废物管理转移法》的主要内容进行概述。

1. 德国《宪法》（Basic Law for the Federal Republic of Germany）。该法在德国也被称为“基本法”，规定了基本的生命权和人身安全权，是适用于核设施预防及保护措施的基础性标准。联邦政府和州政府均应在遵守宪法的前提下，依据各自的监管职责制定并执行相关法律法规。该法对于联邦与州政府在核管理方面的立法权与行政权作出了规定，联邦政府在为和平目的生产和利用核能、建造和运营为和平目的的设施、防止释放核能或电离辐射造成的危害以及处置放射性物质方面拥有专属立法权，州政府在核能管理方面依法行使行政权，但应服从联邦最高主管机关，即联邦环境、自然保护与核安全部（Federal Ministry

for the Environment, Nature Conservation and Nuclear Safety)的指示。具体到放射性废物管理领域,联邦主管部门应当根据《宪法》的规定执行有关核废物管理的重要任务。该任务包括德国联邦核废物管理安全办公室应根据《原子能法》法的规定对放射性废物处置设施进行监督,以及针对过渡期后的处置设施实施计划批准与授权许可。[1]

2. 经修订的《原子能法》(Atomic Energy Act, as amended)。该法是德国核领域其他相关法律规范的基础,对德国放射性废物管理具有普遍的约束力,包含有关保护和预防措施、辐射防护以及放射性废物和乏燃料管理的一般规定。该法于1959年12月23日颁布实施,此后又进行了多次修订,2018年7月10日颁布的《原子能法》的第十六次修正案为最近一次修订。自2002年修正以来,《原子能法》的目的是逐步停止以受控方式使用核能进行商业发电。在此之前,必须确保核设施不受干扰地运行,保护生命和健康安全,确保财产不受核能危害和电离辐射的不利影响。为实现此目的,还应赔偿因核能利用所遭受的任何损害和伤害。在放射性废物管理领域,《原子能法》规定联邦政府应建立放射性废物储存和处置设施且该类设施的建设和运营需要经计划批准;放射性废物的生产者应承担放射性废物储存和处置设施的建设和运行的费用。[2]

---

〔1〕 See Federal Ministry for the Environment, Nature Conservation and Nuclear Safety, *Report of the Federal Government for the Seventh Review Meeting in May* 2021 *on the fulfilment of the obligations of the Joint Convention on the Safety of Spent Fuel Management and on the Safety of Radioactive Waste Management*, p. 108, Federal Ministry for the Environment, Nature Conservation and Nuclear Safety (Nov. 20, 2020), https://www.bmu.de/fileadmin/Daten_BMU/Download_PDF/Nukleare_Sicherheit/jc_7_bericht_deutschland_en_bf.pdf.

〔2〕 See Federal Ministry for the Environment, Nature Conservation and Nuclear Safety, *Report of the Federal Government for the Seventh Review Meeting in May* 2021 *on the fulfilment of the obligations of the Joint Convention on the Safety of Spent Fuel Management and on the Safety of Radioactive Waste Management*, p. 108 – 110, Federal Ministry for the Environment, Nature Conservation and Nuclear Safety (Nov. 20, 2020), https://www.bmu.de/fileadmin/Daten_BMU/Download_PDF/Nukleare_Sicherheit/jc_7_bericht_deutschland_en_bf.pdf.

3.《辐射防护法》(Radiation Protection Act)。该法的大部分条款已于2018年12月31日生效,其关于放射性应急准备和环境放射性监测的规定取代了以前生效的《审慎保护人体免于辐射照射法》,主要内容包括辐射防护原则和限制、辐射防护的管理组织、联邦和州的应急管理系统和紧急救援人员的防护。[1]

4.《关于设立联邦放射性废物管理安全办公室法》(Act on the Establishment of a Federal Office for the Safety of Nuclear Waste Management)。该法于2014年1月1日生效,目的是设立联邦核废物管理安全办公室。根据该法第2条的规定,联邦核废物管理安全办公室是由联邦政府依据《原子能法》《选址法》等相关法律授权的负责处置和管理放射性废物的主管部门,也是公众参与选址程序的组织和协调部门,其任务包括在选址程序中拟订和确定特定地点的勘探方案和测试标准,并负责审查项目实施者的建议、监测选址程序的执行情况等。联邦核废物管理安全办公室于2014年9月1日开始运行,总部位于柏林,在萨尔茨吉特和波恩也有办事处。

5.《选址法》(Site Selection Act)。该法的目的是坚持参与性、科学性和透明性原则确定高放废物的处置地点,以确保高放废物100万年的安全。该法规定,处置场址的遴选程序需满足法定的最低要求、排除标准和称重标准,选址需要在联邦环境、自然保护与核安全部下设的联邦核废物管理安全办公室的监督下执行,该办公室需要组织和协调公

---

[1] See Federal Ministry for the Environment, Nature Conservation and Nuclear Safety, *Report of the Federal Government for the Seventh Review Meeting in May* 2021 *on the fulfilment of the obligations of the Joint Convention on the Safety of Spent Fuel Management and on the Safety of Radioactive Waste Management*, p. 110 – 111, Federal Ministry for the Environment, Nature Conservation and Nuclear Safety (Nov. 20, 2020), https://www.bmu.de/fileadmin/Daten_BMU/Download_PDF/Nukleare_Sicherheit/jc_7_bericht_deutschland_en_bf.pdf.

众参与选址程序。[1]

6.《核废物管理基金法》(Waste Management Fund Act)和《放射性废物管理转移法》(Waste Management Transfer Act)。这两部法律都涉及放射性废物管理资金问题。前者设立了核废料管理资金基金会,并规定核电厂营运者支付核废物管理费用的义务;后者规定核电厂营运者向核废料管理资金基金会支付费用以及费用支付后放射性废物管理义务与相关设施向联邦政府转移。

六、日本放射性废物管理的法律规范体系

(一)日本放射性废物管理法律规范体系的构成

日本加入了一系列放射性废物管理相关的国际公约,包括《核安全公约》《乏燃料安全管理和放射性废物安全管理联合公约》《及早通报核事故公约》《核事故或辐射紧急情况援助公约》《核材料实物保护公约》《防止倾倒废物和其他物质污染海洋公约》等。

在国内层面,日本制定了大量与放射性废物管理相关的法律规范文件。其中,《原子能基本法》是日本核法律体系中最重要的一部法律,其目标是确保未来能源并促进为和平目的的研究、开发和利用核能。该法建立了日本核活动规制的基本原则组织框架。在该法的基础上,日本在组织机构、核源材料、核燃料、核反应堆、放射性防范、损害赔偿等领域分别制定了专门性的法律,同时以颁布内阁命令、部门规章和其他规范文件的形式建立了相应的配套法规。目前,日本与放射性废物管理相关的主要法律见表3-6。

---

[1] See Federal Ministry for the Environment, Nature Conservation and Nuclear Safety, *Report of the Federal Government for the Seventh Review Meeting in May* 2021 *on the fulfilment of the obligations of the Joint Convention on the Safety of Spent Fuel Management and on the Safety of Radioactive Waste Management*, p. 111 – 112, Federal Ministry for the Environment, Nature Conservation and Nuclear Safety (Nov. 20, 2020), https://www. bmu. de/fileadmin/Daten_BMU/Download_PDF/Nukleare_Sicherheit/jc_7_bericht_deutschland_en_bf. pdf.

表 3－6 日本与放射性废物管理相关的法律

序号	法律规范名称	调整事项
1	《原子能基本法》(1955 年)	原子能利用与安全基本原则
2	《原子能委员会设置法》(1955 年)	原子能委员会和核安全委员会
3	《核源材料、核燃料和反应堆监管法》(1957 年)	核源材料、核燃料和反应堆管理
4	《放射性同位素等辐射危害预防法》(1957 年)	放射性同位素安全监管
5	《防范放射性灾害技术标准法》(1958 年)	放射性灾害防范
6	《核损害赔偿法》(1961 年)	核损害赔偿
7	《核应急准备特别措施法》(1999 年)	核事故应急准备
8	《环境影响评价法》(1997 年)	环境影响评价
9	《特定放射性废物最终处置法》(2000 年)	放射性废物处置
10	《原子能规制委员会设置法》(2012 年)	原子能规制委员会设置
11	《乏燃料后处理实施法》(2016 年)	乏燃料管理

(二)日本放射性废物管理法律规范内容概要

以下依次对日本《原子能基本法》《原子能规制委员会设置法》《核源材料、核燃料和反应堆管理法》《核损害赔偿法》《核应急准备特别措施法》《放射性同位素等辐射危害预防法》《原子能委员会和核安全委员会设置法》《特定放射性废物最终处置法》的内容进行简要介绍。

1.《原子能基本法》(Atomic Energy Basic Act)[1]。该法于1955年颁布,共9章21条,是日本核能利用的法制基础。该法明确规定,核能的研究、开发和利用应限于和平目的,坚持安全优先并确保民主管理原则下自主进行,成果公示,并促进核能利用的国际合作。该法还设立了日本原子能委员会以确保民主地执行核能政策。福岛第一核电站事故发生后,《原子能基本法》于2012年9月进行了最新修订。修正案在确保安全、促进保护国民的生命、健康和财富的基础上,增加了保护环境和国家安全的目标,增加了关于设立国家核应急管理局和核应急委员会的新规定。[2]

2.《原子能委员会设置法》(Act for the Establishment of the Atomic Energy Commission)[3]和《原子能规制委员会设置法》(Act for the Establishment of the Nuclear Regulation Authority)[4]。这两部法律都是关于日本核能管理机关的规定。前者于1955年颁布,规定在日本内阁设立原子能委员会作为日本原子能发展政策咨询机构。该法于1978年被修订为《原子能委员会和核安全委员会设置法》,在日本原子能委员会的基础上增加规定设置日本核安全委员会作为日本内阁的核安全政策咨询机构。后者是于2011年福岛核事故发生后制定的,核心内容是在日本环境省下设立日本原子能规制委员会这一独立核安全规制机关,并对上述日本原子能委员会和核安全委员会进行了改革(废除了日

[1] 日本《原子能基本法》(1955年)(The Atomic Energy Basic Act)的英文文本载http://www.japaneselawtranslation.go.jp/law/detail/?ft=2&re=2&dn=1&yo=atomic&x=36&y=20&ia=03&ja=04&ph=&ky=&page=1。

[2] See Nuclear Regulation Authority, *National Report of Japan for the Sixth Review Meeting*, p. 28, IAEA (Oct., 2017), https://www.iaea.org/sites/default/files/national_report_of_japan_for_the_6th_review_meeting_-_english.pdf.

[3] 日本《原子能委员会设置法》(1955年)(Act for the Establishment of the Atomic Energy Commission)的日文原文版载日本原子力委员会网,http://www.aec.go.jp/jicst/NC/about/hourei/1.pdf。

[4] 日本《原子能规制委员会设置法》(2012年)(Act for the Establishment of the Nuclear Regulation Authority)的英文文本载OECD核能署网,https://www.oecd-nea.org/jcms/pl_23641/japan-act-for-establishment-of-the-nuclear-regulation-authority。

本核安全委员会)。[1]

3.《核源材料、核燃料和反应堆监管法》(Act on the Regulation of Nuclear Source Material, Nuclear Fuel Material and Reactors)[2]。该法于1957年颁布,是关于核源材料、核燃料和反应堆的安全监管的专门法律,涵盖核源材料、核燃料和反应堆相关的精炼、制造、改进、储存、回收和处理、安装和运营等各项具体活动,规定了安全检查和安全许可及其执法等具体监管手段。为促进该法的实施,相关部门还制定了系列部门规章,包括《商业核能反应堆规定》(Ministerial Ordinance for Commercial Power Reactor)、《反应堆研究和开发规定》(Ministerial Ordinance for Reactors at the Stage of Research and Development)、《核电反应堆研究开发阶段设计和建设方法技术标准规定》(Ministerial Ordinance for Technical Standards on Design and Construction Methods of Nuclear Power Reactors at the Stage of Research and Development)等。

4.《核损害赔偿法》(Act on Compensation for Nuclear Damage)[3]。该法于1961年颁布,共7章27条,旨在对反应堆运营中造成的核损害构建基本赔偿制度。该法规定了核损害的赔偿责任、财务保证金、政府行为、免责情形、核损害赔偿争议和解委员会等事项。概言之,根据该法的规定,核损害赔偿采取无过错原则,核设施运营者对损害承担无限责任。核设施营运者需对核损害赔偿作出相应的财务保证安排(每个核电站的损害赔偿基金本金为1200亿日元),如果实际损失超过了资金保证金且政府认为应执行法律规定的赔偿责任制度,中央政府将决定给予核设施运营者额外的资金援助使其能按照法律规定的

[1] See OECD – NEA, *Nuclear Legislation in OECD and NEA Countries: Japan*((2017 *update*)), p. 15, OECD – NEA(2017), https://www.iaea.org/sites/default/files/national_report_of_japan_for_the_6th_review_meeting_ – _english.pdf.

[2] 日本《核源材料、核燃料和反应堆监管法》(1957年)(Act on the Regulation of Nuclear Source Material, Nuclear Fuel Material and Reactors)的英文文本载OECD核能署网, https://www.oecd – nea.org/law/legislation/jpn – material – reactors.pdf。

[3] 日本《核损害赔偿法》(1961年)(Act on Compensation for Nuclear Damage)的英文文本载OECD核能署网, https://www.oecd – nea.org/law/legislation/japan – docs/Japan – Nuclear – Damage – Compensation – Act.pdf。

赔偿原则进行赔偿。

5.《核应急准备特别措施法》(Act on Special Measures Concerning Nuclear Emergency Preparedness)[1]。该法于1999年颁布,共7章40条,对核设施许可证持有人的核应急准备义务、核应急宣布、核应急准备中心的建立以及核事故后的恢复机制等事项进行了规定。该法与《核源材料、核燃料和反应堆监管法》等其他法律共同为核应急提供规则指引。2011年福岛核事故发生后,日本国会于2012年对该法进行了修订,强化了紧急情况预防措施以及应急响应总部和其他机关的协调机制。[2]

6.《放射性同位素等辐射危害预防法》(Act on Prevention of Hazards due to Radioisotopes etc.)[3]。该法于1957年颁布,共10章66条,对利用、买卖、租用、处理和其他与放射性同位素、放射性设备、放射性材料有关的活动进行了规制,也被称为《防止辐射危害法》(Radiation Hazards Prevention Act)。该法规定,任何个人或组织在开展上述活动前需要进行前期检查,并且在运营过程中如果储藏超过一定数量的放射性材料需要进行定期检查。使用者需要根据该法提前指派负责放射性防范的监督员,满足法律法规中的相关使用标准规定,并对运营中的设备和人员的放射性进行测量和检查。该法还规定,处置放射性废物和其他具有放射性的物质需要根据法律法规的标准获得处置许可,并将待处理的放射性废物放置在指定的地点、按照指定的程序进行处理。当停止使用放射性同位素或放射性设备时,应向文部科学省报告相应

---

〔1〕 日本《核应急准备特别措施法》(1999年)(The Act on Special Measures Concerning Nuclear Emergency Preparedness)的日文版载日本法律检索网,https://elaws.e-gov.go.jp/document?lawid=411AC0000000156_20180627_430AC0000000066&keyword。

〔2〕 See Nuclear Regulation Authority, *National Report of Japan for the Sixth Review Meeting*, p. 35, IAEA (Oct., 2017), https://www.iaea.org/sites/default/files/national_report_of_japan_for_the_6th_review_meeting_-_english.pdf.

〔3〕 日本《放射性同位素危险防范法》(1957年)(Radiation Hazards Prevention Act)的英文文本载日本原子能规制委员会网,https://www.nsr.go.jp/data/000182245.pdf。

的处理措施。文部科学省将派检查员进行监督，检查上述物质的处理是否符合法律法规的规定。

7.《特定放射性废物最终处置法》(Act on Final Disposal of High-Level Radioactive Waste)[1]。该法于2000年颁布，共8章94条，是关于日本高放废物处置的专门法律。该法为系统和安全地最后处置乏燃料后处理产生的高放射性废物提供了基本框架，内容包括以下四方面：其一，规定由经济产业省部长制定和公布一项基本政策和一项计划(最终处理计划)，以便最终处理指定的放射性废物；其二，规定放射性废物最后处置的选址程序；其三，确定最终处置指定放射性废物所需的费用；其四，明确放射性废物最终处置实施机构。

七、韩国放射性废物管理的法律规范体系

(一)韩国放射性废物管理法律规范体系的构成

韩国也是《核安全公约》《乏燃料管理安全及放射性废物管理安全之联合公约》《及早通报核事故公约》《核事故或辐射紧急情况援助公约》《核材料实物保护公约》《防止倾倒废物和其他物质污染海洋公约》等国际公约的缔约方，需制定法律和相关规范文件来履行这些公约。

目前，韩国有10余部法律与核能的开发利用及监管有关(见表3-7)。[2] 其中，和放射性废物管理密切相关的法律主要有《核能促进法》《核安全法》《核设施等的实物保护和辐射应急法》《放射性废物管理法》。这些核法律的主要目的是确保开发和使用核能的安全，从事核活动的所有组织和人员都必须全面遵守安全优先原则。

---

[1] 日本《特定放射性废物最终处置法》(2000年)(Act on Final Disposal of High-Level Radioactive Waste)的日文版载日本法律检索网，https://elaws.e-gov.go.jp/document? lawid=412AC0000000117_20160401_426AC0000000 069&keyword。

[2] See OECD-NEA, *Radioactive Waste Management in the Republic of Korea*, OECD-NEA (Jan., 2014), https://www.oecd-nea.org/rwm/profiles/Korea_report_web.pdf.

表3-7　韩国放射性废物管理相关法律

序号	法律规范名称	调整事项
1	《核安全法》(2020年修订)	核安全监管
2	《核能促进法》(2020年修订)	核能发展
3	《核设施等的实物保护和辐射应急法》(2017年修订)	实物保护与辐射防护
4	《核损害赔偿法》(2014年修订)	核损害责任与赔偿
5	《核责任赔偿协议法》(2015年)	核损害赔偿协议
6	《放射性废物管理法》(2017年修订)	放射性废物管理
7	《环境政策基本法》(2020年修订)	环境保护
8	《环境影响评价法》(2018年修订)	环境影响评价
9	《消防框架法》(2014年修订)	核设施消防
10	《建筑法》(2020年修订)	核设施建造

除上述法律之外，韩国与放射性废物管理相关的规范文件还包括总统令(如《核安全法》等法律的执行法令)、总理规定(如《核安全法》等法律的实施法规)、技术标准以及核安全与安保委员会制定的法规和其他文件(如核反应堆设施、辐射安全管理等技术标准的实施法规及有关公告文件等)。这些规范文件构成了韩国放射性废物管理的法律规范体系(如图3-1所示)。[1]

---

[1] See Nuclear Safety and Security Commission, *Korean Sixth National Report under the Joint Convention on the Safety of Spent Fuel Management and on the Safety of Radioactive Waste Management*, p. 51, IAEA (Oct., 2017), https://www.iaea.org/sites/default/files/national_report_of_republic_of_korea_for_the_6th_review_meeting_-_english.pdf.

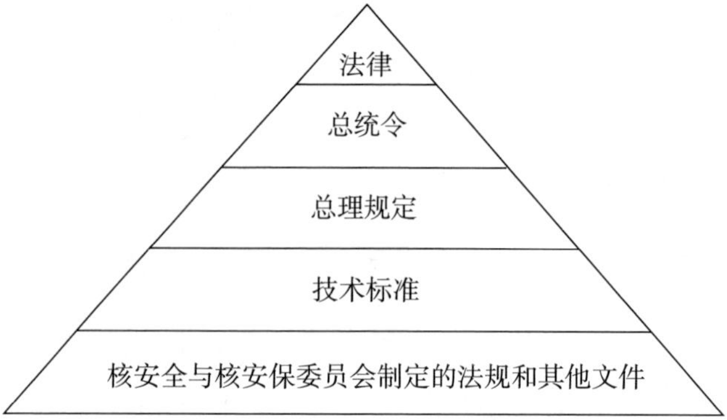

图3－1　韩国放射性废物管理法律规范体系结构

（二）韩国放射性废物管理法律规范内容概要

此处对《核能促进法》《核安全法》《核设施等的实物保护和辐射应急法》《放射性废物管理法》及其下位规范文件的内容进行简要介绍。

1.《核能促进法》（Nuclear Energy Promotion Act）和《核安全法》（Nuclear Safety Act）。这两部法律由韩国原先的《原子能法》（Atomic Energy Act）“拆分”而来。[1]《核能促进法》规定了促进核能发展的基本原则和主要制度，《核安全法》则对核安全的基本原则和制度进行了规定。《核安全法》中包含与放射性废物安全管理和辐射保护有关的规定，是有关乏燃料和放射性废物安全的基础性法律规定，其内容包括放射性废物管理设施的建造许可证和运行许可证、放射性废物管理设施安装和运行的安全检查、放射性废物处置限制和放射性物质安全运

〔1〕在此之前，韩国《原子能法》对韩国核能利用与安全问题进行了综合规定，受日本福岛核事故影响，韩国于2011年韩国对《原子能法》进行大规模修订，对其中的内容进行拆分和补充，形成了《核能促进法》和《核安全法》）两部法律。韩国《核能促进法》（Nuclear Energy Promotion Act）英文文本载 http://extwprlegs1. fao. org/docs/pdf/kor166621. pdf；韩国《核安全法》（Nuclear Safety Act）英文文本载韩国核安全与核安保委员会网，https://www. nssc. go. kr/attach/namo/files/000001/20191206162603834_RZ5ZOK9L. pdf。

输与包装等。[1] 这两部法律均于2020年最新修订。

2.《核设施等的实物保护和辐射应急法》(Laws related to Physical Protection and Radiological Emergency of Nuclear Facilities, etc.)。该法于2003年5月生效，旨在强化核设施和核材料的实物保护和辐射应急与响应体系。该法沿袭了韩国《核安全法》关于实物保护和放射性灾难预防的一般规定并对其作出了更为具体的规定。此外，该法还根据国际原子能机构2014年发布的安全标准将应急规划区分为了"谨慎行动区"(Precautionary Action Zone)和"紧急保护行动区"(Urgent Protective Action Planning Zone)。[2] 该法于2017年最新修订。

3.《放射性废物管理法》(Radioactive Waste Management Act)[3]。该法于2008年3月颁布，为韩国低中放废物的管理提供了专门法依据。该法规定了放射性废物管理的政府责任、管理和实施计划，建立了负责放射性废物管理的主要机构——韩国放射性废物管理公司，设立了放射性废物管理基金，并规定由放射性废物的制造者缴纳费用，再由韩国放射性废物管理公司对该基金负责具体的运营。[4] 该法2009年修订时，强化了关于放射性废物管理计划制定的征求意见程序方面的规定。该法于2017年最新修订。

4.《〈核安全法〉实施总统令》(Enforcement Decree of the NSA)。

[1] See OECD－NEA, *Radioactive Waste Management in the Republic of Korea*, OECD－NEA (Jan., 2014), https://www.oecd－nea.org/rwm/profiles/Korea_report_web.pdf.

[2] See Nuclear Safety and Security Commission, *Korean Sixth National Report under the Joint Convention on the Safety of Spent Fuel Management and on the Safety of Radioactive Waste Management*, p.55－56, IAEA (Oct., 2017), https://www.iaea.org/sites/default/files/national_report_of_republic_of_korea_for_the_6th_review_meeting_－_english.pdf.

[3] 韩国《放射性废物管理法》(Radioactive Waste Management Act)英文文本载OECD核能署网，https://www.oecd－nea.org/jcms/pl_23734/korea－2009－radioactive－waste－management－act。

[4] See OECD－NEA, *Radioactive Waste Management in the Republic of Korea*, OECD－NEA (Jan., 2014), https://www.oecd－nea.org/rwm/profiles/Korea_report_web.pdf.

该总统执行令规定了实施《核安全法》的详细要求，包括：有关申请放射性废物管理设施的建造许可证和运行许可证等的要求以及申请许可事项变更许可的要求；有关处置设施中核材料核算和安全等方面的要求；有关实施监管检查的要求（如适用于放射性废物管理设施的运行前检查、定期检查、处置检查、质量保证检查等）；有关清除放射性废物的程序和方法的要求；以及有关放射性物质运输和包装要求等。

5.《〈核安全法〉实施总理规定》（Enforcement Regulations of the NSA）和核安全与核安保委员会法规。这些规定和法规的内容可归纳为四个方面：一是关于核反应堆及相关设施以及核燃料循环设施的放射性废物处理和储存设施的结构、设备和性能的要求（《核反应堆设施技术标准规定》等）；二是关于反应堆及相关设施和核燃料循环设施运行期间放射性废物管理的要求（《核反应堆设施技术标准规定》等）；三是有关地表处置设施，深层地质处置库，乏燃料临时存储设施的选址、结构、设备和性能的要求（《辐射安全管理技术标准规定》等）；四是关于放射性废物的存储、处理或处置的要求（《辐射安全管理技术标准规定》等）。[1]

6. 核安全与核安保委员会的相关通知（Notices of the NSSC）。核安全与核安保委员会发布的相关通知介绍了《核安全法》及其执行令、执行条例和核安全与核安保委员会条例中规定的放射性废物管理的详细技术标准，包括：中低水平放射性废物处置设施的选址标准和结构与设备标准、中低放废物的验收标准和处置长期安全的放射防护标准；放射性废物分类和清除的规定、中低水平放射性废物处置设施场址特征

---

〔1〕 See Nuclear Safety and Security Commission, *Korean Sixth National Report under the Joint Convention on the Safety of Spent Fuel Management and on the Safety of Radioactive Waste Management*, p. 53 – 54, IAEA (Oct., 2017), https://www.iaea.org/sites/default/files/national_report_of_republic_of_korea_for_the_6th_review_meeting_-_english.pdf.

报告编制指南、高放废物深地质处置库通用标准等。[1]

八、俄罗斯放射性废物管理的法律规范体系

（一）俄罗斯放射性废物管理法律规范体系的构成

俄罗斯放射性废物管理的法律规范体系由俄罗斯联邦宪法、俄罗斯加入的国际协议和公约、联邦法律（见表3－8）、俄罗斯总统和俄罗斯联邦政府批准的规范性文件、联邦政府令、原子能适用领域的联邦规范和规则、卫生规则和辐射安全标准、国家安全主管部门和国家管理部门在原子能使用领域发布的监管规定、国家和行业标准、技术法规等构成。[2]

表3－8　俄罗斯与核能相关的主要联邦法律

序号	法律名称	调整事项
1	《1994年联邦自然及人工紧急时公众及国土防护法》	紧急状况应对
2	《1995年联邦原子能利用法》	原子能利用与安全
3	《1995年联邦环境影响评价法》	环境影响评价
4	《1996年联邦全体居民辐射安全法》	辐射防护
5	《2002年联邦环境保护法》	环境保护
6	《2007年关于对从事核能利用组织的特殊管理和资产股份处理以及修改特定俄罗斯联邦法律的法》	核能利用组织

---

〔1〕 See Nuclear Safety and Security Commission, *Korean Sixth National Report under the Joint Convention on the Safety of Spent Fuel Management and on the Safety of Radioactive Waste Management*, p. 54, IAEA (Oct., 2017), https://www.iaea.org/sites/default/files/national_report_of_republic_of_korea_for_the_6th_review_meeting_-_english.pdf.

〔2〕 See Russian Federation State Atomic Energy Corporation Rosatom and the Federal Environmental, Industrial and Nuclear Supervision Service, *The Fifth National Report of the Russian Federation on Compliance with the Obligations of the Joint Convention on the Safety of Spent Fuel Management and the Safety of Radioactive Waste Management*, p. 29, IAEA (2017), https://www.iaea.org/sites/default/files/russian-federation-eng-jc.pdf.

续表

序号	法律名称	调整事项
7	《2007 年关于国家原子能公司法》	核能公司
8	《2007 年联邦原子能产业再生法案》	产业促进
9	《2011 年联邦放射性废物管理法》	放射性废物管理

资料来源：Russian Federation State Atomic Energy Corporation Rosatom and the Federal Environmental, Industrial and Nuclear Supervision Service, *The Fifth National Report of the Russian Federation on Compliance with the Obligations of the Joint Convention on the Safety of Spent Fuel Management and the Safety of Radioactive Waste Management*, p. 129 – 130, IAEA(2017), https://www.iaea.org/sites/default/files/russian – federation – eng – jc.pdf.

其中，在联邦法律方面，和放射性废物管理直接相关的目前主要有《1995 年联邦原子能利用法》《1996 年联邦全体居民辐射安全法》《2002 年联邦环境保护法》《2011 年放射性废物管理法》等法律。

在国际公约方面，俄罗斯加入了《乏燃料管理安全和放射性废物管理安全联合公约》《核安全公约》《及早通报核事故公约》《核材料实物保护公约》《防止倾倒废物和其他物质污染海洋公约》等与放射性废物管理相关的国际公约。

（二）俄罗斯放射性废物管理主要法律规范内容概要

此处依次对《1995 年联邦原子能利用法》《1996 年联邦居民辐射安全法》《2011 年放射性废物管理法》《1995 年环境评价法》《2002 年联邦环境保护法》的主要内容进行概述。

1.《1995 年联邦原子能利用法》(Federal law No 170 – FZ on the Use of Atomic Energy 1995)[1]。该法是关于俄罗斯核能利用领域的基本法律，于 1995 年 10 月俄罗斯国家杜马获得通过，后经多次修订。该法由 16 个部分共 70 个条文组成，与其他国家原子能基本法相同的

[1] 俄罗斯《1995 年联邦原子能利用法》(Federal law No 170 – FZ on the Use of Atomic Energy of November 21,1995)的英文文本载 OECD 核能署网，https://www.oecd – nea.org/jcms/pl_23976/russia – federal – law – no – 170 – of – 21 – november – 1995 – on – the – use – of – atomic – energy。

是,该法阐述了原子能应用的目的和原则明确了政府机构监管职责,规定了核装置、放射源与保存地的选址与建造、核材料、放射性物质与放射性废物的利用与管理要求以及组织与公民在原子能利用领域的权利,并明确了核进出口管理和国际义务履行等事项。该法还专门规定了带有核装置与放射源的船舶与其他航行器、航天与航空器建造和使用的要求。该法的目的是保护人的生命、健康与财产,保护环境,安全利用原子能,促进原子能科学与技术的可持续发展。

2.《1996 年联邦全体居民辐射安全法》(Federal law No 3 – FZ on the Radiation Safety of Population 1996)[1]。该法于 1996 年通过,旨在保护公众免于辐射危害。该法确立了辐射安全保障的主要基本原则,明确了辐射安全监管的组织机构及其职权,规定了俄罗斯境内个人受电离辐射的最高剂量限值,还规定了辐射事故情况下确保居民辐射安全的相关措施。

3.《2011 年关于放射性废物管理和修订特定俄罗斯联邦法律的法》(Federal law No 190 – FZ on the Management of Radioactive Waste and Amendments to Certain Legislative Acts of the Russian Federation 2011)[2]。该法简称《2011 年联邦放射性废物管理法》,是俄罗斯在日本福岛事故之后于 2011 年 7 月 15 日出台的一部专门针对放射性废物处理、处置以及放射性废物衡算和管制的法律。该法共 8 章 42 条,主要规定了放射性废物的分类、对放射性废物贮存与处置单位的条件、放射性废物管理中各级机构的权力和职能、放射性废物处置的资金问题、放射性废物进出口问题、放射性废物及处置点的档案要求以及放射性

---

[1] 俄罗斯《1996 年联邦全体居民辐射安全法》(Federal law No 3 – FZ on the Radiation Safety of Public of January 9,1996)的英文文本载 Vertic 网,Vhttp://vertic. org/media/National%20Legislation/Russian_Federation/RU_Law_Public_Radiation_Safety. pdf。

[2] 俄罗斯《2011 年联邦放射性废物管理法》(Federal law No 190 – FZ on the Management of Radioactive Waste and Amendments to Certain Legislative Acts of the Russian Federation of July 11,2011)的英文文本载 Vertic 网,http://www. vertic. org/media/National%20Legislation/Russian_Federation/RU_Law_Radioactive_Waste. pdf。

废物管理过程中的信息公开要求。该法适用于铀矿和伴生矿开发利用中产生的放射性废物的管理。

4.《1995 年联邦环境影响评价法》(Federal Law No. 174 – FZ on Environmental Assessment 1995)和《2002 年联邦环境保护法》(Federal law No 7 – FZ on the Environmental Protection 2002)。这两部法律都规定了放射性废物管理的环境方面的要求。前者规定了包括放射性废物处理处置设施的环境影响评价审查程序和公众参与程序,后者规定了适用于包括放射性废物管理在内的可能影响环境的活动的环保基本原则和制度。

九、比较与小结:放射性废物管理的立法模式

综合上述梳理,可以对各代表性核能国家的放射性废物管理立法作出以下三点总结。

第一,在放射性废物管理的立法模式上,各国均采用了专门立法模式。这种专门立法模式可以分为两个类型:一是多部法型,即针对放射性废物管理制定多部专门法律,如美国、法国和德国的放射性废物管理立法均属于这一类型;二是单部法型,即目前在放射性废物管理领域只制定了一部专门性法律,如加拿大、英国[1]、日本、韩国和俄罗斯的放射性废物管理立法均属于这一类型。(见表 3 – 9)

表 3 – 9　代表性核能国家放射性废物管理立法模式归纳

类型	国家	法律名称
多部法型	美国	《1985 年低放废物政策法》(经修订) 《1982 年核废物政策法》(经修订)
	法国	《1991 年放射性废物管理研究法》 《2006 年放射性物质与废物可持续管理规划法》
	德国	《核废物管理基金法》(2017 年) 《放射性废物管理转移法》(2017 年) 《关于核电站退役和拆除成本以及放射性废物包装透明法》(2017 年) 《关于核能部门拆除和处置费用的附加责任法》(2017 年)

[1] 英国《放射性物质法》关于放射性废物管理的规定在适用范围上不能覆盖整个英国。

续表

类型	国家	法律名称
单部法型	加拿大	《核燃料废物法》(2002年)
	英国	《1993年放射性物质法》
	日本	《特定放射性废物最终处置法》(1993年)
	韩国	《放射性废物管理法》(2017年修订)
	俄罗斯	《2011年联邦放射性废物管理法》

第二，在规范体系构建上，上述国家都在法律的基础上制定了与之配套的下位规范文件(包括法规、标准、技术导则等)，由此形成了一个多层级的放射性废物管理规范体系。这个规范体系因各国立法体例的不同而存在差异。例如，美国的放射性废物管理规范体系主要由联邦层面的法律和法律规定的具有监管职能的联邦行政机构(核监管委员会、能源部和环保局等)制定的法规及相关导则构成；对于大陆法系国家中的日本的放射性废物管理规范体系主要由日本国会通过的法律、内阁颁布的政令和原子能规制委员会通过的规章构成；德国和法国作为欧盟成员国，其放射性废物管理的规范体系除了其本国的法律和法规之外还包括欧盟层面相关的条约或指令。

第三，放射性废物管理法律和其他核法律及相关法律是协同关系。放射性废物的管理涉及核安全、核安保、核不扩散、环境保护、核能发展、土地利用等诸多方面，这些方面一般都有相应的立法。放射性废物管理的规范设计都会涉及和这些领域的法律(尤其是核安全和环境保护方面的法律)的衔接与协同。

第四章　代表性核能国家放射性废物管理的组织架构

放射性废物的管理过程本质上是对放射性废物潜在的安全和环境风险的规制过程,需要政府和其他规制主体的参与和协作。《乏燃料管理安全与放射性废物管理安全联合公约》要求每一缔约方应建立并维持一套管辖放射性废物管理安全监管框架(第 19 条),建立或指定一个监管机构,委托其执行监管职能,并授予履行其规定责任所需的足够的权力、职能和财力与人力,确保在几个组织同时参与乏燃料或放射性废物管理和控制的情况下监管职能有效独立于其他职能(第 20 条)。如何满足这一监管独立性要求,同时又做到多元主体协作共治,是各国放射性废物管理组织架构设计时需考虑的主要问题。本章将对美国、加拿大、英国、法国、德国、日本、韩国和俄罗斯这 8 个代表性核能国家的放射性废物监管组织架构展开考察并对其进行总结,为理解上述问题提供实践素材。

一、美国放射性废物管理的组织架构

美国放射性废物管理的组织架构主要由美国能源部、核监管委员会、环保署等联邦机构和"协议州"(下文有述)组成。以下分别对这些机构在放射性废物管理方面的职责及其关联进行介绍。

(一)美国核监管委员会的放射性废物管理职责

美国核监管委员会于依据美国《1974 年能源重组法》设立,继承了此前美国原子能委员会的核监管权力。美国核监管委员会的委员及主席由美国总统提名,国会批准,因而其组织地位具有较强的独立性。[1]

美国核监管委员会的主要职责是确保核材料和设施的利用与保护公众健康与安全、美国的共同防御和安全以及环境保护的目的相一致。为实现上述目的,核监管委员会实施的主要监管措施包括设定标准和制定规章、技术审核与研究、颁发许可证、批准和授权、监督和调查、运行经验评估和确证性研究(confirmatory research)等。

美国核监管委员会颁发许可的事项包括特殊核材料,源材料和副产物材料的转移、运输、获取、所有、占有或进口,商用发电反应堆和医疗、研究设施的建造、运行许可和操作人员的许可等。核监管委员会维持着一套积极的检查和执行程序,其内容包括调查违反行为和启动执行程序。核监管委员会可以寻求司法救济,比如申请强制令,还可以确定罚款和处罚。某些违反核监管委员会规章的行为甚至有可能会被追究刑事责任。

美国核监管委员会可以和州签订合作协议,让这些州(协议州)帮它承担某些核能方面的监管职责。比如,对特定核材料、医疗应用和运输的许可等。但协议州必须在核监管委员会指定的范围内行使监管职能。核监管委员会还负责调查主要核事故的原因并向国会作报告,并根据美国《普莱斯-安德森法》(关于核损害赔偿的法律)的规定和核反应堆许可证持有人签订关于核事故损害赔偿的协议。

在组织结构方面,根据美国《1974 年能源重组法》的规定,美国核监管委员会由 5 名委员(最多允许 3 名委员来自于同一政党)组成。他们须均为美国公民,需在参议院的同意下由总统来任命,任期为 5 年,任职期间不得从事其他事务或职业,总统只能在委员玩忽职守、办事效率低下或渎职的情况下将其开除。核监管委员会的决策需要获得出席会议的大多数委员的同意,同时法律要求出席会议的委员必须达到 3

---

〔1〕 See OECD - NEA, *Nuclear Legislation in OECD and NEA Countries*: *United States* (2016 *update*), p. 32 - 43, OECD - NEA (2016), https://www.oecd-nea.org/jcms/pl_24255/nuclear-legislation-in-oecd-and-nea-countries-united-states-2016-update.

名以上决策才算有效。根据《1974 年能源重组法》的规定,总统在 5 名委员中任命 1 名主席作为核监管委员会的首要执行官员和官方发言人。核监管委员会主席负责准备委员会审阅的政策计划和导则,组织实施行政、组织、预算和特定人事方面的职能,在紧急情况下还可以行使核监管委员会的所有权力,如发表声明、发布命令、确定具体的政策、给私人机构和公众提供建议、指导和协调紧急事件中的行动等。

在资金来源方面,根据美国《1990 年综合预算协调法》(The Omnibus Budget Reconciliation Act of 1990)的规定,美国核监管委员会将近 90% 的预算来自它收取的许可评审费。核监管委员会从许可申请、建造许可、运行许可、许可修改和更新的审查和监督检查中收取费用,同时征收许可证持有人的年度费用。这些费用须交联邦公库,待国会批准后美国核监管委员会方可支出。

在放射性废物管理方面,美国核监管委员会负责监管低放废物、高放废物和乏燃料的管理和处置,以及设施和场所的去污和退役,如根据《1982 年核废物政策法》的规定对废物管理系统的组成部分(包括储存库、储存设施和运输桶)进行认证并颁发许可证等。核监管委员会还依法组建了"核废物咨询委员会"(Advisory Committee on Nuclear Waste),以辅助其对放射性废物的监管决策。[1]

(二)美国能源部的放射性废物管理职责

美国能源部(Department of Energy)根据美国《1977 年能源部组织法》(Department of Energy Organization Act)设立,继承了之前美国能源研究与开发署的研究、开发和示范利用原子能的职能。除根据美国《1954 年原子能法》、《1974 年能源重组法》、《1977 年能源部组织法》、《1982 年核废物政策法》、《1989 年国家竞争性技术转移法》(National Competitiveness Technology Transfer Act of 1989)的规定实施非军事性质的原子能任务外,能源部还和美国国防部共同负责对核材料和设施的军事应用方面的管理。

美国能源部组织实施和支持核裂变与核燃料循环等一系列的活

〔1〕 参见阎政:《美国核法律与国家能源政策》,北京大学出版社 2006 年版,第 469 页。

动，包括以下七个领域的研究、开发、演示、培训与教育以及技术转移：一是生产、加工和利用技术，包括支持先进裂变堆的开发以及对聚变能作为潜在商用电力生产的开发和演示；二是与核电相关的环境影响、生物、物理和安全科学方面的研究；三是基础核物理及其引入应用技术的结果的研究；四是高放废物与乏燃料的管理和对国家低放废物计划的支持；五是确保核安全的国际努力，防止核扩散和确保危急状况下能源供应的稳定；六是放射性物质的安全运输；七是对其他联邦机构的核电系统生产和应用的支持，包括国防部和国家航空航天局的任务。

美国能源部还为其他联邦机构和公众收集、积累和传播来自国内和世界能源市场的信息，并就双边或多边的能源协议与美国核监管委员会、国务院和其他联邦机构进行磋商，以确保那些购买美国核燃料的国家符合国际原子能机构的核保障（safeguards）要求。例如，能源部根据《1954 年原子能法》和《1978 年核不扩散法》的规定，与美国核监管委员会、国务院和商务部共同管理美国的核出口政策，负责批准与外国签订的特殊核材料出售和浓缩服务的合同，参加对设备、反应堆和核材料的出口许可证的审查，批准外国政府对美国原始核材料的转移。

在组织结构方面，美国能源部由熟知国家能源目标和满足国家短期与长期能源需求战略计划的能源部长领导。能源部长在能源问题和国家主要能源政策的制定方面向总统提出建议。能源部长之下设有 1 位副部长，其下有 3 位次长（Under Secretary），即主要负责核与其他项目领域能源次长，主要负责科技、研究和开发项目以及国家多功能实验室科技次长和负责国家安全事务同时作为国家核安全（安保）局的负责人的国家安全次长。3 位次长之下分别有若干助理次长，他们负责履行《1977 年能源部组织法》规定的具体职责。

具体到核能管理的机构设置方面，美国能源部主要设有咨询委员会（Advisory Committees）、国家核安全（安保）局（National Nuclear Security Administration）、联邦能源监管委员会（Federal Energy Regulatory Commission）、核废物技术评估委员会（Nuclear Waste Technical Review Board）和实地办公室（Field Offices）。这些机构的具体职责是：

咨询委员会的任务是在核裂变和核燃料循环有关的部分或全部活

动或项目问题方面向能源部提供专家意见、咨询和建议。咨询委员会须遵守《1972 年联邦咨询委员会法》(The Federal Advisory Committee Act of 1972)的规定。

国家核安全(安保)局是根据 2000 年国会通过的《国家国防授权法》(National Defense Authorization Act for Fiscal Year 2000)的规定建立并设在能源部的半自治机构。该局主要负责通过核能的军事应用提高国家安全。具体而言,它负责在不进行核试验的情况下保持和提高美国核武器的安全、安保、可靠性和性能,致力于降低全球大规模破坏性武器的危险,为美国海军提供核动力和应对美国与国外的核与辐射紧急情况。

联邦能源监管委员会是根据《1977 年能源部组织法》的规定建立并设在能源部的独立机构。它主要负责监督国内电力事业单位的州际运营,目的在于确保合理价格范围内的充足的能源供应。该委员会在核能方面的职责限于审查核电站建造、运行和退役的成本回收率。

核废物技术评估委员会是一个根据《1982 年核废物政策法》的规定建立并设在能源部的一个独立委员会。该委员会根据《1987 年核废物政策法修正案》的规定负责评价能源部长采取的行动,包括与高放废物地质储存库厂址选定和高放废物与乏燃料包装与运输相关活动的技术和科学有效性。法律赋予该委员会与履行其职责相关的调查权。委员会需要向能源部长和国会报告其调查结果、结论和建议,并且这类报告每年不得少于两次。

实地办公室是能源部派出在各处的办公机构。这些派出办事机构通常拥有大量高精尖设备(设施)的国家实验室,具有研究和开发核裂变与核燃料循环相关课题的能力。

在放射性废物管理方面,美国能源部负责管理和处置其拥有或产生的放射性废物,管理放射性废物处置设施,并根据《1982 年核废物政策法》的规定负责处理由商业活动产生的乏燃料和高放废物。美国能源部下设民用放射性废物管理办公室(DOE Office of Civilian Radioactive Waste Management)和环境管理办公室(DOE Office of Environmental Management),前者下设核废物技术审核委员会,后者下设核废物管理处和核废物环境恢复处(见图4－1)。[1]在职责分工上,民用放射性废物管理办公室对美国乏燃料和高放废物地址储存项目的所有活动进行管理;环境管理办公室负责清除军事核工业遗留的废弃核设施,治理核环境污染,管理遗留的核材料并对其进行处置。

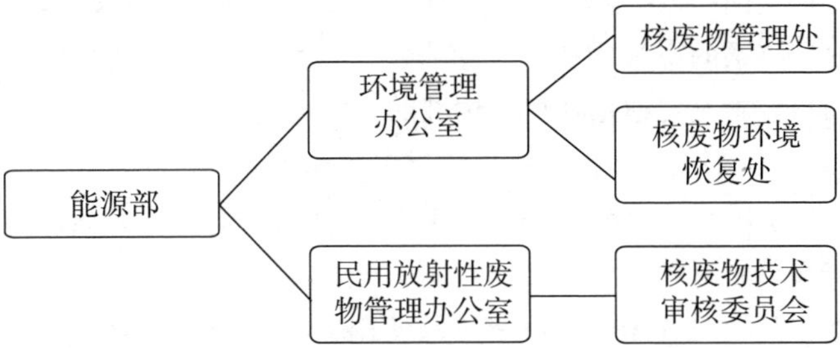

图4－1　美国能源部中的放射性废物管理机构

(三)美国环保署的放射性废物管理职责

美国环保署(Environmental Protection Agency)于1970年设立,全面负责美国环境质量方面的监督管理工作。

美国环保署的首要职责是制定普遍适用的环境标准以保护环境免受有害物质和某些放射性物质的影响。其辐射及室内空气办公室具体负责制定适用于向环境释放辐射的总体环境标准和起草限制向大气排放危险污染物的规章。此外,美国环保署还为美国各州辐射防护机构建立环境辐射水平监督和检查系统提供技术援助。

在核能相关领域,美国环保署的职责包括负责制定限制人体受辐射照射的标准和导则,与公众、产业界、州和其他政府机构合作,通知民众辐射危险并推进减少受辐射照射的行动以及检测环境辐射水平并评估辐射对人类和环境的影响。

---

〔1〕参见阎政:《美国核法律与国家能源政策》,北京大学出版社2006年版,第463－465页; OECD－NEA, *Radioactive Waste Management Programmes in OECD/NEA Member Countries: United States*, p. 9, OECD－NEA(2011), https://www. oecd－nea. org/jcms/pl_33786/radioactive－waste－management－programmes－in－oecd/nea－member－countries－united－states。

在放射性废物管理方面，美国环保署的具体职责包括三个方面：一是制定铀燃料循环与乏燃料、高放废物、超铀废物的管理和处置的辐射环境标准和防止铀加工场的放射性污染；二是为废物隔离试验厂（Waste Isolation Pilot Plant）处理国防产生的超铀废物制定环境标准；三是根据美国《清洁空气法》（Clean Air Act）的规定限制美国能源部场地放射性核素的空气传播。[1] 美国核监管委员会有责任针对自己所许可的核设施制定适用环保署标准的具体规则。

（四）美国州层面放射性废物管理的职责

根据美国经修订的《1954 年原子能法》的规定，美国核监管委员会可以与涉及放射性废物管理的当地州政府签订协议。这些协议授权单个州监管其境内具体放射性物质的使用，包括对在医学和工业中使用放射性同位素的监管。满足法律规定的条件并且同意使用与美国核监管委员会相同标准来监管放射性物质（废物）的州被称为“协议州”。[2] 协议州和美国核监管委员会在监管范围上有分工，协议州管制放射源，包括其境内所有天然放射性物质（如镭和氡），同时管制辐射制造机械，例如 X 光机（医疗和工业）和粒子加速器，以及其产生的放射性同位素（如钴 -57）。美国核监管委员会管制核电站、大量的核物质和高放射性废物的贮存。当前，已经有 37 个州与美国核监管委员会达成了协议。[3]

二、加拿大放射性废物管理的组织架构

加拿大放射性废物管理相关的主体包括加拿大联邦政府部门和从

---

〔1〕 See OECD - NEA, *Nuclear Legislation in OECD and NEA Countries*: *United States* (2016 *update*), p. 44, OECD - NEA (2016), https://www. oecd - nea. org/jcms/pl_24255/nuclear - legislation - in - oecd - and - nea - countries - united - states - 2016 - update.

〔2〕 See OECD - NEA, *Nuclear Legislation in OECD and NEA Countries*: *United States* (2016 *update*), p. 33, OECD - NEA (2016), https://www. oecd - nea. org/jcms/pl_24255/nuclear - legislation - in - oecd - and - nea - countries - united - states - 2016 - update.

〔3〕 参见甘露茜：《核能行业放射性废物安全管理法律制度研究》，重庆大学 2019 年博士学位论文，第 123 页。

事放射性废物管理的实体(见图4－2)。前者包括核安全委员会、自然资源部、影响评价局、卫生部、全球事务部、环境和气候变化部、运输部等;后者包括加拿大原子能有限公司、安大略省电力公司、魁北克水电公司和新不伦瑞克电力公司等。其中,加拿大核安全委员会属于放射性废物安全监管部门,加拿大自然资源部是放射性废物管理主要的组织管理部门,其他部门在各自职责范围内实施监督或管理,而作为实体的各公司是放射性废物管理的具体执行者和被监管对象。以下分别对这些主体的职责展开介绍。

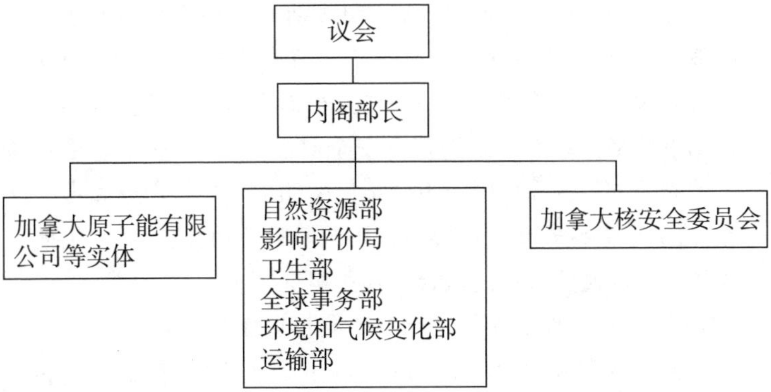

图4－2　加拿大放射性废物管理联邦层面的组织架构

资料来源:Canadian Nuclear Safety Commission, *Seventh Canadian National Report for the Joint Convention on the Safety of Spent Fuel Management and on the Safety of Radioactive Waste Management*, E. 2. 7, CNSC (Apr., 2021), http://www.nuclearsafety.gc.ca/eng/resources/publications/reports/jointconvention/index.cfm.

(一)加拿大核安全委员会的放射性废物管理职责

加拿大核安全委员会(Canadian Nuclear Safety Commission)是由加拿大总督根据加拿大《核安全与控制法》建立的独立核监管机关。加拿大核安全委员会与政府保持一定的距离,与核工业完全没有利益关系,服务于加拿大人民。其任务是“监管核能和材料的使用,以保护健康、安全、安保和环境;履行加拿大对和平利用核能的国际承诺;并向公众传播客观的科学、技术和监管信息”。[1] 加拿大核安全委员会通过自然资源部部长向加拿大议会报告并向加拿大人民负责,它不是加拿大自然资源部的一部分。但是,自然资源部部长可以向加拿大核安全委员会索取有关其活动的信息。根据加拿大《核安全与控制法》的规定,总督府可以向加拿大核安全委员会发布关于政策事项普遍适用的规定,但是不能就具体的许可事项向委员会发出指令。[2]

加拿大核安全委员会与加拿大影响评价局合作,根据《影响评价法》的规定对核项目进行综合影响评估。加拿大核安全委员会建立了一个许可和合规制度,以确保所有使用或拥有核物质和辐射装置的人都按照许可证行事,并确保受监管方有遵守监管要求的安全和安保规定。它对放射性废物管理设施的操作人员提出了严格的报告要求并通过检查和审计来检验设施是否符合安全要求。此外,核工业受开展核相关活动的地方各省和地区法案和条例的约束。在管辖权和责任重叠的地方,由加拿大核安全委员会率先协调监管活动,监管活动包括组建涉及各省和地区监管机构的联合监管小组。[3]

(二)加拿大自然资源部的放射性废物管理职责

加拿大自然资源部(Natural Resources Canada)是负责制定和实施整个核供应链的联邦核能政策(从铀矿开采到废物的最终处置)的政府牵头部门。这包括制定铀和放射性废物政策、制定和实施立法,以及建立和管理核民事责任和赔偿制度。加拿大自然资源部代表其部长管理《放射性废物政策框架》,该框架是确保以安全、无害环境、全面、具

[1] 加拿大《核安全与控制法》(Nuclear Safety and Control Act) 第9条,英文文本载加拿大司法部网,https://laws - lois. justice. gc. ca/eng/acts/N - 28. 3/index. html。

[2] See Canadian Nuclear Safety Commission, *Seventh Canadian National Report for the Joint Convention on the Safety of Spent Fuel Management and on the Safety of Radioactive Waste Management*, E. 2. 7. 2, CNSC (Apr., 2021), http://www. nuclearsafety. gc. ca/eng/resources/publications/reports/jointconvention/index. cfm.

[3] See Natural Resources Canada, *Inventory of Radioactive Waste in Canada Overview* 2016, p. 7, NRCan, https://www. nrcan. gc. ca/sites/www. nrcan. gc. ca/files/energy/pdf/uranium - nuclear/17 - 0467% 20Canada% 20Radioactive% 20Waste% 20Report_access_e. pdf.

有成本效益的综合方式进行放射性废物的长期管理的基础。此外，加拿大自然资源部还代表其部长实施《核燃料废物法》和《核责任与赔偿法》。加拿大自然资源部还向自然资源部部长和加拿大政府提供专业的技术、政策和经济信息，并就相关问题提供咨询。加拿大自然资源部下设铀和放射性废物司，专门负责实施《核燃料废物法》和《核安全与控制法》，任务包括支持自然资源部部长履行《核燃料废物法》规定的职责，以及监督、监测、审查和评估废物所有者的相关活动，确保其满足《核燃料废物法》的所有要求。[1]

《影响评价法》进行评估的核电项目需要接受审查小组进行的综合影响评估。该机构提供高质量的影响评估，为支持可持续发展的重大项目的知情决策做出贡献。

（三）加拿大卫生部的放射性废物管理职责

加拿大卫生部（Health Canada）是负责帮助加拿大国民保持和改善其健康的联邦政府部门。在放射性废物管理方面，加拿大卫生部的职责是采取监管手段防止各种辐射源对人体健康的危害，主要包括六个方面：一是建立并维护加拿大辐射监测网络，该网络是一个全国性网络，定期收集空气颗粒物、降水、外部伽马剂量、饮用水、大气、水蒸气和牛奶的样本用于放射性分析；二是制定核紧急情况下水、食物和空气中的放射性暴露指南；三是根据加拿大《影响评价法》及其条例的规定，为涉及辐射的项目的环境评价和审查提供建议和帮助；四是通过国家剂量测定服务处、国家剂量登记处、国家校准参考中心向工人提供全方位的剂量服务，并提供生物剂量服务；五是根据加拿大《辐射发射装置法》的规定，协助控制加拿大进口、销售或租赁的辐射发射装置的设计、建造和运行；六是实施联邦核应急计划。

（四）其他加拿大联邦政府部门的放射性废物管理职责

如上所述，加拿大影响评价局（The Impact Assessment Agency of

---

[1] See Canadian Nuclear Safety Commission, *Seventh Canadian National Report for the Joint Convention on the Safety of Spent Fuel Management and on the Safety of Radioactive Waste Management*, E. 2. 7. 1, CNSC (Apr., 2021), http://www.nuclearsafety.gc.ca/eng/resources/publications/reports/jointconvention/index.cfm.

Canada）、加拿大环境和气候变化部（Environment and Climate Change Canada）、加拿大运输部（Transport Canada）和加拿大全球事务部（Global Affairs Canada）也具有放射性废物管理相关的职能。具体而言：加拿大影响评价局是一个对环境和气候变化部部长负责的联邦机构，根据《影响评价法》对重大项目进行审查，并与加拿大核安全委员会合作审查受《核安全与控制法》规制的项目；加拿大环境和气候变化部负责实施加拿大《环境保护法》和运行国家污染物排放清单系统（National Pollutant Release Inventory）；加拿大运输部负责制定维护加拿大铁路、海运、公路和航空运输系统安全和效率运行的政策、法规和标准，根据《危险品运输法》对核物质的运输实施监管；加拿大全球事务部（前身为加拿大外交、贸易和发展部）负责促进双边和多边核合作与安全，执行核不扩散协议，负责执行《化学武器公约》和《全面禁止核试验条约》。[1]

（五）加拿大原子能有限公司等实体的放射性废物管理职责

加拿大原子能有限公司（Atomic Energy of Canada Limited）是一家皇家（国有）公司，其唯一股东是加拿大政府。其任务是支持核科学和技术，管理联邦政府的核设施退役和放射性废物。2015 年 9 月完成重组后，加拿大原子能有限公司通过与私营部门的长期合同，按照政府所有、承包商经营的模式（government - owned, contractor - operated model），实施场地管理和运营任务。加拿大原子能有限公司还负责清理和长期安全地管理加拿大各地其他场地产生的历史低放射性废物。加拿大原子能有限公司本身创建的目的是确保有专门的国有公司来监督政府所有、承包商经营的模式协议的实施，它的重点工作领域包括退役和

[1] See Canadian Nuclear Safety Commission, *Seventh Canadian National Report for the Joint Convention on the Safety of Spent Fuel Management and on the Safety of Radioactive Waste Management*, CNSC (Apr., 2021), http://www.nuclearsafety.gc.ca/eng/resources/publications/reports/jointconvention/index.cfm.

放射性废物管理,以及核实验室科学与技术。[1] 在退役和放射性废物管理方面,加拿大原子能有限公司的目标是安全和有效地履行加拿大政府对放射性废物的管理责任,包括对健康、安全、安保和环境的相关风险的控制,使加拿大核实验室能够推进加拿大的基础设施退役、场地修复和废物管理工作。[2]

除加拿大原子能有限公司外,加拿大安大略省发电公司、魁北克水电公司和新不伦瑞克电力公司这三个放射性废物的主要所有者也需要对其放射性废物依法实施管理。这三家公司根据《核燃料废物法》的规定于2002年成立了一个非营利组织——核废物管理组织(Nuclear Waste Management Organization),该组织负责实施由加拿大政府选择的适应性分阶段管理法(Adaptive Phased Management)来妥善处置高放射性废物。在废物管理组织决定接受核废物以便在根据分阶段管理办法建造的深层地质储存库中进行管理之前,这些公司和加拿大原子能有限公司负责管理其各自场所(包括核电站、研究堆)产生的乏燃料。[3]

此外,安大略省电力公司、新不伦瑞克电力公司和魁北克水电公司负责长期管理其各自核反应堆产生的中、低放射性废物。加拿大原子能有限公司负责白垩实验室、乔河实验室和三个部分投入使用的原型反应堆产生的中、低放射性废物,同时也通过收取服务费的方式接受来自其他核设施持有者产生的中低放废物(主要来自医院和大学)。在政府所有、承包商经营模式下,由加拿大核实验室代表加拿大原子能有

---

〔1〕 See Canadian Nuclear Safety Commission, *Seventh Canadian National Report for the Joint Convention on the Safety of Spent Fuel Management and on the Safety of Radioactive Waste Management*, CNSC (Apr., 2021), http://www.nuclearsafety.gc.ca/eng/resources/publications/reports/jointconvention/index.cfm.

〔2〕 See Canadian Nuclear Safety Commission, *Sixth Canadian National Report for the Joint Convention on the Safety of Spent Fuel Management and on the Safety of Radioactive Waste Management*, p. 152, CNSC (Oct., 2017), http://www.nuclearsafety.gc.ca/pubs_catalogue/uploads/joint-convention-sixth-national-report-oct-2017-eng.pdf.

〔3〕 See Canadian Nuclear Safety Commission, *Radioactive waste*, CNSC (May 4, 2021), https://www.cnsc-ccsn.gc.ca/eng/waste/index.cfm.

限公司开展此项工作，同时代表加拿大原子能有限公司实施由政府承担责任的加拿大各地历史遗留的低放废物遗址的清理和安全管理。[1]

三、英国放射性废物管理的组织架构

英国放射性废物管理的组织包括联邦政府相关部门，企业实体和威尔士、苏格兰、英格兰等地方政府有关部门。其中，联邦政府部门主要是商业、能源和工业战略部（Department for Business, Energy and Industrial Strategy）以及就业与退休保障部（Department for Work and Pensions）下的核监管办公室（The Office for Nuclear Regulation）（见图4－3）。企业实体主要是放射性废物管理有限公司（Radionactive Waste Management Ltd.），地方政府部门主要是英格兰、苏格兰和威尔士政府的环境机构。以下分别对这些部门（实体）的职责展开介绍。

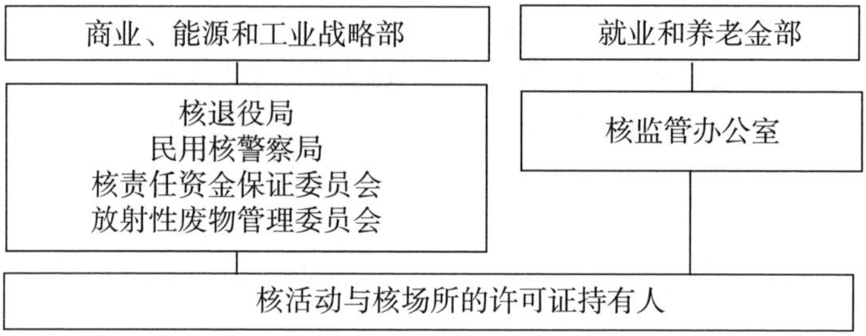

图4－3　英国放射性废物管理主要部门

资料来源：Department for Business, Energy and Industrial Strategy, *The United Kingdom's Sixth National Report on Compliance with the Obligations of the Joint Convention on the Safety of Spent Fuel and Radioactive Waste Management*, p. 50, IAEA (Oct., 2017), https://www.iaea.org/sites/default/files/national_report_of_united_kingdom_for_the_6th_review_meeting_-_english.pdf.

（一）英国核监管办公室的放射性废物管理职责

英国核监管办公室于2014年4月1日根据英国《2013年能源法》

[1] See Canadian Nuclear Safety Commission, *Sixth Canadian National Report for the Joint Convention on the Safety of Spent Fuel Management and on the Safety of Radioactive Waste Management*, p. 17, CNSC, (Oct., 2017), http://www.nuclearsafety.gc.ca/pubs_catalogue/uploads/joint-convention-sixth-national-report-oct-2017-eng.pdf.

成立，是英国联邦政府负责核监管的独立机构。核监管办公室的主要职责包括三个方面：一是根据《1974 年工作卫生和安全法》对核场址健康与安全事项实施监管；二是根据《1965 年核设施法》，通过许可制度对核设施的核安全进行监管；三是对核安保、核保障以及核与放射性材料运输安全实施监管。[1]

核监管办公室下设 5 个监管处（如图 4－4 所示），即民用核安保与核保障处、新建反应堆处、核设施运行处、塞拉菲尔德以及退役、燃料和废物处和技术处。其中，民用核安保与核保障处负责监管英国民用核工业的安全，以防止盗窃或破坏核材料和/或破坏核设施；新建反应堆处负责对计划在英国运行的潜在新反应堆的设计进行系统评估；核设施运行处负责监管正在运行的核电站的安全和安保以及核设施的安全；塞拉菲尔德以及退役、燃料和废物处负责监管塞拉菲尔德核许可场址以及各种其他核燃料场址的安全，包括燃料循环、核研究、废物管理和退役场址；技术处负责为上述监管提供支持，确保核监管办公室能够以有利的方式根据现代标准有效监管英国核工业的健康、安全和安保。

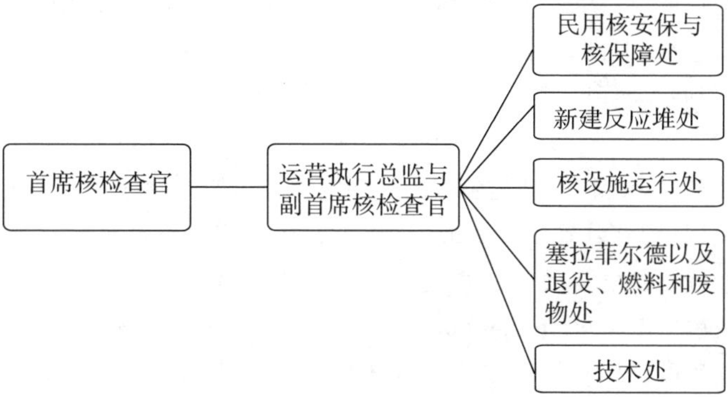

图 4－4　英国核监管办公室的组织结构

资料来源：关于英国核监管办公室的内部组织结构的介绍详见英国核监管办公室网，https://www.onr.org.uk/regulatory-divisions.htm。

---

〔1〕 关于英国核监管办公室的职责的介绍详见英国核监管办公室网，https://www.onr.org.uk/regulatory-divisions.htm。

(二)英国商业、能源和工业战略部的放射性废物管理职责

英国商业、能源和工业战略部是英国23个部级部门之一,主要负责商业、工业战略、清洁能源和气候变化等事宜。在放射性废物管理方面,英国商业、能源和工业战略部下辖多个非部门公共机构(non – departmental public body),负责放射性废物管理相关的执行和咨询。这些公共机构主要包括核退役局、民用核警察局、核责任资金保证委员会和放射性废物管理委员会。

具体来说,核退役局(Nuclear Decommissioning Authority)是根据英国《2004年能源法》(2013年修订)成立的行政性非部门公共机构,其目标是确保英国遗留的核设施能够安全、经济有效地、以保护人类和环境的方式退役和清理。核退役管理局被授权负责制定核退役计划,并通过全国战略实施这些计划。在日常工作中,核退役局负责向商业、能源和工业战略部报告,在涉及苏格兰的涉核方面,对苏格兰的有关部门部长负责。核退役局通过所属持有核监管办公室颁发的运营核场地许可证的公司(放射性废物管理有限公司)来完成协调英国核遗产(包括放射性废物)的安全管理和清理工作。归纳起来,核退役局的职责范围主要包括:退役和清理老旧核设施;确保所有放射性和非放射性的废物都得到安全管理;执行核废物的长期管理政策;制定英国境内低放废物的战略和计划以及审查在英国拥有先进气冷堆(Advanced Gas Cooled Reactor)核电站运营权的法国电力公司的退役计划。[1]

民用核警察局(Civil Nuclear Police Authority)是隶属于商业、能源和工业战略部的行政性的非政府部门公共机构,职责是监督民用核警察编队(Civil Nuclear Constabulary),确保其治安符合核运营公司的需要。这里的民用核警察编队是英格兰、苏格兰和威尔士负责保护民用核设施和核材料的武装警察力量。民用核警察局对民用核警察编队的具体监管包括:负责聘用民用核警察编队的警官和工作人员,制定民用核警察编队的战略方向,确保民用核警察编队拥有实现其战略方向的

---

〔1〕 关于英国核退役局的职责介绍详见英国核退役局网,https://www.gov.uk/government/organisations/nuclear – decommissioning – authority/about。

资源,要求民用核警察编队说明其开展工作的方式。[1]

核责任资金保证委员会(Nuclear Liabilities Financing Assurance Board)是隶属于由商业、能源和工业战略部的咨询性的非政府公共机构,主要负责就新核电站潜在运营商提交的资助退役计划的适用性提供公正的审查和建议。核责任资金保证委员会向国务大臣提供关于运营商提交审批的财务安排以及关于资金的定期审查和持续审查方面的建议。[2]

放射性废物管理委员会(Committee on Radioactive Waste Management)是由英国政府商业、能源和工业战略部、苏格兰政府、威尔士政府、北爱尔兰农业、环境和农村事务部共同资助成立的咨询性非政府公共机构,由 12 名上述部门任命的理事成员构成,向部长们报告。放射性废物管理委员会主要负责就两方面事项提供独立建议:一是就英国高放废物的地质处理以及临时储存向政府部长及其下放权力的行政部门、核退役局和放射性废物管理有限公司提出建议、计划和方案;二是对上述部门要求解释的包括苏格兰政府就其放射性废物管理政策在内的其他放射性废物管理问题提出咨询意见。[3]

(三)英国放射性废物管理有限公司的职责

放射性废物管理有限公司是英国核退役局的全资附属公司,由具备核、工程、金融和民事服务与咨询等专业背景的近 120 名员工组成。该公司的职责和业务范围主要包括三个方面:一是实施政府高活度废物地质处置政策;二是积极与放射性废物生产者合作,规划和交付放射性废物管理解决方案;三是提供强有力的技术方案,以支持地质处置设

---

〔1〕关于英国民用核警察局的职责介绍详见英国民用核警察局网,https://www. gov. uk/government/organisations/civil – nuclear – police – authority。

〔2〕关于英国核责任资金保证委员会的职责介绍详见核责任资金保证委员会网,https://www. gov. uk/government/organisations/nuclear – liabilities – financing – assurance – board。

〔3〕关于英国放射性废物管理委员会的职责介绍详见放射性废物管理委员会网,https://www. gov. uk/government/organisations/committee – on – radioactive – waste – management/about。

施项目和放射性废物管理。[1]

(四)英国地方政府放射性废物管理的职责

英国是个联邦制国家,除英格兰直接适用联邦政府商业、能源和工业战略部的放射性废物管理政策外,苏格兰、北爱尔兰和威尔士政府负责制定其境内的放射性废物管理政策。这三个地方分别授权其环境或资源部门对其境内的放射性废物实施监管。具体而言:

在苏格兰,苏格兰环境保护局(Scottish Environment Protection Agency)是环境监管的主要机构,其职责包括五个方面:一是编制年度食品与环境放射性报告;二是管理放射性物质活动的通知、注册、许可等事项;三是发生涉及向环境释放放射性物质的事件时,评估事件的影响,并就清理工作提供建议;四是敦促和帮助工商界企业了解和遵守相关立法,并且拥有一定执法权;五是运营放射性事故监测网络。[2]

在北爱尔兰,负责放射性废物管理的部门隶属于北爱尔兰农业、环境和农村事务部(Department of Agriculture, Environment and Rural Affairs)的北爱尔兰环境局(Northern Ireland Environment Agency)。该局是一个执行机构,其在放射性废物管理方面的职责主要体现在两个方面:一是其下属环境政策司负责起草北爱尔兰与放射性废物管理有关的权力下放政策和立法;二是其下属环境政策司与英国政府部门合作,研究放射性废物管理政策。[3]

在威尔士,负责核监管(包括放射性废物方面的监管)的部门是威尔士自然资源部(Natural Resources Wales),其职责主要包括五个方面:一是开展环境监测,并在年度"食品与环境放射性报告"中公布结果;二是负责管制放射性废物的处置和确保核设施遵守环境规定,对核设

〔1〕 关于英国放射性废物管理有限公司的介绍详见放射性废物管理有限公司网,https://www.gov.uk/government/organisations/radioactive-waste-management/about。

〔2〕 关于苏格兰环境保护局的职责介绍详见苏格兰环境保护局网,https://www.sepa.org.uk/。

〔3〕 关于北爱尔兰环境局的职责介绍详见北爱尔兰环境局网,https://www.daera-ni.gov.uk/articles/radioactivity。

施从建造、运营和退役到最终清理全生命周期的环境状况进行监管；三是与英国联邦政府核监管办公室合作共同监管放射性废物地质处理设施；四是与设计师、运营商、开发商、监管合作伙伴和政府部门（英国联邦政府和威尔士政府）合作，制定多种与英国放射性废料储存和处置有关的政策、战略和立法框架；五是向建造和运营新核电站的主体颁发许可。[1]

四、法国放射性废物管理的组织架构

法国放射性废物管理组织架构由法国核安全局（Nuclear Safety Authority）、法国替代能源和原子能委员会（Alternative Energies and Atomic Energy Commission）、法国国家放射性废物管理局（National Agency for Radioactive Waste Management）、法国国家评估委员会（National Review Board）、法国核安全透明和信息高级委员会（French High Committee for Transparency and Information on Nuclear Security）以及法国地方有关组织构成。以下分别对这些机关（组织）的职责展开介绍。

（一）法国核安全局的放射性废物管理职责

法国核安全局是根据法国《2006 年核领域透明与安全法》设立的独立行政机构，负责代表国家监管核安全和辐射防护，以保护工人、患者、公众和环境免受核活动带来的风险，并推动信息公开。

法国核安全局采用委员会制，5 名委员均由法国总统颁布法令任命。在内部组织结构上，法国核安全局下设 8 个部门，分别是核电厂部，核压力设备部，运输和能源部，废物、研究设施与核燃料循环设施部，环境和应急部，国际关系部以及沟通和公共信息部。[2] 此外，法国核安全局还设有地区分支机构（territorial divisions）。在实施监管时，

---

[1] 关于威尔士自然资源部的职责介绍详见威尔士自然资源部网站网，https://naturalresources. wales/about – us/what – we – do/how – we – regulate – you/our – role – in – nuclear – regulation/? lang = en。

[2] See Nuclear Safety Authority, *France sixth National Report on Compliance with the Joint Convention Obligations*, p. 88, IAEA (Oct., 2017), https://www. iaea. org/sites/default/files/6rm – france. pdf.

法国核安全局还会涉及向辐射防护及核安全研究所（Institute for Radiation Protection and Nuclear Safety）等机构寻求技术援助或专家咨询。

在放射性废物管理方面，法国核安全局的总体任务是对负责设计和运营所有处置设施的放射性废物管理组织进行整体监督，对地下研究实验室以及最终处置库的不同建造和运行阶段进行审批。其具体职责包括七个方面：一是监督核设施运营商为每个设施采用的组织和方法是否足以承担安全责任，燃料管理行业的决策是否与安全法规的要求保持一致；二是签发和更新储存使用电离辐射源的授权，并根据这些来源的性质以及生产和使用阶段进行检查；三是在辐射防护方面验证符合规定剂量限制并将暴露降低到合理可达到的最低可能水平的方法；四是检查民用装运的放射性物质，检验和交付装运许可证和证书，并定期组织应急演习，进行信息公开；五是监督民用核设施运行过程中的安全和辐射防护工作；六是编制年度活动报告，就其职权范围内的事项发表意见或进行研究，在其职权范围内开展技术调查，代表国家参加相关国际会议等；七是制定各类放射性材料和废物安全管理方案。

（二）法国替代能源和原子能委员会的放射性废物管理职责

法国替代能源和原子能委员会设立于2010年，前身是法国于1945年设立的致力于对开展民用核活动进行研发（能源、工业、研究和健康）以及为国防活动的开展提供必要支持（核威慑力量）的法国原子能委员会（Atomic Energy Commission）。

在放射性废物管理领域，法国替代能源和原子能委员会有两个重要角色：一是作为核运营商，负责管理其产生的废物；二是作为研发参与者，领导有关废物处理、调节和长期行为的研究。法国替代能源和原子能委员会产生的放射性废物大部分来自其拆解作业，其余则来自其研发活动，这些放射性废物通过法国替代能源和原子能委员会现有的大约160个废物处理设施进行管理。

《2006年放射性物质与废物可持续管理规划法》确定了放射性废物管理的主要方向。该法定义了三个互补的研究和调查领域：一是法国替代能源和原子能委员会负责次要锕系元素的分离和嬗变；二是由国家放射性废物管理局负责在深地质储存库（前文所述法国的地质处置工业中心）中处理废物；三是委托给国家放射性废物管理局负责临时储存放射性废料。这些活动都与法国替代能源和原子能委员会有密切关联。

（三）法国国家放射性废物管理局的职责

法国国家放射性废物管理局（National Agency for Radioactive Waste Management）成立于1979年，曾为法国原子能委员会的下辖部门，后根据《1991年放射性废物管理研究法》成为一个独立的部门。目前，国家放射性废物管理局是一个国有的工业和商业机构，负责法国领土上的长期放射性废物管理，受能源、环境和研究部门的共同管理，其目标是确保现在和未来的人以及环境免受电离辐射的影响。

国家放射性废物管理局的职责主要分为四个方面：一是设计、科学研究和技术开发，包括研究和制定可持续管理那些尚未有最终处置方法的放射性废物（高放射性废物、长寿命中水平放射性废物和长寿命低水平放射性废物）的解决办法，涉及储存库的选址、建造、运行、关闭和监控；二是工业废物管理，包括接收来自电核工业、电核工业以外的工业、国防、研究和医疗行业的废弃物，运行和监测放射性废物处理设施；三是公共服务，包括向私人和公共所有者收集放射性物品，清理和修复受污染的环境，每三年编制和出版《法国放射性废物和材料国家清单》，提供有关放射性废物管理的信息，与利益相关者进行沟通等；四是国内和国际发展，包括在全国、欧洲和国际层面上开展科学合作，在法国和国外推广国家放射性废物管理局的专业知识和服务，尽可能广泛地推广科学技术文化等。[1]

（四）法国国家评估委员会的放射性废物管理职责

法国国家评估委员会成立于1991年，是依据《1991年放射性废物管理研究法》设立的专家评估委员会，负责对高放射性和中放射性长寿命废物管理的各种执行计划进行评估和审查。国家评估委员会既不是

---

〔1〕 See Nuclear Safety Authority, *France sixth National Report on Compliance with the Joint Convention Obligations*, p. 44, IAEA (Oct., 2017), https://www.iaea.org/sites/default/files/6rm – france.pdf.

监管机构也不是经营方，但其角色对于高放射性和中放射性长寿命放射性废物地质处置项目的进展十分重要。此外，《2006 年放射性物质与废物可持续管理规划法》拓展了国家评估委员会的职责范围，要求其负责对放射性废物管理研发计划进行审查，并每年向政府提交报告。[1]

（五）法国核安全透明和信息高级委员会的放射性废物管理职责

法国核安全透明和信息高级委员会是一个根据法国《2006 年核领域透明与安全法》设立的涉及核活动风险、核活动对个人健康、环境和核安全的影响的信息和讨论机构，由 4 名议员和地方信息委员会、环保团体、工会、当局（州、法国核安全局、国家辐射防护及核安全研究所）以及核能行业分别派出的代表组成。该委员会根据法国《2006 年核领域透明与安全法》就核领域的任何事项以及信息提出意见，处理与核安全有关的、与信息可获取性有关的任何问题，提出可能确保或提高核领域透明度的任何措施建议。在提供咨询与信息获取方面，核安全透明和信息高级委员会还可以提供核安全相关的咨询服务、组织对抗性辩论、公开披露自己的意见并编制年度活动报告。

（六）法国其他组织放射性废物管理的职责

除上述部门（机构）外，法国还在核设施或核场址所在地成立了相关的公共组织，主要包括地方信息委员会和公共利益组织。

其中，地方信息委员会（Local Information Committees）根据法国《2006 年核领域透明与安全法》设立，负责核安全领域的一般跟进、资料和协调工作，同时负责涉及设施场址辐射防护和核活动对人和环境的影响的相关信息的收集和发布。该委员会的成员包括总理事会、市议会或各公社集团和有关区域理事会的审议大会的代表、部门选举产生的议员、环境保护协会、经济利益组织和职工代表、工会组织的代表、医疗行业的代表以及符合条件的个人。根据法国《2006 年核领域透明

---

[1] See Nuclear Safety Authority, *France sixth National Report on Compliance with the Joint Convention Obligations*, p. 94, IAEA (Oct., 2017), https://www.iaea.org/sites/default/files/6rm-france.pdf.

与安全法》的规定，地方信息委员会可以提供咨询服务，包括流行病学研究，并且可以就场址辐射的排放或释放对环境进行相关测量或分析。法国核安全局和负责核安全或辐射防护的部长们可以就任何与基础核设施有关的项目征求该委员会的意见。地方信息委员会接受公开询问，向核安全局和负责核安全或辐射防护的部长提交与核安全和辐射防护有关的任何事项的信息，就影响环境和邻近地区的与实验室运作有关的任何问题进行协商，还可以安排经批准的实验室进行听证或专家报告。

公共利益组织（Public Interest Group），是指根据法国《2006 年放射性物质与废物可持续管理规划法》的规定，在位于深层地质构造中的放射性废物地下实验室或处理中心的全部或部分区域建立的公共利益机构。其主要职责是管理促进和便利实验室或处理中心安装、操作的设备，支持地下实验室研究领域的培训计划以及科学技术知识的传播等。

五、德国放射性废物管理的组织架构

德国放射性废物管理的组织框架由联邦政府机关（包括联邦环境、自然保护与核安全部，联邦教育和研究部，联邦财政部，联邦交通、建筑和城市事务部，联邦经济和技术部，联邦国防部等）、联邦核废物处置公司和德国各州州政府组成。以下对这些部门（组织）的放射性废物管理职责展开介绍。

（一）德国联邦环境、自然保护与核安全部的放射性废物管理职责

联邦环境、自然保护与核安全部（Federal Ministry for the Environment，Nature Conservation and Nuclear Safety）根据德国《原子能法》负责核安全和辐射防护领域的监管工作。该部的主要职责包括四方面：一是制定放射性管理方面的政策、法规以及预算；二是对放射性废物管理领域涉及的所有许可证和实施活动进行监督；三是对联邦和各州的辐射防护工作实施监督；四是监督和指导联邦核废物管理安全办公室

(Federal Office for the Safety of Nuclear Waste Management)的工作。[1]

为支持开展上述工作,联邦环境、自然保护与核安全部还设有反应堆安全委员会(Reactor Safety Commission)和核废物管理委员会(Nuclear Waste Management Commission)等专业咨询机构来获取相关的建议和咨询意见。其中,核废物管理委员会由来自地球科学、核安全和储存库研究、退役、辐射防护、辐射物理学、生物物理学、放射化学和放射生态学等领域的11位经验丰富的知名专家组成。其主要职责是就核废物的处理、临时储存和运输、核设施的退役与拆除以及核废物的深地质处置等事项向联邦环境、自然保护与核安全部提供咨询意见。

联邦环境、自然保护与核安全部制定的放射性废物管理政策主要依托德国联邦核废物管理安全办公室来具体实施。核废物安全管理办公室依据经修订的德国《原子能法》和《选址法》的规定主要履行六方面的职责:一是监督高放废物处置库选址程序的实施并组织公众参与;二是负责实施放射性废物最终处置与采矿、水保护和核安全问题交叉的许可;三是对放射性废物处置场进行监督;四是颁发临时储存和运输核燃料的许可证;五是负责政府保管核燃料;六是开展和组织上述领域的研究等。[2]

(二)德国联邦其他部门的放射性废物管理职责

德国除联邦环境、自然保护与核安全部外,其他政府部门也涉及放

---

[1] See Federal Ministry for the Environment, Nature Conservation and Nuclear Safety, *Report of the Federal Government for the Seventh Review Meeting in May* 2021 *on the fulfilment of the obligations of the Joint Convention on the Safety of Spent Fuel Management and on the Safety of Radioactive Waste Management*, p. 30& p. 135 – 142, Federal Ministry for the Environment, Nature Conservation and Nuclear Safety (Nov. 20, 2020), https://www.bmu.de/fileadmin/Daten_BMU/Download_PDF/Nukleare_Sicherheit/jc_7_bericht_deutschland_en_bf.pdf.

[2] See *Federal Office for the Safety of Nuclear Waste Management*, Federal Ministry for the Environment, Nature Conservation and Nuclear Safety (Sep. 11, 2017), https://www.bmu.de/en/ministry/federal-and-laender-authorities/federal-office-for-the-safety-of-nuclear-waste-management/.

射性废物管理相关的职责。其中，联邦教育和研究部（Federal Minister of Education and Research）负责核研究方面的管理；联邦财政部（Federal Minister of Finance）与海关机关根据德国《原子能法》的规定对核燃料和其他放射性物质的进出口实施监督；联邦交通、建筑和城市事务部（Federal Minister of Transport，Building and Urban Affairs）根据德国《原子能法》的规定负责监督在德国境内的铁路和水上放射性物质运输；联邦经济和技术部（Federal Minister for Economy and Technology）负责国际核能合作，特别是同国际原子能机构、经济合作与发展组织核能署和欧洲原子能共同体的合作；联邦国防部（Federal Minister of Defence）负责批准和监督陆军、海军和空军的核能活动（主要是军事领域的放射性同位素的利用）。[1]

（三）德国联邦放射性废物处置公司的职责

在德国，放射性废物处理处置的具体工作由联邦 BGZ 放射性废物储存公司（BGZ Company for Storage）和联邦放射性废物处置公司（Federal Company for Radioactive Waste Disposal）来实施。

其中，联邦 BGZ 放射性废物储存公司代表联邦政府开展工作，全面负责所有能源供应公司放射性废物的临时储存和临时储存设施的运营，确保临时储存设施的安全可靠运行。截至 2020 年，该公司已承担德国核电站的 12 个分散式放射性废物（含乏燃料）临时储存设施和 12 个中低放射性废物储存设施的运营工作。

联邦放射性废物处置公司也是联邦所有的企业，是放射性废物最终储存库的所有者和经营者，接受联邦核废物管理办公室的监督，根据《关于处置领域的组织结构重组法》（2016 年）的规定负责放射性废物最终储存库的建造、运营和退役项目的实施，负责提出放射性废物运输

---

[1] See OECD – NEA, *Nuclear Legislation in OECD and NEA Countries*: *Germany* (2011 *update*), p. 24 – 27, OECD – NEA (2011), https://www.oecd – nea.org/jcms/pl_24184/nuclear – legislation – in – oecd – and – nea – countries – Germany – 2011 – update.

处理及选址建议。[1]

（四）德国州政府的放射性废物管理职责

德国各州政府根据德国《原子能法》及其颁布的法令的规定代表联邦政府履行核能领域的相关职责，包括审批、颁发放射性废物处置库的许可证以及负责监管放射性废物管理设施等。

根据德国《原子能法》的规定，各州应建立州放射性废物存储设施，储存在该州内产生的放射性废物由放射性废物的生产者履行运输和储存义务。如果满足德国《放射性废物管理转移法》规定的情形，应将放射性废物正确包装并交付给联邦委托的第三方（联邦BGZ 放射性废物储存公司），之后由该公司代表联邦政府负责进一步的存储工作。

此外，各州和联邦环境、自然保护与核安全部选派代表组成州核能委员会（Länder Committee for Nuclear Energy）。该委员会的职责是在联邦环境、自然保护与核安全部的主持下，进一步制定有关统一适用核能与辐射防护相关法律的条例，拟定有关安全标准的非强制性指导文件。这一过程实现了各州参与联邦核能监管过程的权利。[2]

六、日本放射性废物管理的组织架构

日本的放射性废物管理的组织框架由多个部门组成，包括设置在

---

〔1〕 See Federal Ministry for the Environment, Nature Conservation and Nuclear Safety, *Report of the Federal Government for the Seventh Review Meeting in May* 2021 *on the fulfilment of the obligations of the Joint Convention on the Safety of Spent Fuel Management and on the Safety of Radioactive Waste Management*, p. 49, Federal Ministry for the Environment, Nature Conservation and Nuclear Safety (Nov. 20, 2020), https://www.bmu.de/fileadmin/Daten_BMU/Download_PDF/Nukleare_Sicherheit/jc_7_bericht_deutschland_en_bf.pdf.

〔2〕 See Federal Ministry for the Environment, Nature Conservation and Nuclear Safety, *Report of the Federal Government for the Seventh Review Meeting in May* 2021 *on the fulfilment of the obligations of the Joint Convention on the Safety of Spent Fuel Management and on the Safety of Radioactive Waste Management*, p. 137, Federal Ministry for the Environment, Nature Conservation and Nuclear Safety (Nov. 20, 2020), https://www.bmu.de/fileadmin/Daten_BMU/Download_PDF/Nukleare_Sicherheit/jc_7_bericht_deutschland_en_bf.pdf.

环境省的日本原子能规制委员会、设置在内阁府的原子能委员会、设置在经济产业省下的自然资源和能源厅等机构和其他部门（见图4－5）。[1]在这些部门（机构）中，原子能规制委员会是主要的安全监管机关，经济产业省是能源开发利用行政主管部门，原子能委员会是咨询机构。

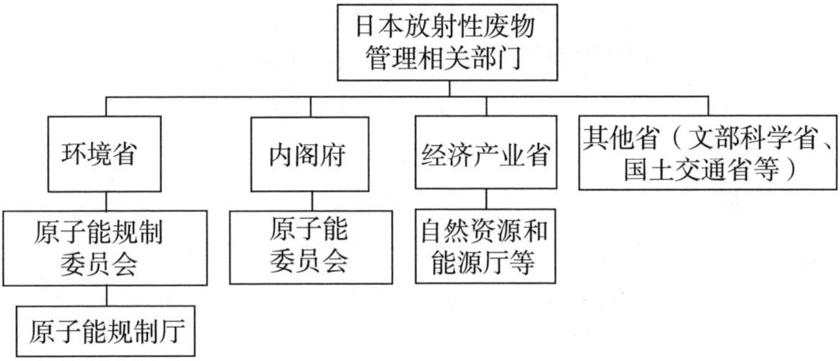

图4－5　日本放射性废物管理组织框架

资料来源：该图信息详见日本核能产业协会网，https://www.jaif.or.jp/data/data－japan。

（一）日本原子能委员会的放射性废物管理职责

日本原子能委员会（Atomic Energy Commission）由日本政府依据1955年的《原子能基本法》于1956年1月1日在内阁办公室内部设立。原子能委员会由5名委员组成，每一届委员由日本首相指派并经国会同意，任期3年，5名委员中设1名主席。该委员会旨在以民主方式实施日本的国内核政策，实现《原子能基本法》的立法目标，包括计划、宣传、决定基本政策或战略来促进对核能的研究、开发和利用，调整行政机构的活动使其符合财政预算和政策，为其他行政省部提供与核源材

[1] See OECD－NEA, *Nuclear Legislation in OECD and NEA Countries: Japan* (2017 update), p. 15－17, OECD－NEA (2017), https://www.oecd－nea.org/jcms/pl_24201/nuclear－legislation－in－oecd－and－nea－countries－japan－2017－update.

料、核燃料和核反应堆相关的咨询意见。[1] 1978 年,原子能委员会的职能被分离,其保障核研究、开发和利用的安全方面职能被划入内阁设置的核安全委员会。在福岛核事故后,日本于 2012 年修订了《原子能基本法》,撤销了核安全委员会,并将其职能划入新设立的原子能规制委员会。

（二）日本原子能规制委员会的放射性废物管理职责

日本原子能规制委员会（Nuclear Regulation Authority）是 2011 年福岛核事故之后日本政府根据《原子能规制委员会设置法》新设立的独立的核监管机关。该机关整合了原日本经济产业省下的能源与产业安全厅和文部科学省下对核反应堆、核安全、放射性同位素研究的监管职能以及独立行政机构日本核能安全组织（Japan Nuclear Energy Safety Organization）和日本原子能委员会的与核监管相关的职能,是下辖在日本环境省下的独立机关。

原子能规制委员会的总任务是通过对核活动实施严格和可靠的监管来保护公众和环境,主要职责包括:采取确保操作安全和保护核燃料的措施以保障核能利用的安全,制定和实施安全和应急措施法规,批准建造反应堆设施、乏燃料储存或放射性废物处置等活动,批准核设施的运行安全计划和退役计划,听取核设施许可证持有人汇报,开展现场检查。原子能规制委员会还有权撤销核设施的许可或暂停其运营,下令采取额外的安全措施,解雇总反应堆工程师,采取退役措施和其他防止灾难的措施。[2]

根据日本《原子能规制委员会设置法》的规定,原子能规制委员会下设了反应堆安全检查委员会（Reactor Safety Examination Committee）、核燃料安全检查委员会（Nuclear Fuel Safety Examination Committee）和审查核燃料材料的辐射委员会（Radiation Council）分别履行核

---

〔1〕 关于日本原子能委员会职责的介绍详见日本原子能机构网,http://www.aec.go.jp/jicst/NC/tyoki/tyoki_e.htm。

〔2〕 See Nuclear Regulation Authority, *National Report of Japan for the Sixth Review Meeting*, p. 38 – 41, IAEA (Oct., 2017), https://www.iaea.org/sites/default/files/national_report_of_japan_for_the_6th_review_meeting_–_english.pdf.

反应堆安全调查、核燃料材料安全性调查和辐射防护技术标准检测的职责。

2015年,原子能规制委员会设立了"关于特定核设施放射性废物问题的委员会"(Committee on Radioactive Waste Issues of the Specified Nuclear Facilities),旨在实现福岛核电站长期退役过程中的放射性废物的稳定管理。[1]

(三)日本经济产业省的放射性废物管理职责

日本经济产业省(Ministry of Economy,Trade and Industry)于2001年根据《经济产业省设置法》设立替代了之前国际贸易和工业省。经济产业省负责保障稳定和高效的能源供应,在核能领域的职责包括制定这一领域的政策和促进核能发展,包括促进采矿、冶炼、核燃料制造和浓缩、乏核燃料的后处理和储存以及放射性废物处置等。

日本经济产业省下设自然资源和能源厅(Agency for Natural Resources and Energy)具体负责实施上述任务。该厅下设节能和可再生能源部、自然资源和燃料部以及电力和燃气工业部。其中,电力与燃气工业部下设的核能政策规划处、核燃料循环工业处和放射性废物管理政策处具体实施核相关的任务。具体而言:核能政策规划处负责管理核能政策和核能技术开发;核燃料循环工业处负责保障核材料稳定高效供应、核燃料材料技术开发、核设施选址等工作;放射性废物管理政策处负责核放射性废物管理的发展、改进和协调。[2]

经济产业省还根据《特定放射性废物最终处置法》的规定设立了日本放射性废物管理组织(Nuclear Waste Management Organisation of Japan)。该组织是一个半公共机构,在获得经济产业省的批准下负责

---

〔1〕 See Nuclear Regulation Authority, *National Report of Japan for the Sixth Review Meeting*, p. 7, IAEA (Oct., 2017), https://www.iaea.org/sites/default/files/national_report_of_japan_for_the_6th_review_meeting_-_english.pdf.

〔2〕 See OECD - NEA, *Nuclear Legislation in OECD and NEA Countries: Japan* (2017 update), p. 16, OECD - NEA(2017), https://www.oecd-nea.org/jcms/pl_24201/nuclear-legislation-in-oecd-and-nea-countries-japan-2017-update.

实施高放废物处置和收集用于该处置活动的费用。[1]

(四)日本其他政府部门的放射性废物管理职责

除上述部门外,日本文部科学省(Ministry of Education, Culture, Sports, Science and Technology)和国土交通省(Ministry of Land, Infrastructure and Transport)也履行部分放射性废物管理相关的职责。前者负责促进增殖反应堆、核燃料循环、高温气冷反应堆、废物管理和退役等领域的核能研究和开发,采取措施帮助受福岛第一核电站灾难影响的社区进行恢复(包括对核事故造成的核损害进行赔偿);后者负责管理放射性物质的海上运输和空中运输,并与原子能规制委员会共同对放射性废物的铁路或公路运输实施管理。[2]

七、韩国放射性废物管理的组织架构

韩国与放射性废物管理相关的政府部门包括核安全与核安保委员会,核能促进委员会,贸易、工业和能源部以及科学与通信技术部。[3]其中,核安全与核安保委员会是安全监管机关,核能促进委员会负责核能产业发展与放射性废物管理政策的制定,贸易、工业与能源部是放射性废物管理的组织和实施机关,科学与通信技术部负责放射性废物管理相关的科学技术研究。这些部门的组织关系见图 4-6。以下对这些部门的组织结构和具体职责展开介绍。

---

〔1〕 See OECD-NEA, *Nuclear Legislation in OECD and NEA Countries: Japan* (2017 update), p. 19, OECD-NEA (2017), https://www.oecd-nea.org/jcms/pl_24201/nuclear-legislation-in-oecd-and-nea-countries-japan-2017-update.

〔2〕 See OECD-NEA, *Nuclear Legislation in OECD and NEA Countries: Japan* (2017 update), p. 16, OECD-NEA (2017), https://www.oecd-nea.org/jcms/pl_24201/nuclear-legislation-in-oecd-and-nea-countries-japan-2017-update.

〔3〕 See Nuclear Safety and Security Commission, *Korean Sixth National Report under the Joint Convention on the Safety of Spent Fuel Management and on the Safety of Radioactive Waste Management*, p. 62-75, IAEA (Oct., 2017), https://www.iaea.org/sites/default/files/national_report_of_republic_of_korea_for_the_6th_review_meeting_-_english.pdf.

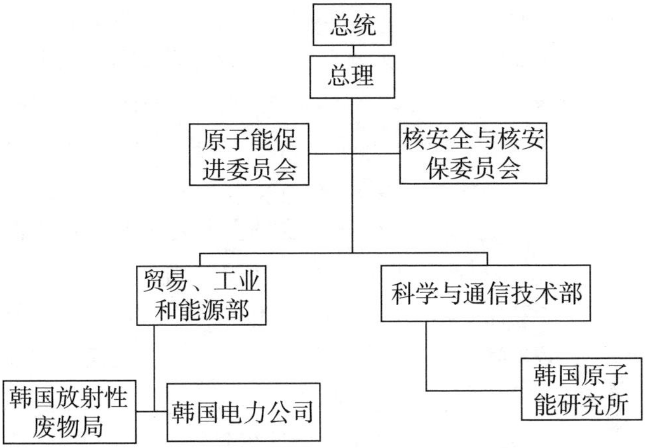

图4－6　韩国放射性废物管理组织框架

(一)韩国核安全与核安保委员会的放射性废物管理职责

韩国核安全与核安保委员会(Nuclear Safety and Security Commission)根据韩国国会于2011年通过的《核安全与核安保委员会设立与运作法》设立,整合了之前由韩国教育科技部履行的核安全监管职能,是隶属于总理府、直接向韩国总统负责的独立监管机关。

核安全与核安保委员会由9名成员组成,主席和副主席为执行成员,而其余的7名成员为非执行成员。委员会设有总秘书处负责执行委员会的事务,下设核监管局(Nuclear Regulatory Bureau)和辐射应急局(Radiation Emergency Bureau)两个监管机构。其中,核监管局下设核安全政策处(Nuclear Safety Policy Division)、核安全处(Nuclear Safety Division)和安全标准处(Safety Standard Division);辐射应急局下设辐射安全处(Radiation Safety Division)、环境辐射安全处(Environmental Radiation Safety Division)、放射性废物安全处(Nuclear Waste Safety Division)、核应急处(Nuclear Emergency Division)以及核保障与出口管制处(Nuclear Safeguards and Export Control Division)。[1]

核安全与核安保委员会还设有两个技术专家机构,分别为韩国核安全研究所(Korea Institute of Nuclear Safety)与韩国核不扩散及控制机构(Korea Institute of Nuclear Non－proliferation and Control)。前者的职责是在核安全与核安保委员会的委托下实施核安全监管相关工作,后者的职责是在核安全与核安保委员会的委托下实施实物保护和核设施安保(包括核材料和进出口管制)相关工作。

核安全与核安保委员会的具体职责包括七个方面:一是对核设施、核材料和核活动实施许可;二是对核设施、核材料和核活动实施检查和执法;三是实施核应急和响应制度;四是对放射性废物实施安全监管;五是促进世界范围内和平利用核能的核不扩散与核保障;六是针对恶意行为与恐怖主义行为实施实物保护;七是对敏感材料与技术实施进出口控制。[2]

具体到放射性废物管理方面,核安全与核安保委员会的职责是建立授予放射性废物管理设施建造运营许可的标准,制定放射性废物管理设施运营安全措施监管章程,确保放射性废物处置设施在场地选择、设计、建造、运营、关闭以及关闭后的每个阶段的安全。实践中,核安全与核安保委员会还将委托韩国核安全研究所开展上述部分工作。

(二)韩国核能促进委员会的放射性废物管理职责

核能促进委员会(Nuclear Energy Promotion Commission)根据韩国《核能促进法》于2011年设立,是韩国核能政策的决策机构。

该委员会由9－11名任期为3年(可连任)的委员组成,由韩国总

---

〔1〕 See Nuclear Safety and Security Commission, *Korean Sixth National Report under the Joint Convention on the Safety of Spent Fuel Management and on the Safety of Radioactive Waste Management*, p. 64, IAEA (Oct., 2017), https://www.iaea.org/sites/default/files/national_report_of_republic_of_korea_for_the_6th_review_meeting_－_english.pdf.

〔2〕 See Nuclear Safety and Security Commission, *8th National Report for the Convention on Nuclear Safety*, p. 46, IAEA (Aug., 2019), https://www.iaea.org/sites/default/files/21/07/national_report_of_the_republic_of_korea_for_the_8th_review_meeting.pdf.

理担任委员会主席，其他成员（包括战略与财政部长，教育科技部长，外交与贸易部长，贸易、工业和能源部长等）由主席推荐、总统任命。委员会设秘书1名，由委员会主席从韩国教育科技部的官员中指定。

根据韩国《核能促进法》第2章的规定，核能促进委员会的职责包括八个方面：一是统筹协调核能利用事项；二是制订核能综合推广计划；三是负责核能利用经费概算和分摊计划事项；四是开展核能利用试验研究相关事项；五是负责培养和培训核能利用研究人员和工程师相关事项；六是根据韩国《放射性废物管理法》的规定负责放射性废物管理总体规划相关事项；七是负责乏核燃料后处理和处置有关事项；八是完成委员会主席认为重要并提交委员会的其他事项。

（三）韩国贸易、工业和能源部的放射性废物管理职责

韩国贸易、工业和能源部（Ministry of Trade, Industry and Energy）于2013年由韩国知识经济部更名而成，主要负责确保能源供需稳定和制订与实施核能发展计划来推动电力企业竞争。该部下辖的能源与资源办公室（Office of Energy and Resources）设有核电政策总干事（Director General for Nuclear Power Policy），负责管理核电政策处（Nuclear Power Policy Division）、核电合作处（Nuclear Power Cooperation Division）和核电环境处（Nuclear Power Environment Division）[1]。

在放射性废物管理方面，根据2013年修订的韩国《放射性废物管理法》的规定，贸易、工业和能源部的主要职责包括三个方面：一是制定放射性废物管理总计划以确保安全有效地管理放射性废物，该计划应当包括放射性废物管理框架政策、放射性废物的现状和产生的前景、放射性废物管理设施选址和投资计划等；二是批准韩国放射性废物局制订的放射性废物管理实施计划；三是调查放射性废物的产生和管理现状。

此外，贸易、工业和能源部管理着大量能源相关实体，包括韩国水电与核电有限公司、韩国天然气公司、韩国电力公司、韩国石油公司、能

〔1〕关于韩国贸易、工业和能源部内部组织结构介绍详见韩国贸易、工业与能源部网，https://english.motie.go.kr/en/am/organization/organization.jsp。

源经济研究所和能源资源研究所等。其中,韩国水电与核电有限公司是韩国放射性废物的主要生产者。

(四)韩国放射性废物局的职责

韩国放射性废物局(Korea Radioactive Waste Agency)于2009年设立,是韩国放射性废物管理的专门执行机构。韩国放射性废物局由总部办公室、研究与开发所、中低放废物处置中心和基金管理中心4个部门组成,共有285名工作人员。其中,总部办公室负责制定和实施乏燃料和放射性废物管理计划,监督和支持中、低放废物处置设施的建造和运营;中低放废物处置中心负责放射性同位素废物管理设施运营和管理,操作中低放废物处置设施并负责辐射安全管理、环境评价和应急准备演习等。总部各部门之间以及研究与开发所和中低放废物处置中心之间形成一个有机协调的系统。[1] 根据韩国《放射性废物管理法》的规定,韩国放射性废物局的主要任务是根据韩国贸易、工业和能源部制订的放射性废物管理总计划来制订并执行(获得韩国贸易、工业和能源部批准的)放射性废物管理实施计划。

(五)韩国科学与通信技术部的放射性废物管理职责

韩国科学与通信技术部(Ministry of Science and ICT)主要涉及核科学与技术研究的开发,其下辖的太空、核与大科学政策局(Space, Nuclear and Big Science Policy Bureau)下设有核研发处(Nuclear R& D Division)和太空、核与大科学合作处(Space, Nuclear and Big Science Cooperation Division)具体实施上述任务,[2] 设立在该部的韩国原子能研究(Korea Atomic Energy Research Institute)是其重要依托。

---

[1] See Nuclear Safety and Security Commission, *Korean Sixth National Report under the Joint Convention on the Safety of Spent Fuel Management and on the Safety of Radioactive Waste Management*, p. 73 – 74, IAEA (Oct., 2017), https://www.iaea.org/sites/default/files/national_report_of_republic_of_korea_for_the_6th_review_meeting_-_english.pdf.

[2] 关于韩国科学与信息通信技术部内部组织结构的介绍详见韩国科学与信息通信技术部网, https://english.msit.go.kr/eng/contents/cont.do? sCode = eng&mPid = 19&mId = 25。

韩国原子能研究所根据韩国《核能促进法》的规定设立，负责研究和开发核能与核安全技术以及相关的政策制定工作。[1] 该所拥有并负责与管理其与放射性废物管理相关的若干核设施，包括高通量先进中子应用(HANARO)研究堆、辐照后测试(PIEF)研究堆、放射性废物处理与储存设施和可燃废物处理设施。

八、俄罗斯放射性废物管理的组织架构

俄罗斯放射性废物管理涉及多方主体，包括联邦总统，联邦政府，俄罗斯联邦生态、技术和原子能监督局等联邦政府部门(机构)，俄罗斯国家原子能公司，俄罗斯地方行政机关等。其中，俄联邦总统负责决定有关原子能方面国家政策的基本方针、原子能利用的基本安全问题和原子能利用紧急情况应对等重大问题；俄联邦政府依照俄联邦宪法、联邦法律和总统令，颁布有关于原子能利用的法规法令，组织制定原子能利用领域的联邦发展目标并为其顺利实施提供条件，根据俄联邦法律确定原子能利用监管机关的职能、权力和责任并审议关于国有核设施、放射源和储存设施的建造和发展的决议等；俄罗斯地方(州)政府行政机关有权根据俄罗斯《2011 年联邦放射性废物管理法》的规定参与其管辖区域的放射性废物储存设施的选址决策程序；俄罗斯联邦政府相关部门和俄罗斯国家原子能公司则分别负责放射性废物管理的具体监管和实施工作。以下主要对这些联邦政府部门及俄罗斯国家原子能公司的放射性废物具体管理职责展开介绍。

(一)俄罗斯联邦生态、技术和原子能监督局的放射性废物管理职责

根据俄罗斯联邦政府 2012 年 10 月颁布的《关于修订联邦环境、工业和核监督局章程》的规定，俄罗斯联邦生态、技术和原子能监督局从

---

[1] See Nuclear Safety and Security Commission, *Korean Sixth National Report under the Joint Convention on the Safety of Spent Fuel Management and on the Safety of Radioactive Waste Management*, p. 78 – 79, IAEA (Oct., 2017), https://www.iaea.org/sites/default/files/national_report_of_republic_of_korea_for_the_6th_review_meeting_-_english.pdf.

俄罗斯联邦自然资源和生态部独立出来，作为监管原子能利用安全的联邦政府直属机构。[1] 该局直接向俄罗斯联邦政府报告并独立于控制原子能利用的其他国家机构。[2]

联邦生态、技术和原子能监督局下设两个核安全监管机构，分别为核电厂和研究核设施安全监管部和核燃料循环设施、海军核设施等安全监管部。前者下设核电厂执照申请管理处、核电厂监督处、设备设计、建造和制造监督处、控制系统和可靠供电监督处，以及研究设施许可和监督处等机构；后者下设生产堆和乏燃料管理处，核燃料循环设施处，核材料、放射性物质和废物运输管理处，核材料、放射性物质和废物管制及衡算管理处，核设施及核材料实体保卫管理处，辐照装置管理处；核动力舰船管理处等机构。

联邦生态、技术和原子能监督局作为联邦行政执行机构，对安全作业、地下利用、产业安全、原子能利用安全、发电供热设施与供给网、水里构筑物安全、产业用爆炸性材料的生产、保管及利用的安全等进行监管。其在原子能利用领域的主要职责包括七个方面：一是拟定俄罗斯联邦关于原子能利用方面的法律和法规草案；二是制定联邦法律、总统令和联邦政府法规的实施规则；三是负责原子能利用相关活动的许可审批并监督原子能领域的标准、规则和许可条件的遵守状况；四是检查原子能设施、放射源、核原料物质和放射性物质以及放射性废物储藏的防护；五是监督核设施建造时的核安全、辐射安全和消防安全；六是实

---

〔1〕 See Russian Federation State Atomic Energy Corporation Rosatom and the Federal Environmental, Industrial and Nuclear Supervision Service, *The Fifth National Report of the Russian Federation on Compliance with the Obligations of the Joint Convention on the Safety of Spent Fuel Management and the Safety of Radioactive Waste Management*, p. 47, IAEA (2017), https://www.iaea.org/sites/default/files/russian-federation-eng-jc.pdf.

〔2〕 See Russian Federation Federal Environmental, Industrial and Nuclear Supervision Service and the State Atomic Energy Corporation Rosatom, *The Eighth National Report of the Russian Federation on the Fulfillment of Commitments Resulting from the Convention on Nuclear Safety*, p. 12, IAEA, https://www.iaea.org/sites/default/files/21/07/national_report_of_the_russian_federation_for_the_8th_review_meeting.pdf.

施对核原料物质、放射性物质及放射性废物的实物保护与账目管理等；七是监督联邦放射性废物管理相关法律的实施情况。[1]

联邦生态、技术和原子能监督局在履行上述职责时还可行使以下五项权力：一是要求相关被监督方提供相应的法律法规规定的材料；二是监管其管辖范围内的地方行政机构和其他组织；三是开展必要的调查活动；四是在决策时咨询专家学者意见；五是对违反相应法律法规的活动采取减轻后果的措施等。

联邦生态、技术与原子能监督局在核安全监管领域还设有 2 个技术支持单位以及 1 个分析实验室。其中，2 个技术支持单位分别是核与辐射安全科技中心（Scientific and Engineering Centre for Nuclear and Radiation Safety）和对外贸易组织（Foreign Trade Organization），其主要职能是根据联邦生态、技术与原子能监督局下达的任务开展相关安全审评工作并给出审评意见，参与制定及修订原子能利用领域的监管法律文件、技术条例等，必要时履行联邦生态、技术与原子能监督局授权的监督职能，分析评价原子能利用行业的人员的经验反馈，参与证明辐射安全原则和标准的相关科研活动和进行原子能利用领域用于安全分析计算的软件工具的认证等。

（二）俄罗斯联邦其他行政部门的放射性废物管理职责

除俄罗斯联邦生态、技术和原子能监督局外，其他联邦政府部门也在各自领域履行与放射性废物管理相关的职责。这些部门包括俄罗斯联邦自然资源和生态部，联邦水文气象和环境监测局，俄罗斯民防、应急与减灾部，俄罗斯生物医学局，俄罗斯联邦消费者权益保护和公益监督局以及俄罗斯联邦自然资源监督局等。

其中，俄罗斯联邦自然资源和环境部（Ministry of Natural Resources

---

[1] See Russian Federation State Atomic Energy Corporation Rosatom and the Federal Environmental, Industrial and Nuclear Supervision Service, *The Fifth National Report of the Russian Federation on Compliance with the Obligations of the Joint Convention on the Safety of Spent Fuel Management and the Safety of Radioactive Waste Management*, p. 47 – 49, IAEA (2017), https://www.iaea.org/sites/default/files/russian-federation-eng-jc.pdf.

and Environment of the Russian Federation）负责实施自然资源研究、利用、加工与保护领域的联邦政策与法规，包括辐射控制和监测；联邦水文气象和环境监测局（Federal Hydrometeorology and Environmental Monitoring Service）负责监控全俄境内的辐射环境监测（大气和地表水的监测）；俄罗斯民防、应急与减灾部（Ministry of the Russian Federation for Civil Defense, Emergencies and Elimination of Consequences of Natural Disasters）负责预防紧急事故（包括核与辐射紧急情况）并消除紧急事故造成的后果；俄罗斯生物医学局（Federal Medical and Biological Agency）负责核能利用的卫生和流行病学的监管；俄罗斯联邦消费者权益保护和公益监督局（Federal Service for the Supervision in the Sphere of Consumer Rights and Human Welfare Protection）负责协调有关卫生和流行病学政策的实施，测量和控制个人受辐射剂量和调查辐射事故；俄罗斯联邦自然资源监督局（Federal Service for Supervision of Natural Resources）负责环境保护领域的控制和监管，包括乏燃料与放射性废物处理、处置活动的相关许可证明。[1]

（三）俄罗斯国家原子能公司的放射性废物管理职责

俄罗斯国家原子能公司（State Atomic Energy Corporation "Rosatom"）根据俄罗斯《2007 年关于国家原子能公司法》设立，属于俄罗斯国有公司，其前身是俄罗斯原子能部。该公司的设立目的是贯彻落实俄罗斯国家核能利用政策，保障核与辐射安全和促进核研究与国际合作。

根据俄罗斯《2011 年放射性废物管理法》关于建立俄罗斯国家统一的放射性废物管理体系的规定，俄罗斯国家原子能公司下设了国家放射性废物管理运营公司（National Operator for Radioactive Waste

---

〔1〕 See Russian Federation State Atomic Energy Corporation Rosatom and the Federal Environmental, Industrial and Nuclear Supervision Service, *The Fifth National Report of the Russian Federation on Compliance with the Obligations of the Joint Convention on the Safety of Spent Fuel Management and the Safety of Radioactive Waste Management*, p. 52 – 54, IAEA (2017), https://www.iaea.org/sites/default/files/russian-federation-eng-jc.pdf.

Management)。该公司作为俄罗斯全国实施军用和民用方面的放射性废物的处理和处置工作的协调机构,负责设定临时放射性废物储存的时间限制、放射性废物适合处置和转移的条件以及处置费用的支付方式等事项。

九、比较与小结:放射性废物管理立法的组织架构设计

放射性废物管理组织架构的设计属于组织法的范畴,宪法体制、行政体制和历史文化等方面的差异影响各国放射性废物管理组织架构的模式选择。《乏燃料安全管理和放射性废物安全管理联合公约》关于放射性废物管理的组织架构设计的规定旨在从组织地位、权力配置和资源保障等方面确保放射性废物管理监管机关能够有效地履行其监管职能,但没有详细规定实现路径,也不可能规定标准模板。各国需要根据具体国情来展开设计。

通过上述梳理,可以从中央(联邦)和地方(州)两个层面来归纳放射性废物管理的组织架构。其中,各国在中央(联邦)层面的放射性废物管理的组织架构形式可以用图 4 -7 来归纳。

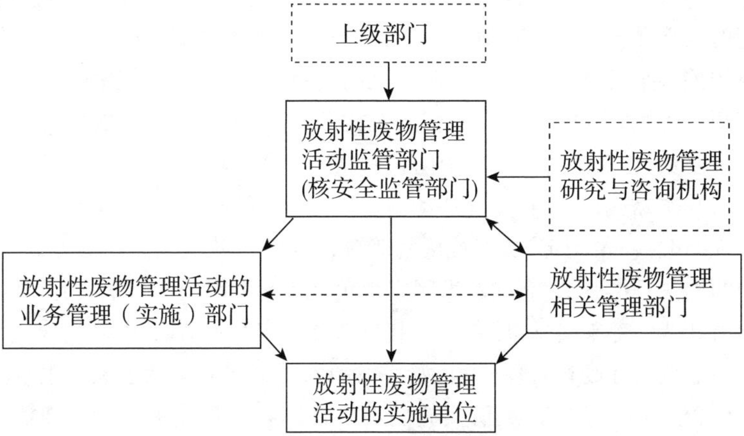

图 4 -7　中央(联邦)层面的放射性废物管理的组织架构

从图 4 -7 中可以看出,各国放射性废物管理主体通常涉及放射性废物管理活动的专门监督管理部门、放射性废物管理活动的业务管理

(实施)部门、放射性废物管理活动的相关管理部门、放射性废物管理的实施单位以及放射性废物管理相关的研究与咨询机构。

首先,放射性废物管理活动的专门监管部门主要是指对放射性废物管理活动实施安全监管的部门,监管职能包括放射性废物处置场址的选址、建造、运行、退役的许可审批和监督等,各国一般都将这一职能纳入该国的核安全监管机关或在其中下设放射性废物管理的监管机构。如美国放射性废物管理的监管机关为其核监管委员会,加拿大放射性废物管理的监管机关为其核安全委员会,英国放射性废物管理的监管机关为其核监管办公室,法国放射性废物管理的监管机关为其核安全局,日本放射性废物管理的监管机关为其原子能规制委员会等。由于各国核安全监管机关的设置模式(独立程度)不一致,放射性废物管理的监管部门(核安全监管部门)可能隶属于某一上级部门也可能没有上级部门。例如,美国核监管委员会的成员由国会批准总统任命,委员会需要向国会汇报但不隶属总统所管辖的行政分支,即属于没有上级行政主管部门的机构类型;而韩国的核安全与核安保委员会隶属于总理府,属于有上级行政主管部门的机构类型。由于放射性废物管理的监管属于高度专业型的监管,放射性废物管理的监管部门通常需要相关科学研究的支撑和专业意见的支持。为此,一些国家设立了专门的放射性废物管理研究或咨询机构。例如,英国建立了放射性废物管理委员会,法国建立了辐射防护和核安全研究所等。

其次,放射性废物管理活动的业务管理(实施)部门是指负责组织实施(包括政策制定)放射性废物管理活动的行政机关。在此方面,各国的做法不尽一致,有的国家规定由负责核能发展的部门来实施,如美国由其能源部来实施,加拿大由其自然资源部实施;有的国家则建立了专门的放射性废物管理机构,如法国和韩国都建立了其国家放射性废物(管理)局。这些机关所实施的放射性废物管理相关活动需要满足放射性废物管理的监管部门的监管要求。例如,美国能源部在评估放射性废物处置场址后需要向美国核监管委员会申请建造许可,接受核监管委员会关于场址安全的审查。

再次,放射性废物管理活动的实施单位是指具体从事放射性废物管理（如处置设施建造、放射性废物贮存、运输和处置等）活动的主体，通常是企业。从各国的实践来看，这些主体以国有企业居多。例如，加拿大原子能有限公司、英国放射性废物管理有限公司、韩国水电与核电公司、德国联邦放射性废物最终处置公司、德国联邦放射性废物临时处置公司、俄罗斯国家原子能公司等。放射性废物管理活动的实施单位需要接受放射性废物管理的监管部门和放射性废物管理活动的业务管理（实施）部门的监督和指导。

最后，放射性废物管理相关管理部门是指对放射性废物管理活动实施其他管理的部门。这些部门一般包括卫生部门、环境保护部门、运输部门等，在各自的职责范围内实施相应的监督和管理活动。例如，在美国，美国环保局制定辐射环境质量标准、交通运输部规范放射性物质的安全运输。这些部门需要协同上述放射性废物管理的监管部门和放射性废物管理活动的业务管理（实施）部门，对放射性废物管理活动实施相应的监督、管理和指导。

除中央（联邦）层面主导外，地方（州）在放射性废物的管理方面也发挥着重要作用。各国法律对地方（州）在放射性废物管理方面的授权不一致。有的国家采用协议的形式，赋予地方（州）部分放射性废物管理的权力，例如，在美国，州可以和美国核监管委员会签订协议进而成为"协议州"，协议州可以对州内的低放废物的管理活动实施监管；有的国家则直接在法律中规定地方（州）在放射性废物管理方面的职责，如德国各州根据应根德国《原子能法》的规定建立州存储设施。

第五章　代表性核能国家放射性废物管理的主要制度措施

放射性废物管理立法的目的需要通过设计合理的制度措施来实现。这里制度设计本质上是将放射性废物管理所涉主体的权利和义务具体化的过程，是放射性废物管理立法最为重要的实体内容部分。《乏燃料管理安全与放射性废物管理安全联合公约》对放射性废物的管理规定包括一般安全要求和一般安全规定，从中可以总结出9项放射性废物管理的主要制度措施，包括许可制度[1]、安全评价制度[2]、环境影响评价制度[3]、公众参与制度[4]、质量保证制度[5]、辐射防护制度[6]、报告制度[7]、应急制度[8]和资金保障制度[9]。本章将对美国、加拿大、英国、法国、德国、韩国、日本和俄罗斯的放射性废物管理法律中所涉的具体制度安排逐一展开介绍，为把握这些制度的核心内容要素和可能的构建方式提供一个多元视角。

一、美国放射性废物管理的主要制度措施

（一）许可制度

美国核监管委员会对美国所有商业产生的放射性废物的储存和处

---

〔1〕 参见《乏燃料管理安全和放射性废物管理安全联合公约》第19条第2款第(iii)项。

〔2〕 参见《乏燃料管理安全和放射性废物管理安全联合公约》第15条。

〔3〕 参见《乏燃料管理安全和放射性废物管理安全联合公约》第6条第1款第(ii)项。

〔4〕 参见《乏燃料管理安全和放射性废物管理安全联合公约》第6条第1款第(iii)项。

〔5〕 参见《乏燃料管理安全和放射性废物管理安全联合公约》第23条。

〔6〕 参见《乏燃料管理安全和放射性废物管理安全联合公约》第24条。

〔7〕 参见《乏燃料管理安全和放射性废物管理安全联合公约》第16条第(vi)项。

〔8〕 参见《乏燃料管理安全和放射性废物管理安全联合公约》第25条。

〔9〕 参见《乏燃料管理安全和放射性废物管理安全联合公约》第22条第(ii)和(iii)项。

置以及美国能源部产生的需要长期储存的高水平的放射性废物实施监管。其实施监管的一个重要手段就是对中、低水平放射性废物和高水平放射性废物相关的管理活动进行许可审批。[1]

美国核监管委员会实施的许可审批主要包括环境影响评价、许可申请审查和听证裁决等程序。首先,在环境影响评价方面,美国核监管委员会需要对美国能源部提交的环境影响评价报告进行技术审查。其次,在许可申请审查方面,美国核监管委员会收到申请之后即会启动审查程序,这一审查由具备多学科专业知识与技术背景(包括地球化学、水文学、气候学、构造地质学、火山学、地震学、健康物理学,以及化学、土木、机械、核能、矿业、材料和地质工程等方面)的核监管委员会技术人员来实施,他们在审查过程中也可能会寻求外部机构(如美国得克萨斯州圣安东尼奥的核废料管理分析中心)提供技术援助。实践中,美国核监管委员会曾于2011年审查过美国能源部提交的亚卡山高放废物处置库场址许可。在许可审查过程中,美国核监管委员会还会根据需要要求许可申请者(如美国能源部)提供更多的信息。最后,在听证裁决方面,如果相关方对许可申请或审批中涉及的法律或技术方面存在争议,美国核监管委员会将会根据相关规定启动行政裁决听证程序。这一行政裁决听证由设置在美国核监管委员会下的、由3名行政法官组成的原子能安全与许可委员会来具体组织实施。原子能安全与许可委员会就争议问题作出裁决决定。当事人如对这一裁决决定不服,可以向美国上诉法院提起诉讼。

(二)环境影响与安全评价制度

在美国,对核设施的环境影响评价和安全评价密切相关。在环境影响评价方面,经修订的《1969年国家环境政策法》是美国保护环境的基本法律依据,规定了环境保护的政策与目标,并提供了实施该政策的方式。该法的核心内容是要求联邦机构在其决策过程中考虑其拟议行动的潜在环境影响和合理的替代方案。美国环境质量委员会、核监管委员会、能源部、环境保护署和其他联邦机构已经颁布了实施《1969年

---

〔1〕 参见阎政:《美国核法律与国家能源政策》,北京大学出版社2006年版,第146页。

国家环境政策法》要求的法规。《1969 年国家环境政策法》还要求联邦机构将他们的环境影响评价告知公众,公众可以参与评议环境影响报告文件。

在安全评价方面,美国核监管委员会要求对设施的整个生命周期中存在的危险进行系统的安全评价。该安全评价程序也属于美国《1969 年国家环境政策法》规定的环境影响评价程序的一部分,但相对独立。美国核监管委员会的安全评价方法经历了一个演变过程:在三里岛核事故前采用基于确定论的评价方式,要求核设施营运人采取纵深防御措施保障核安全,三里岛核事故后提倡基于概率风险论的评价方式,并根据风险的显著程度来配置安全监管和资源管理。[1] 在采用基于概率风险论的评价方式上形成的安全评价制度,有时也被称为风险评价制度。目前,美国核监管委员会在采用概率风险论的安全评价方式基础上,形成了风险知悉和基于绩效的安全评价决策模式。该模式要求对风险以及其他因素进行洞察,如对工程判断、安全限制、冗余和多样性进行考察。其中,风险洞察一般通过三个问题进行收集信息,即"可能出现什么问题"、"有多大可能出现"和"后果是什么"。风险洞察适用于美国核监管委员会的所有安全决策过程。

(三)公众参与制度

美国政府已认识到公众参与其放射性废物管理的监管活动能带来诸多好处,如与公众的定期沟通能使政府从最广泛的公众中收集最多样的意见、观点和价值观,使政府能够作出更好、更知情的决策。为此,美国核监管委员会、能源部等涉核部门(机关)均制订和实施了和公众参与相关的计划。

在美国核监管委员会方面。公众参与在美国核监管委员会的监管过程中是公开和持续的,其方式包括政府官员和利益相关者之间的正式和非正式沟通以及为公众提供参与影响其社区的决策的机会等。为了更好地组织公众参与,核监管委员会坚持以公开的方式履行监管职

---

[1] 参见胡帮达:《美国核安全规制模式的转变及启示》,载《南京工业大学学报(社会科学版)》2017 年第 1 期。

责,向公众通报其许可和监管活动,以及核设施退役、乏燃料和放射性废物管理方面的信息。核监管委员会将参与监管过程的机会扩大到各种利益相关者,包括公众,国会,其他联邦机构,州、地方政府机构,印第安部落,行业,技术协会,国际社会和公民团体。为便于各方参与,核监管委员会开发了网站,并使用其他电子社交媒体工具(如推特、脸书和核监管委员会博客)及时传播公众感兴趣的问题或核设施事件的准确信息。核监管委员会还寻求公众在监管过程的早期参与,以迅速解决任何安全或环境问题。公众中的任何成员都可以根据相关请愿程序请求核监管委员会制定、变更或撤销一项规则,或要求核监管委员会采取如修改、暂停或吊销许可证等行动。[1]

在美国能源部方面。能源部建立了一个利益攸关方论坛,目的是在国家一级与州和部落政府就能源部运输放射性废物和材料事宜进行沟通。通过这个论坛,能源部提供了关于废物管理活动及状态更新信息、应急准备培训的资源以及协调当前和未来运输的机会。能源部还在上述论坛内设立了一个由来自州、部落和联邦政府机构的代表组成的工作组。该工作组旨在合作解决与放射性废物管理有关的问题,包括编制公共信息和宣传材料。能源部通过与区域州组织和其他支持部落代表的组织签订资助合作协议,为自行组织的区域和部落委员会获得相关培训和参加相关会议提供财政支持。能源部内的单个废物管理方案还建立了由州和部落代表组成的较小的规划小组,这些小组每年举行两次或多次会议,听取能源部工作人员的技术介绍和更新方案,或就与各自废物方案相关的问题进行讨论。

此外,美国环保署和自然资源保护委员会也会举行公开听证会和公开会议,接受对拟议行动的书面和电子意见,组织和参加利益相关者会议。一些核电公司和州政府也建立了公民咨询小组或社区参与小

---

〔1〕 See U. S. Department of Energy, *United States of America Sixth National Report for the Joint Convention on the Safety of Spent Fuel Management and on the Safety of Radioactive Waste Management*, p. 103, IAEA (Oct. 20, 2017), https://www.iaea.org/sites/default/files/10-20-176thusnationalreportfinal.pdf.

组,为信息交流和对与单个核电厂退役有关的活动发表意见提供了一个公共渠道。

（四）质量保证制度

在美国,质量保证要求适用于许可证持有人、许可分包商、乏燃料储存桶合格证书的申请人和持有人、能源部承包商和分包商以及供应商。质量保证程序适用于安全重要结构、系统和部件的设计、采购、制造、处理、运输、储存、清洁、组装、检查、测试、操作、维护、维修和修改。以下概述美国核监管委员会和能源部对乏燃料和核废物管理活动规定的质量保证要求。[1] 尽管这两个部门的质量保证要求存在差异,但它们的共同目标都是充分保护工人、公众和环境。

其中,核监管委员会质量保证的相关法规适用于所有商业核设施许可证持有人和一些能源部设施。核监管委员会一般会检查许可证持有人和证书持有人的设施和活动,许可证申请人需要证明其自然处置场特性的开发和应用,以及在设计、施工、运营、关闭土地处置设施和接收、处理和安置废物期间的质量保证安排满足核监管委员会的性能目标并符合低放废物处置作业的适用技术要求。此外,质量保证在核设施退役中发挥着重要作用。核设施的退役计划中包含的质量保证计划涉及文件控制、测量和测试设备的控制、纠正措施、质量保证记录、审计、环境监测、仪器仪表和监督等内容,核监管委员会对这些内容进行审查以确定许可证持有人是否有足够的控制措施来支持退役。

能源部质量保证的法规和要求适用于不受核监管委员会法规约束的能源部活动和设施。根据相关法规（10CFR830. 120 和 DOEO414. 1D）的规定,能源部监管的设施和活动的许可证持有人需要分级适用 10 项质量保证标准。这些标准分为管理标准、绩效标准和评估标准三个领域。其中,管理标准包括质量保证计划、人员培训和资格认证、质量改

---

[1] See U. S. Department of Energy, *United States of America Sixth National Report for the Joint Convention on the Safety of Spent Fuel Management and on the Safety of Radioactive Waste Management*, p. 77, IAEA (Oct. 20, 2017), https://www. iaea. org/sites/default/files/10 - 20 - 176thusnationalreportfinal. pdf.

进、文件和记录;绩效标准包括工作流程、设计、采购和检验以及验收测试;评估标准为管理评估和独立评估。能源部执行内部审计并评估其承包商是否实施了上述质量保证计划。

(五)辐射防护制度

辐射防护制度主要由美国环保署、核监管委员会和能源部实施。美国政府、核设施与活动的许可证持有人以及社会公众还可以通过美国国家科学院、国家研究委员会、核废物技术审查委员会、国家辐射防护和测量委员会等机构获取放射性废物管理领域的辐射防护相关专家咨询或信息。[1]

其中,美国环保署负责为其他联邦机构制定保护公众免受辐射危害的标准和指导方针(指南),向州、地方和部落政府提供应急响应培训和分析支持,并与其他国家和国际辐射保护组织密切合作。目前美国环保署制定的放射性防护法规包括《辐射防护标准》(10 CFR Part 20)、《核电运行的环境辐射防护标准》(40 CFR Part 190)和《乏核燃料、高放和超铀放射性废物管理和处置的环境辐射防护标准》(40 CFR Part 191)。上述标准对从事放射性工作人员和公众的剂量限制、放射性材料的监测、公布辐射区域、报告放射性材料被盗或丢失情况等方面进行了规定。

核监管委员会监管核能发电以及放射性材料的医学、科研和工业用途的辐射防护,对职业剂量限制、公共剂量限制、许可终止的辐射标准(退役)、低级废物处理厂的辐射限制进行了规定。核监管委员会还建立并维持了辐射照射信息和报告系统(Radiation Exposure Information and Reporting System),该系统提供了核监管委员会许可的设施对员工的辐射照射的最新信息,还包含了有关许可证持有人的记录和报告的信息。这些信息和其他关于职业照射的详细情况每年都可以在互

---

〔1〕 See U. S. Department of Energy, *United States of America Sixth National Report for the Joint Convention on the Safety of Spent Fuel Management and on the Safety of Radioactive Waste Management*, p. 78, IAEA (Oct. 20, 2017), https://www.iaea.org/sites/default/files/10-20-176thusnationalreportfinal.pdf.

联网上获得。核监管委员会还要求许可证持有人保持合理可达到的低剂量(As Low as Reasonably Achievable)。这意味着许可证持有人必须考虑到技术和经济状况,尽一切合理努力将剂量降低到规定的实际限度以下。例如,根据相关法规(10 CFR 61.41)的要求,低放废物处置场释放给公众的剂量不得超过 0.25mSv,对甲状腺的剂量不得超过 0.75mSv,对任何其他器官的剂量不得超过 0.25mSv。

美国能源部也制定了保护员工和公众的辐射防护法规和指令。如其第 10CFR 号法规第 835 部分规定了能源部设施和未经核监管委员会许可的活动的辐射防护,该法规与上述美国核监管委员会的第 10CFR 号法规第 20 部分中的规定相似,但适用的放射性活动类型存在一些差异。能源部在制定和适用辐射防护标准方面会酌情考虑和采纳权威组织(如国家辐射防护和测量委员会、国际辐射防护委员会)的建议并符合核监管委员会制定的辐射防护一般标准。与核监管委员会的辐射防护要求不同的是,能源部的职业辐射防护要求强调污染控制和内部剂量监测,因为能源部运营的是与武器生产有关的设施。能源部分别对公众的集体剂量和能源部员工的剂量进行持续测量,确保场外单个剂量远低于能源部和环保署制定的国家有害空气污染物排放标准(National Emission Standards for Hazardous Air Pollutants)。

(六)报告制度

核设施运行安全的数据由美国核监管委员会识别并提供报告。这些报告一般包括事件报告、检查报告、部件故障报告、行业报告、保障和安全事件报告以及外国设施的操作经验报告。美国核监管委员会确定核设施运行安全数据的安全意义、趋势和一般含义以及进一步采取监管行动的必要性。[1]

美国核监管委员会还负责开发、协调和发布通用通信等工作,提醒

---

〔1〕 See U.S. Department of Energy, *United States of America Sixth National Report for the Joint Convention on the Safety of Spent Fuel Management and on the Safety of Radioactive Waste Management*, p. 106 – 107, IAEA (Oct. 20, 2017), https://www.iaea.org/sites/default/files/10 – 20 – 176thusnationalreportfinal.pdf.

行业注意安全问题，并对行业进行特别检查或事件调查提出相关建议。

美国核监管委员会检查商业核电站、研究反应堆、燃料循环设施、放射性材料的活动和操作，包括它们对放射性废物的管理和放射性废水的排放。如果检查发现许可证持有者不符合法规或许可证的要求，核监管委员会会将发现的问题通知许可证持有者，并为许可证持有者提供解决问题的机会。核监管委员会还将进行后续检查，以确保问题得到解决。

根据美国核监管委员会制定的事件报告方面的法规（10 CFR 72.74、72.75 和 72.80）的规定，核设施营运人需要按要求向核监管委员会报告可能需要采取行动来维持或改善安全或回应公众关切的重大事件。所有事件均根据国际核事件分级标准来分类管理。如果事件被定为 2 级或以上，则需要根据国际核事故等级要求生成报告。对于被确定为可能影响运行但低于 2 级的事件，许可证持有者需每季度报告一次。

（七）应急制度

放射性废物管理方面的应急属于美国国家响应框架（National Response Framework）的一部分。该国家响应框架是美国应对所有类型的灾害和紧急情况的指南，建立在可扩展、灵活和适应性强的概念之上，涵盖了从管理纯粹的本地事件到大规模恐怖袭击或灾难性自然灾害的最佳做法。对于乏燃料或放射性废物设施事故，国家响应框架可以实现规模响应、特定资源和能力的调配。国家响应框架提出了应对紧急事件所需 15 项核心能力，即规划、公共信息和警报、行动协调、关键运输、环境响应、健康和安全、死亡管理服务、基础设施系统、大型护理服务、大型搜索和救援行动、现场安全和保护、行动通信、公共和私人服务与资源、公共健康和医疗服务、情况评估以及火灾管理和灭火。[1] 国家响应框架中的《核或辐射事件附件》（Nuclear/Radiological Incident

---

〔1〕 See U. S. Department of Energy, *United States of America Sixth National Report for the Joint Convention on the Safety of Spent Fuel Management and on the Safety of Radioactive Waste Management*, p. 100, IAEA (Oct. 20, 2017), https://www.iaea.org/sites/default/files/10-20-176thusnationalreportfinal.pdf.

Annex)描述了所有联邦机构在核事故协调应急响应中的作用。

根据上述《核或辐射事故附件》的规定,美国联邦国土安全部(Department of Homeland Security)以及州和地方机构可以请求联邦辐射监测和评估中心(Federal Radiological Monitoring and Assessment Center)这一由来自美国环保署、核监管委员会、能源部下属国家核安全局、国防部、卫生和公众服务部、联邦调查局和其他联邦机构选派的代表组成的跨部门组织来提供帮助。联邦辐射监测和评估委员会的任务是协调和管理核或辐射应急响应所有阶段(包括即时阶段、中间阶段和延迟阶段)中的辐射环境监测和评估活动。其中,在联邦辐射监测和评估中心响应的即时阶段和中间阶段由能源部(国家安全局)领导,而在实施清理和恢复工作的延迟阶段则由美国环保署领导。以下分别介绍美国核监管委员会、美国能源部和美国环保署在各自职责范围内的应急准备。

首先,美国核监管委员会和联邦应急管理局(Federal Emergency Management Agency)共同为许可证持有人、州和地方政府制订应急计划并制订了准备和评估放射性应急计划的指南文件。该指南文件给出了满足美国核监管委员会和联邦应急管理局法规中关于应急计划要求的标准,为许可证持有人,州、部落和地方政府制订可接受的应急计划提供了基础。核监管委员会要求许可证持有人制订和实施全面的应急计划并在紧急情况下通知和保护乏燃料储存设施附近的公民。对于核电厂或其他重要核燃料循环设施的乏燃料管理,其应急准备计划可在设施进入退役阶段时通过申请豁免或许可证修订进行修改。尽管与乏燃料储存设施、废弃源储存设施或放射性废物管理设施相关的危害的严重性和程度与核电厂相关的危害有所不同,但应急响应的许多要素仍然普遍适用。2011 年福岛核事故后,美国核监管委员会总结了日本这一事故应急方面的教训,并应用于指导其核监管委员工作人员的核设施应急评估工作。

其次,能源部已经为其所有场所和设施实施了应急管理系统。能源部制定的指令文件——《综合应急管理系统》(Comprehensive Emergency Management System)描述了能源部应急管理系统的内容,包括建立政策、分配角色和责任和为发展、协调、控制和指导提供框架。该指令规定了应急计划、准备,响应以及恢复活动的要求并为满足这一要求提供了一个全方位指引。

最后,美国环保署在辐射紧急情况下负责执行环境监测和清理活动。环保署的具体职责根据事件的性质而有所不同。根据上述《核或辐射事件附件》的规定,在涉及放射性物质不是由联邦机构或核监管委员会协议州许可、拥有或运营的事件中,环保署充当联邦环境响应事故的协调机构。针对这些对外国的、未知或者未获许可的活动导致的对美国具有实际或潜在的放射性后果的事件,美国环保署通过其利用放射性网络监测系统与实验室和成立放射性应急小组等方式与其他联邦机构、州和地方政府、第一响应者和国际组织合作,监测、控制和清除释放到环境中的任何放射性物质。此外,美国环保署环保局还负责支持州和地方当局规划放射性紧急情况准备与响应工作,如通过制定《保护措施指南》(Protective Action Guides)来帮助支持州和地方当局作出疏散或其他保护公众行动的决定。

(八)资金保障制度

美国放射性废物管理的资金保障主要有两种措施:一个是联邦政府建立的国家预算内基金,用以解决高放废物管理的资金保障问题;另一个是运营商和核废物产生单位在市场中建立商业付费模式,用以处理低放废物。

其中,国家预算内基金是指根据美国《1982 年核废物政策法》而设立的用于高放废物管理的基金。该基金经费的来源因高放废物的来源不同而不同,对于民用核设施和活动产生的高放废物,由联邦政府按每 1 度核能发电量摊付 0.1 美分的乏燃料处置费向电力公司筹集;而对于国防高放废物处置费用由国会拨款。该基金纳入美国国家财政预算管理,经国会批准后交由美国能源部使用,保值方式为投资国债。

对于低放废物的管理,其资金使用时间与废物产生时间间隔较短,美国采用的是商业付费模式,处置设施运营商根据各自定价标准向废物生产者收费。[1] 低放废物由于处理技术相对成熟、处理周期短，一般由处置场运营商与废物产生单位签订商业付费合同。为保证交易的公平公正，一般需要处置场运营商与废物产生单位协商制定收费标准并通过政府审批。

二、加拿大放射性废物管理的主要制度措施

（一）许可制度

加拿大放射性废物管理许可制度包括许可审批和许可监督执法两方面的内容。在许可审批方面，加拿大核安全委员会是所有许可事项的决策机关，但根据《核安全与控制法》第 37 条的规定，可以将某些类型的许可证的审核权赋予法律允许的相关官员。加拿大核安全委员会还需要与加拿大影响评价局合作，依照加拿大《影响评价法》进行环境评价。

加拿大核安全委员会坚持的理念是，许可证持有人对其自身核设施的安全运行负责。其理由是，许可证持有人经常作出与安全有关的决定，因此他们必须有一套强有力的方案和程序，以确保充分保护环境以及工人、公众的健康和安全。

许可制度集中规定在加拿大《核安全与控制法》第 5 章第 13 节中，涵盖了选址准备、建造、运行、退役和废弃五大阶段，包括了许可证的颁发条件、续期、吊销、转让等规则，同时规定了在授予许可证的时候可以要求申请人提供相应的财政担保。具体许可阶段如图 5 – 1 所示。一旦颁发许可证，加拿大核安全委员会工作人员负责执行委员会的决定，其中包括制订和实施合规核查计划，以确保许可证持有人继续履行其法律规定的以及许可证载明的义务。

图 5 – 1　加拿大放射性废物管理许可制度涵盖的不同阶段

---

〔1〕 参见吴宜灿、赵永康、马成辉等：《国际放射性废物处置政策及经验启示》，载《中国科学院院刊》2020 年第 1 期。

加拿大的许可制度注重听取相关利益方的意见，其方式包括与原住民的磋商、举行听证以及实施参与者资助计划等。作为牵头机构，加拿大核安全委员会邀请其他可能受拟议核设施影响的联邦和省级监管机构参与许可程序，在健康、环境、运输和劳工等领域与其他联邦、省或地区部门进行协作。

加拿大放射性废物管理设施的典型许可证期限是 5 年至 10 年。但从 2002 年开始，加拿大核安全委员会引入了灵活的许可证期限，以便加强对乏燃料和放射性废物管理设施的风险知情监管。影响许可证期限的因素是许可证持有人的表现、设施风险以及合规和核查结果。在分配较长许可期限的情况下，加拿大核安全委员会工作人员在公开会议上以预先确定的频率（如每年或每半年一次）向委员会报告监管报告中的设施运营和表现情况。[1]

加拿大放射性废物管理设施的许可遵循一套特定的程序（见图 5-2）。核安全委员会一旦收到申请人的申请就会启动许可程序。许可证申请包含申请人的身份、项目描述和完成许可证程序的计划表等。申请必须涵盖管理结构、辐射保护、安全和废物管理四项内容。加拿大核安全委员会工作人员对申请人提交的资料进行技术评估，以确定其是否符合《核安全与控制法》及其相关法规的监管要求。一旦评估审核完成，并且申请人的资料完备，加拿大核安全委员会工作人员就会提供一份许可证建议，提交给委员会进行审查，委员会一般会在举行公开听证后作出是否颁发许可证的决定。这一过程还有伴随持续的公众参与和环境监测活动。[2]

---

〔1〕 See Canadian Nuclear Safety Commission, *Seventh Canadian National Report for the Joint Convention on the Safety of Spent Fuel Management and on the Safety of Radioactive Waste Management*, CNSC (Apr., 2021), http://www.nuclearsafety.gc.ca/eng/resources/publications/reports/jointconvention/index.cfm.

〔2〕 See Canadian Nuclear Safety Commission, *Seventh Canadian National Report for the Joint Convention on the Safety of Spent Fuel Management and on the Safety of Radioactive Waste Management*, CNSC (Apr., 2021), http://www.nuclearsafety.gc.ca/eng/resources/publications/reports/jointconvention/index.cfm.

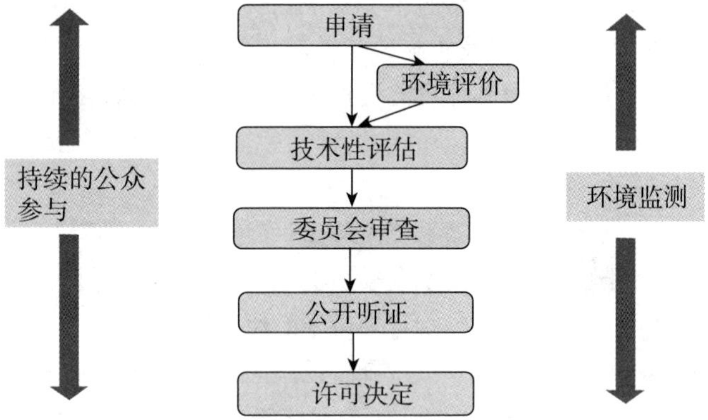

图 5－2 加拿大一级核设施或铀矿厂许可程序

资料来源：Canadian Nuclear Safety Commission, *Canadian National Report for the Convention on Nuclear Safety – Eighth Report*, p. 44, IAEA (Aug., 2019), https://www. iaea. org/topics/nuclear – safety – conventions/convention – nuclear – safety/documents.

在颁发许可证后，加拿大核安全委员会便开始许可的监督执法程序。《核安全与控制法》第30条授权加拿大核安全委员会进行检查，以验证许可证持有人对监管要求的遵守情况。根据该法第24条的规定，这些检查旨在确认许可证持有人切实履行了许可证书上的要求，能充分保护环境和人员的健康和安全，维护国家安全，并执行加拿大的国际义务。为此，加拿大核安全委员会以风险（对健康、安全、环境和国家安全的风险）为依据设计并实施了一个合规计划，以保证许可证持有人的持续合规和安全表现。[1]

加拿大核安全委员会在监督许可活动和核查遵守监管要求的情况时，采用了一种分级监管的方法（见图5－3）。在分级监管方法下，分析水平、文件深度和验证合规性所需的行动范围等要素都与之相称。

[1] See Canadian Nuclear Safety Commission, *Canadian National Report for the Convention on Nuclear Safety – Eighth Report*, p. 57, IAEA (Aug., 2019), https://www. iaea. org/topics/nuclear – safety – conventions/convention – nuclear – safety/documents.

许可证持有人在任何时候都承担着维护安全的主要责任,包括遵守监管法规所列的要求。加拿大核安全委员会定期举行信息发布会并与许可证持有人进行沟通,使许可证持有人更好地了解其责任并促进其遵守。加拿大核安全委员会的分级监管方法提供了一个动态的连续的监管应对体系,让许可证持有人意识到不遵守规定的情况,并给予他们纠正的机会。[1] 根据违规行为的严重性等因素,加拿大核安全委员会采取的执行措施从建议、调查到警告再到命令、取消许可证、起诉等逐步加重。

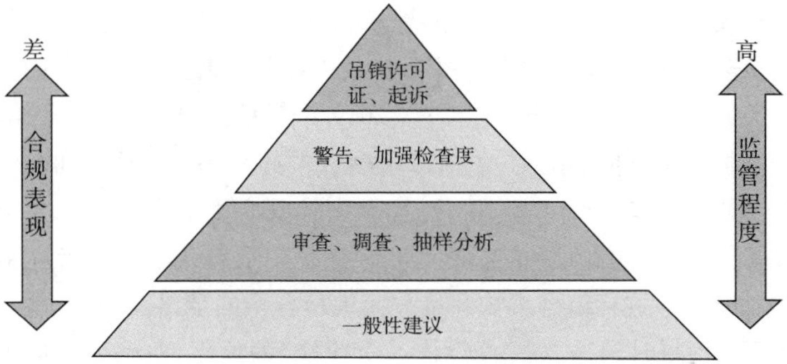

图 5-3　加拿大核安全委员会的分级许可监督体系

资料来源:Canadian Nuclear Safety Commission, *Seventh Canadian National Report for the Joint Convention on the Safety of Spent Fuel Management and on the Safety of Radioactive Waste Management*, CNSC (Apr., 2021), http://www.nuclearsafety.gc.ca/eng/resources/publications/reports/jointconvention/index.cfm.

核查合规性是加拿大核安全委员会的核心监管活动领域之一。它包括为确认所有受《核安全与控制法》规制的许可证持有人和其他个人或公司具有可接受的安全和安保性能并持续遵守监管要求而制定的流程和程序。加拿大核安全委员会核查合规性的方法有四个主要部

[1] See Canadian Nuclear Safety Commission, *Seventh Canadian National Report for the Joint Convention on the Safety of Spent Fuel Management and on the Safety of Radioactive Waste Management*, E.2.6, CNSC (Apr., 2021), http://www.nuclearsafety.gc.ca/eng/resources/publications/reports/jointconvention/index.cfm.

分:规划合规性核查活动、影响合规意识并核实合规程度、应对不合规行为和报告合规情况。这些检查和审查的频率、范围、类型和深度都是根据风险情况而定的。在与其他监管机构的监督重叠的情况下,加拿大核安全委员会会协调其核查活动,以优化效率并减少许可证持有人的行政负担。[1]

(二)环境影响评价制度

环境影响评价制度就是加拿大核安全委员会对所有核设施或活动在其生命周期的每个阶段的环境影响进行评估。环境审查的依据是与核设施或活动相关的环境风险的规模和复杂性。在审查的早期,加拿大核安全委员会工作人员通过审查申请人在其申请文件中提供的信息来确定适用哪种类型的环境审查。2019 年 8 月,加拿大通过《影响评价法》,扩大了评估的范围,包括拟议项目对环境、健康、社会和经济的积极与消极影响。2019 年 10 月,加拿大核安全委员会与加拿大影响评价局签署了一份谅解备忘录。该谅解备忘录确认了参与者在根据《影响评价法》进行综合影响评价方面进行合作的承诺,参与者希望确保在审查项目时遵循"一个项目,一个评价"的原则,并确保任何审查都以高效和有效的方式进行。[2]

根据加拿大《核安全与控制法》的规定,加拿大核安全委员会对所有可能产生环境影响的许可证申请进行环境保护审查,以确保对环境和人员健康的保护。环境保护审查是加拿大核安全委员会工作人员按照《核安全与控制法》的规定进行的基于科学的环境技术评估,其主要基于许可申请人通过既定许可程序向加拿大核安全委员会提交的信息(如许可申请及其证明文件,以及环境保护措施等),并综合考虑加拿

[1] See Canadian Nuclear Safety Commission, *Seventh Canadian National Report for the Joint Convention on the Safety of Spent Fuel Management and on the Safety of Radio-active Waste Management*, CNSC (Apr., 2021), http://www.nuclearsafety.gc.ca/eng/resources/publications/reports/jointconvention/index.cfm.

[2] 关于加拿大核安全委员会与加拿大影响评价局签署的谅解备忘录的介绍详见加拿大核安全委员会网,http://www.cnsc - ccsn.gc.ca/eng/resources/environmental - assessments/index.cfm。

大核安全委员会工作人员完成的合规和技术评估活动(如审查年度环境监测报告和环境风险评价等)。《核安全与控制法》下的环境保护审查也可以得到独立核查活动的支持,如加拿大核安全委员会的独立环境监测计划[包括从设施周围的公共区域采集样本,并测量和分析这些样本中的放射性(核)物质和有害物质的含量等],以及相关的区域健康研究、监测计划和本土知识研究。它既独立于加拿大核安全委员会进行的合规性核查计划,也是对其的补充。[1]

在某些情况下,拟议的核项目可能受到加拿大省级环境影响评价立法的约束,而不适用加拿大议会制定的《影响评价法》。此外,在加拿大北部的许多地区适用根据土地所有权协议制定的环境评估程序,也不适用该《影响评价法》。在这两种情况下,加拿大核安全委员会在整个环境评价过程中充当技术顾问,没有决策权。然而,加拿大核安全委员会保留了对核实施许可事项的决策权,并使用在环境评价过程中收集的信息来告知其依据《核安全与控制法》作出许可决定。当涉及多个司法管辖区时,这些程序会尽可能地协调,以减少重复和提高效率。

此外,根据《加拿大放射性废物管理和退役框架》相关文件的规定,许可证持有人必须主动实施环境风险评估,对核物质和有害物质的释放以及物理干扰对环境中的人类和非人类生物群造成的风险进行识别、量化和定性。环境风险评估是一种实践或方法,旨在为支持决策和优先实施缓解措施提供基于科学的信息。环境风险评估还可以通过确定特定的放射性和非放射性污染物、物理压力源以及核设施或许可活动的来源或释放点并确定其优先次序,为污水监测计划提供信息。[2]

---

〔1〕 关于"独立环境监测计划(Independent Environmental Monitoring Program)"的介绍详见加拿大核安全委员会网,http://www. nuclearsafety. gc. ca/eng/resources/maps - of - nuclear - facilities/iemp/index. cfm#intro。

〔2〕 See Canadian Nuclear Safety Commission, *Seventh Canadian National Report for the Joint Convention on the Safety of Spent Fuel Management and on the Safety of Radioactive Waste Management*, F. 4. 6. 2, CNSC (Apr. ,2021), http://www. nuclearsafety. gc. ca/eng/resources/publications/reports/jointconvention/index. cfm.

环境风险评估每5年更新一次，如果有重大的设施变化或新的科学发现，则会提前更新，如果环境风险评估的预测没有得到满足，必要时可以采取适应性管理措施来进行缓解。[1]

（三）安全评价制度

加拿大是《核安全公约》的缔约方，该条约规定各缔约方应采取适当措施，确保在核设施建造和试运行之前以及在其整个寿命期间进行全面和系统的安全评估，并通过分析、监督、测试和检查进行核查，以确保核设施的物理状态和运行符合其设计、适用的国家安全要求以及运行限制和条件。[2]

加拿大核安全委员会对核电站许可证持有人进行或安排各种全面的安全评价，包括对许可证申请的安全评价、定期安全审查、确定性安全分析（Deterministic Safety Analysis）、概率性安全评价（Probabilistic Safety Assessments）、第三方评估以及对坎度反应堆安全问题的评价。[3] 不同的安全评价类型对应于核设施运营的不同阶段并有其特定的目的。以下对加拿大核安全委员会实施的对许可证申请的安全评价、定期安全审查、确定性安全分析和概率性安全评价展开介绍。

第一，许可证申请的安全评价。该评价是加拿大核安全委员会根据核设施安全相关法规规定的申请要求实施的针对首次许可申请的安全评价程序。加拿大核安全委员会工作人员将利用评价计划以及工作

---

[1] See Canadian Nuclear Safety Commission, *Canadian National Report for the Convention on Nuclear Safety – Eighth Report*, p. 139, IAEA (Aug., 2019), https://www.iaea.org/topics/nuclear-safety-conventions/convention-nuclear-safety/documents.

[2] See Canadian Nuclear Safety Commission, *Canadian National Report for the Convention on Nuclear Safety – Eighth Report*, p. 117, IAEA (Aug., 2019), https://www.iaea.org/topics/nuclear-safety-conventions/convention-nuclear-safety/documents.

[3] See Canadian Nuclear Safety Commission, *Canadian National Report for the Convention on Nuclear Safety – Eighth Report*, p. 117, IAEA (Aug., 2019), https://www.iaea.org/topics/nuclear-safety-conventions/convention-nuclear-safety/documents.

人员的工作指南来开展评价工作。

第二,定期安全评价。该评价是在核电厂运营许可证更新时由加拿大核安全委员会实施的对已有安全评价的补充性评价。其过程相对简单,因为它只是在以往“一次性”延长项目中进行的监管活动。[1] 加拿大核安全委员会在实施定期安全审查时主要考虑的因素有:许可证持有人以及相关核电站在上一个许可期内的表现,许可证持有人在下一个许可期内的运行和安全改进计划,以及许可证持有人在下一个许可期之后设想的远期重大活动。

第三,确定性安全分析。该项评价是由加拿大核安全委员会根据其核设施安全相关法规对新建核设施开展的安全评价程序。新建核设施项目许可的申请人需要在建造核设施前提交一份初步安全分析报告与辅助设计资料以证明其设计要求是否得到满足;在核设施建成后运行前提交一份最终的安全分析报告,以证明核设施符合运行安全条件。

第四,概率性安全评价。该项评价是对核电站安全的全面和综合评价,包括考虑设备故障的概率、进展、条件和后果,旨在得出概率估计以提供一致的安全衡量标准。加拿大核安全委员会制定的监管性文件《核电站的概率安全评价》(REGDOC－2.4.2)规定了运行中的核电站的概率性安全评价的具体要求,包括三个级别:第一级,确定并量化可能导致堆芯结构完整性丧失和燃料大规模失效的事件序列;第二级,从第一级的结果出发,分析安全壳的行为,评价从失效燃料中释放的放射性核素,并对释放到环境中的放射性核素进行量化;第三级,从第二级的结果开始,分析放射性核素在环境中的分布,并评价由此对公众健康

---

〔1〕 See Canadian Nuclear Safety Commission, *Canadian National Report for the Convention on Nuclear Safety – Eighth Report*, p. 54, IAEA (Aug., 2019), https://www.iaea.org/topics/nuclear-safety-conventions/convention-nuclear-safety/documents.

的影响。[1] 概率性安全评价的结果被用来支持识别对安全有重要意义的系统以保证其可靠性。基于此,加拿大核安全委员会致力于推广概率性安全评价的适用领域,为加拿大核电站等核设施的设计变更和翻新以及安全改进决策提供参考。

(四)信息公开和公众参与制度

1. 放射性废物管理方面的信息公开

加拿大放射性废物管理领域的信息公开包括政府部门的信息公开和许可证持有人的信息公开。

在政府的信息公开方面,加拿大有一个关于《乏燃料管理安全和放射性废物管理安全联合公约》的专门网站,让公众可以查阅加拿大所有的国家报告、针对提出质疑的官方回应。为了提高公开性和透明度,加拿大的《乏燃料管理安全和放射性废物管理安全联合公约》网站的更新信息会主动与公众分享。当有新的国家报告时,加拿大会发布新闻稿并向大约4000 名媒体成员和公众的分发名单发送出版通知。加拿大通过媒体向公众传播信息,定期在社交媒体上与公众沟通,提供关于《乏燃料管理安全和放射性废物管理安全联合公约》的审查会议的最新情况和与公约有关的活动信息。此外,加拿大自然资源部负责每 3 年收集、汇编和分析加拿大的放射性废物库存数据。更新的数据公布在 3 年一次的总结报告中,该报告提供了加拿大不同类型放射性废物的生产、积累和未来预测的概况。加拿大自然资源部还将这些数据提供给国际原子能机构的放射性废物管理数据库,该数据库追踪全世界的中低放废物。[2]

---

[1] See Canadian Nuclear Safety Commission, *Canadian National Report for the Convention on Nuclear Safety – Eighth Report*, p. 121 – 122, IAEA (Aug., 2019), https://www.iaea.org/topics/nuclear – safety – conventions/convention – nuclear – safety/documents.

[2] See Canadian Nuclear Safety Commission, *Seventh Canadian National Report for the Joint Convention on the Safety of Spent Fuel Management and on the Safety of Radioactive Waste Management*, K. 6, CNSC (Apr., 2021), http://www.nuclearsafety.gc.ca/eng/resources/publications/reports/jointconvention/index.cfm.

在许可证持有人的信息公开方面，加拿大核安全委员会制定了相关的监管文件——《公共信息及其公开》（REGDOC－3.2.1）。该文件规定了加拿大核安全委员会对许可证持有人和申请人的公共信息披露的监管要求，建立了许可证持有人的公众信息计划（Public Information Plan）。具体而言，公众信息计划应提供公开和透明的手段和途径，以便公众能够获得所需的关于被许可设施或活动的操作、环境和安全信息。作为该计划的一部分，如果许可证持有人需要进行环境风险评价或概率性安全评价，环境风险评价和概率性安全评价的摘要必须张贴在网站上以供他人查阅。[1] 公共信息计划还包括涉及设施和活动的事件及发展方面的公共披露协议。公共信息计划的主要目标是确保与公众和环境的健康、安全和保障有关的信息，以及与核设施的生命周期有关的其他问题能够有效地传达给公众。作为一个组成部分，在公众表示有兴趣了解的情况下，该计划必须包括承诺和协议，以便在许可期间持续、及时地沟通有关许可设施的信息。加拿大核安全委员会希望许可证持有人的公共信息计划和披露协议与公众对风险的认知和公众对许可活动的兴趣程度相称。

《公共信息及其公开》还就许可证持有人和许可申请人如何满足监管要求提供了解释性信息、流程和程序指导，以及目前在核部门使用的良好实践范例。加拿大核安全委员会工作人员负责评估公共信息计划及相关披露协议。

2. 放射性废物管理方面的公众参与

在《乏燃料管理安全和放射性废物管理安全联合公约》第六次审查会议期间，加拿大因其致力于公开和透明，为公众提供参与年度监管报告的机会获得了“良好做法”奖。加拿大核安全委员会注重在明确的议事规则下，综合考虑加拿大核安全委员会工作人员、相关方和参与者的意见和建议，然后透明地作出决定。公众参与放射性废物监管的

---

〔1〕 参见加拿大《公共信息及其公开》（REGDOC－3.2.1：Public Information and Disclosure）第4条，英文文本载加拿大核安全委员会网，https://www.cnsc－ccsn.gc.ca/eng/acts－and－regulations/consultation/comment/regdoc3－2－1.cfm。

主要方式包括召开公开听证会、公开会议和实施参与人资助计划（Participant Funding Program）。

其中，公开听证会是公众参与许可过程的主要机会。加拿大核安全委员会工作人员参加所有的公开听证会，为核安全委员会提供咨询和建议。公开听证会为有关各方和公众成员提供了在委员会面前发言的机会。在公开听证会后，核安全委员会对该事项进行审议并作出决定。根据《核安全与控制法》的规定，加拿大核安全委员会的公开听证会遵循其议事规则。公开听证会通常包括一次听证或两次听证程序，两次公开听证会通常相隔 60 天进行。大多数涉及主要核设施许可的决定都是通过两次公开听证程序作出。

除公开听证会外，加拿大核安全委员会还举行公开会议，审议与核监管程序有关的广泛议题，并在某些情况下就特定或普遍适用的事项作出立法、政策或行政决定。通常情况下，该公开会议一般先由加拿大核安全委员会工作人员进行介绍，然后由委员会成员讨论重大发展报告、设施或行业部门发展或状况报告，以及许可证持有人中期业绩报告。加拿大核安全委员会工作人员还可以就与核工业监管相关的广泛主题进行技术介绍，并在每次会议前都会发布通知，邀请公众参加。

此外，加拿大核安全委员会于 2011 年设立了参与人资助计划，目的在于激励个人、非营利组织和原住民团体参与加拿大核安全委员会对主要核设施（如铀矿、核电站、核物质处理或核废料设施）的环境评价和许可程序，通过个人、非营利组织和原住民团体对与环境评价和许可相关的知情和对特定主题的干预，为委员会带来有助于更好地理解项目预期影响的新的、独特的和相关的信息。[1]

（五）质量保证制度

质量保证制度是加拿大《核安全与控制法》规定的放射性废物管理主要制度措施之一。其主要内容包括放射性废物管理体系要求和放

〔1〕 关于“参与人资助计划”（Participant Funding Program）的介绍详见加拿大核安全委员会网，http://www.nuclearsafety.gc.ca/eng/the-commission/participant-funding-program/index.cfm。

射性废物管理体系评价两个方面。

其中,放射性废物管理体系要求是指许可证持有人准备和实施的管理体系应当包括支持和促进核设施安全文化计划的措施。乏燃料和放射性废物管理设施的许可证申请人需在开展活动之前向加拿大核安全委员会提交其管理体系手册和方案。设施的负责组织必须为该设施提供的物品和服务建立和实施一个管理系统。许可证发放后,许可证持有人要实施、评价并不断改进管理系统,并证明该管理系统的有效性。这里的有效性的判断标准是符合加拿大标准协会制定的《核设施的管理系统要求》(CSA N286－12)。该标准文件整合了质量、健康与安全、经济与安全、环境等其他管理系统标准的要求,适用于对核设施全面负责的最高管理层和所有核设施,包括加拿大国家核电站和铀矿及铀厂的乏燃料和放射性废物管理设施。许可证申请需描述申请人管理系统的主要特征如何符合该标准中的相关要求,以及将如何实施该管理系统。加拿大核安全委员会的工作人员将对这些问题进行具体审查。

放射性废物管理体系评价是对许可证持有人提交的管理体系的灵活性、及时性和透明性进行评价。加拿大核安全委员会工作人员根据许可证涉及的要求文件和标准中确定的标准审查许可证持有人的计划文件以及许可证持有人的内部审查和评价结果来评价许可证持有人管理体系的有效性。在管理体系文件被接受后,加拿大核安全委员会将进行合规性核查,以确保许可证持有人遵守其规定。当发现有缺陷时,加拿大核安全委员会会编写详细的调查结果报告并将其转发给许可证持有人,以便其采取应对和纠正措施。为核实并确保被监管人行为合规,加拿大核安全委员会采用渐进式执法策略,坚持灵活、及时和透明原则,督促未合规的许可证持有人恢复合规,并阻止进一步违反《核安全与控制法》及其法规、加拿大核安全委员会颁发的任何许可、决定、证书和命令的情形的发生。

(六)辐射防护制度

放射性废物管理的辐射防护制度主要由加拿大《核安全与控制法》及其辐射防护相关法规规定,主要内容包括辐射照射剂量的规定、辐射照射标准(行动水平)的规定和辐射照射监测的规定。

关于辐射照射剂量,根据加拿大核安全委员会发布的《辐射防护规定》(REGDOC-2.7.1),乏燃料和放射性废物管理设施的操作必须确保工人、公众和环境受到的辐射照射和剂量低于加拿大核安全委员会的监管剂量限值,并在考虑社会和经济因素的情况下保持在合理可实现的低水平(As Low as Reasonably Achievable,ALARA)。为确保许可证持有人能保持辐射暴露和剂量满足ALARA原则的要求,加拿大核安全委员会发布了相关监管指南,要求许可证持有人实施一项辐射防护计划。该计划包含对工作进行管理控制、对工作人员进行资格培训、控制工作人员和公众的辐射暴露量、异常情况下的计划以及确定因许可活动而释放的任何核物质的数量和浓度五项基本内容。[1] 在针对职业工作人员的辐射防护方面,加拿大核安全委员会要求每个许可证持有人通过直接监测来确定和记录工人受到的辐射量,如果出现无法确定的情况,可以通过估算来确定。许可证持有人需要使用加拿大核安全委员会许可的剂量测定服务,在加拿大卫生部的国家剂量登记处报告每个核能工作者的剂量结果,该结果将作为对工作人员的辐射剂量进行监管的凭证。

关于辐射照射标准(行动水平),上述《辐射防护规定》将其定义为"一个具体的辐射剂量或其他参数,如果达到该水平,则表明许可证持有人的部分辐射防护计划可能失去控制,并触发采取具体行动的要求。"当辐射剂量达到行动水平时,许可证持有人必须采取以下行动:通知加拿大核安全委员会、进行调查确定事件级别与原因、采取行动以及恢复辐射防护计划的有效性。辐射照射标准(行动水平)是为了在达到监管剂量限制之前提醒许可证持有人,是作为许可证持有人的辐射防护计划的一部分而设立的。许可证持有人负责确定其辐射防护计划

---

[1] See Canadian Nuclear Safety Commission, *Seventh Canadian National Report for the Joint Convention on the Safety of Spent Fuel Management and on the Safety of Radioactive Waste Management*, F.4.1, CNSC (Apr., 2021), http://www.nuclearsafety.gc.ca/eng/resources/publications/reports/jointconvention/index.cfm.

的各种参数，这些参数作为判断辐射防护计划失控的及时指标。[1]

关于辐射照射监测，加拿大建立了一个全国性的网络——加拿大辐射监测网络，以定期收集空气微粒、降水、外部伽马剂量、饮用水、大气水蒸气和牛奶的样本进行放射性分析。该网络监测活动有助于确定加拿大的背景辐射水平。加拿大卫生部还建立了一个固定点监测网络来作为加拿大辐射监测网络的补充。该固定点监测是一个实时的辐射检测系统，旨在监测空气中的放射性物质的公众剂量，包括与核设施和活动有关的大气排放。此外，核物质和有害物质的释放由污水排放控制和监测计划以及环境监测计划进行控制和监测。许可证持有人必须向包括加拿大核安全委员会在内的有关部门报告任何超过监管限度的有害物质释放以及任何未经授权的核物质或有害物质向环境的释放（如泄漏）。许可证持有人还必须提交一份后续报告，详细说明调查结果和为防止再次发生而采取的所有纠正措施。[2]

（七）报告制度

许可证持有人、核废物管理组织和加拿大核安全委员会是报告制度中的报告义务主体。其中，许可证持有人需要向加拿大核安全委员会报告；加拿大核废物管理组织需要向加拿大自然资源部部长和内阁部长报告；加拿大核安全委员会需要向议会报告。各主体的报告要求如下：

首先，关于许可证持有人的报告要求。《核安全与控制法》概括规定了许可证持有人向加拿大核安全委员会报告的义务。为进一步明确报告义务，加拿大核安全委员会制定了包括《核电厂报告要求》（REG-

---

〔1〕 See Canadian Nuclear Safety Commission, *Seventh Canadian National Report for the Joint Convention on the Safety of Spent Fuel Management and on the Safety of Radioactive Waste Management*, F. 4. 3, CNSC (Apr. , 2021), http://www. nuclearsafety. gc. ca/eng/resources/publications/reports/jointconvention/index. cfm.

〔2〕 See Canadian Nuclear Safety Commission, *Seventh Canadian National Report for the Joint Convention on the Safety of Spent Fuel Management and on the Safety of Radioactive Waste Management*, F. 4. 6. 3, CNSC (Apr. , 2021), http://www. nuclearsafety. gc. ca/eng/resources/publications/reports/jointconvention/index. cfm.

DOC－3.1.1)，《非动力反应堆一类设施和铀矿和铀厂报告要求》(REGDOC－3.1.2)和《核废物许可证持有人和二类核设施以及规定设备、核物质、辐射装置用户的报告要求》(REGDOC－3.1.3)三个监管文件。加拿大核安全委员会将对这些报告进行审查以确保许可证持有人的涉核活动符合许可要求。

具体而言，根据《核电厂报告要求》的规定，核电站需要向加拿大核安全委员会定期提交季度报告与年度报告。季度报告的内容主要针对核电厂安全性能指标、运行安全，以及人事方面，年度报告的内容注重核电厂运行中的环境保护、风险与可靠性、研究与发展问题以及核燃料的检测与检查。此外，核电厂针对拟议的退役计划等具体事项也负有定期报告的义务。在发生与核安全相关的事件时，核电厂还负有通知、作出初步事件报告和全面报告的义务。

根据《非动力反应堆一类设施和铀矿和铀厂报告要求》的规定，非动力反应堆一类设施和铀矿和铀厂许可证持有人需要向加拿大核安全委员会提交年度合规性监测报告，报告的内容包含向公众提供的信息、供加拿大核安全委员会工作人员核实其是否符合其监管要求的细节信息以及加拿大核安全委员会要求的其他信息。非动力反应堆一类设施和铀矿和铀厂许可证持有人还需要向加拿大核安全委员会提交关于核安全事件的初步报告与通知、全面报告和行动级别报告等相关报告。

根据《核废物许可证持有人和二类核设施以及规定设备、核物质、辐射装置用户的报告要求》的规定，许可证持有人应当向加拿大核安全委员会提交的报告包括初步报告和即时通知、全面报告、行动级别报告、年度合规报告以及核物质包装与运输方面的报告五大类型。《核废物许可证持有人和二类核设施以及规定设备、核物质、辐射装置用户的报告要求》还给出了许可证持有人如何提交报告以满足监管要求的指导意见，并提供了更多关于加拿大核安全委员会工作人员在审查许可证申请时如何评估具体问题或数据的信息。许可证持有人应审查和考虑上述指导意见，如果他们选择不遵循指导意见，则应解释他们选择的替代方法也能够满足监管要求。

其次，关于加拿大核废物管理组织的报告要求。加拿大《核燃料废物法》第8章规定了放射性废物长期管理组织（加拿大核废物管理组织）的报告义务。根据该法的规定，加拿大核废物管理组织的报告主要分为两类，分别是年度报告与三年期报告。前者要求加拿大核废物管理组织在每个财政年度结束后的3个月内向自然资源部部长和内阁部长提交年度报告，后者要求加拿大核废物管理组织在总督根据部长的建议选择放射性废物的长期管理方案之后的每3个财政年度提交一份三年期报告。其中，年度报告中的预算、资金担保等内容均需要经过部长批准之后方可实行。该报告在内容上应当包括：每个核能公司和加拿大原子能有限公司在该财政年度内根据《核安全与控制法》提供的、与实施总督批准的核废物管理方案有关的财务担保的形式和金额、核燃料废物管理的最新预计总成本、下一财政年度的预算、下一财政年度计算核燃料废物管理所需资金数额的公式、对公式每一条款背后假设的解释，以及每个核能公司和加拿大原子能有限公司在下一个财政年度需要支付的保证金数额以及理由。三年期报告与年度报告在内容上有所差异，主要包括最近3个财政年度内有关核燃料废物管理的活动摘要、未来5个财政年度的策略计划和未来5个财政年度执行战略计划的预算。

最后，关于核安全委员会的报告要求。根据加拿大《核安全与控制法》的规定，加拿大核安全委员会作为加拿大放射性废物管理的监管机构，应当通过加拿大女王枢密院的一名成员向议会报告，该成员由总督府指定，目前被指定的部长是自然资源部部长。[1] 加拿大核安全委员会报告的内容包括核安全监管情况、放射性废物管理安全及其监管情况等。

（八）应急制度

在加拿大的宪法框架内，三级政府（市、省和联邦）、运营商和非政

---

[1] See Canadian Nuclear Safety Commission, *Seventh Canadian National Report for the Joint Convention on the Safety of Spent Fuel Management and on the Safety of Radioactive Waste Management*, E. 3. 1. 2, CNSC (Apr. ,2021), http://www.nuclearsafety.gc.ca/eng/resources/publications/reports/jointconvention/index.cfm.

府组织之间以自下而上的方式共同承担核应急管理责任。[1] 大多数紧急情况都是地方性的,并且在社区或省/市级地方进行管理。如果加拿大政府拥有主要的管辖权,或者由于紧急情况的范围而要求加拿大政府提供援助,加拿大政府就可以参与其中。

加拿大采纳了国际原子能机构的建议,将核应急细分为现场应急(场内应急)和非现场应急(场外应急)两个基本领域。这两个领域的应对活动和战略可能涉及并需要不同的利益相关者参与,但它们并不是相互独立的。因此,对核紧急情况的高效应对必须在各级政府、加拿大核安全委员会和许可证持有人之间进行协调。所以在核应急响应中发挥作用的组织,包括加拿大核安全委员会及许可证持有人,都必须制定一个核应急响应计划,以及配备适当人员的业务设施,以协调和知晓他们对核应急的响应。

在加拿大,核设施的许可证持有人负责现场应急预案、准备和响应。许可证持有人的核应急计划应当包括解决现场紧急情况的措施,以及支持场外紧急情况的规划、准备和反应的措施。加拿大核安全委员会制定的监管性文件《核应急准备与响应》(REGDOC2. 10. 1)[2] 对许可证持有人提出了具体的应急要求与指引。

而场外应急则涉及持证人、当地市政府、省(地区)政府和联邦政府多方主体,还可能需要加拿大政府通过联邦核应急计划(Federal Nuclear Emergency Plan)进行支持。因此,场外应急需采取分层次的方法来应对。其中,在省和地区层面,各省和各地区政府应当制订核应急计划,以满足其具体需求。省和地区的应急管理组织是为当地的紧急情

---

[1] See Canadian Nuclear Safety Commission, *Canadian National Report for the Convention on Nuclear Safety - Eighth Report*, p. 143, IAEA (Aug., 2019), https://www.iaea.org/topics/nuclear - safety - conventions/convention - nuclear - safety/documents.

[2] 加拿大《核应急准备与响应》(REGDOC - 2. 10. 1: Nuclear Emergency Preparedness and Response)的英文文本载加拿大核安全委员会网, http://nuclearsafety.gc.ca/eng/acts - and - regulations/regulatory - documents/published/html/regdoc2 - 10 - 1/index.cfm。

况做准备的良好信息来源,其活动包括规划和研究、培训、响应行动以及管理和提供灾害财政援助计划。在联邦层面,加拿大公共安全局负责协调联邦政府对包括核紧急情况在内的各类紧急情况的整体响应。加拿大卫生部负责协调其中的联邦核应急准备和响应,是联邦核应急计划的领导机构。加拿大卫生部管理着一个联邦部门间和联邦－省核应急管理委员会,以协调不同部门、不同层级之间的责任。加拿大卫生部还提供辐射防护指导和专业知识,维持一个核应急演习日历并组织应急演习。在核紧急情况下,作为核监管机构的加拿大核安全委员会则主要负责监督许可证持有人的响应,评价响应行动,提供技术咨询和监管授权,提供现场响应并在需要时协助地方当局向政府和公众通报其对紧急情况的评价。此外,加拿大交通部、加拿大环境和气候变化部等联邦政府部门也在其职责范围内参与核应急准备和响应。

上述场内应急和非场内应急在管理措施方面都包括预防和缓解、准备、响应和恢复这几个方面。其中,预防核紧急情况的发生是许可证持有人的责任,并由加拿大核安全委员会监管;缓解核紧急情况的目的是确保设备或程序在核事故发生前及时到位,以减少危险的潜在程度或影响;应急准备是指在核紧急情况发生前采取的行动,以便准备好应对和管理其后果,包括制订响应程序和计划、培训工人、维护应急设施、演习和培养公众意识等;响应是指在核紧急情况期间采取的减少危险程度和管理紧急情况对健康、安全和环境的影响的行动,包括保护工人,支持事故管理活动,紧急公共通讯,紧急医疗援助,以及就地避难或疏散。

在联邦应急计划和联邦核应急计划的行政框架下,各级政府和许可证持有人以及相关组织都有责任制订和实施应急计划,以应对加拿大核安全委员会许可的核设施范围之外的核紧急情况。加拿大核安全委员会制定的监管性文件《核应急准备与响应》要求每一位许可证持有人制订有效的场内应急准备和应急响应计划,该计划应当包括:应急响应组织和人员配置;紧急情况的分类、启动和通知;应急评价;场外响应组织的衔接和支持;应急人员保护;应急响应设施和设备;应急信息和公共通信;恢复措施;以及应急计划和程序的验证。

核设施运营单位(许可证持有人)负责核应急状态的通知,场内应急响应的指挥以及场外应急响应的协助。应急事件可以分为四个等级,分别为可报告事件、异常事件、场区紧急事件以及紧急事件。当发生紧急情况的时候,运营者应当尽快通知场外当局。核电站的运营者应当阻止或减轻核紧急情况的发展,并尽量减少对周围社区的影响,并向省和地方当局提供明确的、最新的信息和技术支持,帮助他们做出应对措施。加拿大核安全委员会会负责监督核电厂经营者对事件的响应,确保运营商采取适当的应对行动,并向联邦和省级反应机构提供技术建议并向政府和公众通报其对核事故的评价情况。省级政府负责启动公众警报系统,决定并传达对公众的保护措施,监测设施外的辐射水平以及建立疏散中心。

(九)资金保障制度

加拿大对乏燃料和放射性废物管理设施适用"谁污染谁付费"原则。该原则要求,废物所有者对管理其放射性废物负有财政责任,加拿大政府应建立相关机制确保这一财政责任不落在加拿大公众身上。

加拿大《核安全与控制法》规定许可证申请必须包含与提交许可证申请的活动有关的任何拟议财务担保的说明,为实现上述原则要求提供了立法依据。加拿大《核燃料废物法》进一步规定,核燃料和产生放射性废物的所有者需要建立独立的基金,以充分资助长期的乏燃料废物管理活动。依照上述法律规定,加拿大核安全委员会针对核设施退役活动财务担保问题制定了更为具体的监管文件——《核设施退役和许可活动终止的财务担保》(G-206)。

上述监管文件指出,财务担保是许可证持有人的一项具体承诺,即有足够的资金来安全地终止许可活动。当许可证持有人终止其活动时,他们必须适当说明所有被许可的材料和设备的安全处置情况,并且必须证明与许可有关的所有地点都没有放射性污染。如果不能适当地终止许可活动,会导致对人的健康和安全以及环境带来风险。财务担保并不免除许可证持有人遵守终止许可活动的监管要求,而是确保在许可证持有人无法进行安全终止时有资金可用。[1]

财务担保必须足以为所有批准的退役活动提供资金，这些活动不仅包括拆除、去污和关闭，还包括可能需要的任何退役后监测或机构控制措施，以及随后对所有废物（包括乏燃料）的长期管理或处置。为确保许可证持有人只承担一次废物管理的费用，根据《核燃料废物法》设立的信托基金中的资金被视为该许可证持有人对加拿大核安全委员会的总财务担保的一部分。[2]《核燃料废物法》关于该信托基金的规定主要包括该专项基金的存款规则、提取条件以及存款义务终止等相关内容。该法生效后，加拿大原子能有限公司、加拿大安大略省电力公司、魁北克水电公司和新不伦瑞克电力公司已履行首次存款义务以及后续的每年的存款义务。加拿大核安全委员会主要从提供担保的流动性、确定性、充足性以及持续性四个方面来衡量资金是否足以用来履行废物管理责任。

在某些情况下，需要对不属于联邦政府的财产采取补救措施，但其原所有者已不复存在。在这些情况下，联邦政府可能会根据具体情况，决定承担管理废物的责任。例如，为解决加拿大大部分历史废物的清理和长期管理问题，2001 年 3 月，加拿大政府和安大略省希望港地区（Port Hope Area）的地方市政当局达成协议，启动“希望港地区倡议”（Port Hope Area Initiative）。2012 年，加拿大政府宣布提供 12.8 亿美元的资金以实施希望港地区倡议。这些废物以及加拿大各地其他指定的历史废物的管理由加拿大原子能有限公司负责，并由加拿大

---

〔1〕关于核物质和辐射装置财务担保的介绍详见加拿大核安全委员会网，https://nuclearsafety.gc.ca/eng/nuclear - substances/licensing - nuclear - substances - and - radiation - devices/licensing - process/financial - guarantees/index.cfm。

〔2〕See Canadian Nuclear Safety Commission, *Seventh Canadian National Report for the Joint Convention on the Safety of Spent Fuel Management and on the Safety of Radioactive Waste Management*, F.2.2.2, CNSC (Apr., 2021), http://www.nuclearsafety.gc.ca/eng/resources/publications/reports/jointconvention/index.cfm.

核实验室按照“政府所有—企业运营的模式”进行管理。[1]

此外,为解决在放射性废物处置过程中的邻避现象,需不同形式的政策工具来确保核废物管理设施的成功兴建。加拿大核废物管理组织认为,补偿机制是在处理选址冲突的重要政策工具,当“谁收益”和“谁损失”之间存在不匹配的情况时,当地社区拥有否决权,选址支持者将不得不重新分配他们的一些收益,以确保达成托管协议。[2] 在选址过程中为解决“邻避效应”问题,加拿大采用“物业价值保护计划”进行经济激励,对加拿大高放废物深地质处置库的选址给予约 3000 万美元的经济激励。[3]

三、英国放射性废物管理的主要制度措施

(一)许可制度

根据英国《1965 年核设施法》的规定,除非获得许可或者许可证仍然有效,任何场所都不得用于建造或运行核设施。法律规定的能够持有许可证的主体只有法人团体,如注册公司或公共机构,许可证不得转让。[4]

英国核监管办公室是许可的实施和监管机关,可以根据《1965 年核设施法》的规定在核场址许可证上附加它认为有利于安全或放射性

[1] Canadian Nuclear Safety Commission, *Seventh Canadian National Report for the Joint Convention on the Safety of Spent Fuel Management and on the Safety of Radioactive Waste Management*, F. 2. 2. 1, CNSC (Apr., 2021), http://www.nuclearsafety.gc.ca/eng/resources/publications/reports/jointconvention/index.cfm.

[2] See the Nuclear Waste Management Organization, *Developing a Siting Strategy for a Nuclear Fuel Waste Management Facility*, p. 7, NWMO (Jun., 2006), https://www.nwmo.ca/~/media/Site/Files/PDFs/2015/11/04/17/31/466_SR-2006-01_Developing_a_Siting_Strategy.ashx?la=en.

[3] 参见吴宜灿、赵永康、马成辉等:《国际放射性废物处置政策及经验启示》,载《政策与管理研究》2020 年第 1 期。

[4] See Department for Business, Energy and Industrial Strategy, *The United Kingdom's Sixth National Report on Compliance with the Obligations of the Joint Convention on the Safety of Spent Fuel and Radioactive Waste Management*, p. 95, IAEA (Oct., 2017), *https://www.iaea.org/sites/default/files/national_report_of_united_kingdom_for_the_6th_review_meeting_-_english.pdf.*

废物管理的条件。许可证持有人不遵守这些许可证条件即违法。《1965 年核设施法》还允许核监管办公室向许可证持有人收回所有与颁发许可证和执行许可证条件有关的费用。核监管办公室出版的文件——《核装置许可证》提供了关于许可程序和核监管办公室在考虑许可证申请时考虑的因素的指南。核监管办公室根据对申请人申请信息的审查(包括对许可证条件合规安排的充分性及安全文件的充分性的审查)结果,决定是否向法人团体发放核场址许可证。

许可制度涵盖核设施生命周期的所有阶段,从建设和试运行到正式运行,再到退役和场地修复。与传统的健康和安全法律相比,被授予核场址许可证的运营组织或潜在的运营组织将接受更严格的监管。授予核场址许可证并不自动允许建造和运营拟议的核设施,这些活动需要更多权限。此外,这些活动还需要接受常规监管检查和评价以及定期安全审查,以确保许可证赖以存在的基础得以维持。

英国核监管办公室根据核场址许可条件对许可核场址上的活动进行监管控制。核监管办公室颁布了 36 项许可证标准条件,这些条件共同构成了高标准核安全和放射性废物管理的法律基础。这些条件通常是非指令性的,但为管理和确保核安全的所有方面设定了目标。核监管办公室要求许可证持有人提供证据来证明其有能力遵守许可条件。

根据核场址许可证,许可证持有人处理或储存乏燃料或放射性废物的场所的"责任期"从许可证发放之日开始,以下列日期中较早的一个日期结束。这些日期是:核监管办公室向许可证持有人发出书面通知的日期,即核监管办公室认为该场所的任何东西不再有电离辐射的危险的日期;或者向同一许可证持有人或另一个组织授予新的核设施许可证的日期。法律规定,无论是由一个单一组织在其整个生命周期内运营,还是在运营者之间转移责任,都需要对一个获得许可的核设施实行持续的控制,直到核监管办公室认为该场址不再存在电离辐射的任何危险。

(二)环境影响评价制度

在英国,任何拟议的新乏燃料管理或后处理设施的许可申请都需按照法律规定的要求准备一份环境声明,阐述其对环境可能产生的重大影响和旨在避免、减少或补救任何重大不利影响措施的描述。任何拟向环境机构申请处置或排放放射性废物的许可证或授权的经营者必须提供放射性影响评价信息以支持其申请。[1] 该评价必须考虑到处置造成的潜在辐射暴露的可能途径,以及公众中受辐射最多的成员和非人类物种所受的辐射剂量。英国多个环境机构联合发布的《评估核准向环境排放放射性废物所产生的预期公众剂量的原则》规定了被许可排放者产生的预期公众剂量应该具备的原则。此外,环境机构还会考虑对环境的辐射保护。

许可证或授权申请必须列明核设施如何尽量减少处置过程及环境中可能因处置而产生的放射性核素,确保辐射暴露量维持在法定限度以下。环境机构将严格评估申请和支持评估的公众咨询,在公布其结论之前不会颁发任何许可证或授权处理任何形式的放射性废物(无论是气态、液态或固态)。

(三)安全评价制度

英国安全评价制度主要由安全案例演进(Safety Case Evolution)和监管验证两个方面组成。前者是评估和监管英国境内持有放射性废物管理设施许可的基础,后者是核实核设施及其运行符合当前安全要求的重要手段。[2] 具体而言:

安全案例由一套分层的安全分析报告组成,涵盖了从一般安全原则到设计和运行的详细方面等一系列主题,为核设施的安全提供了书面证明。对许可证持有人的安全案例评估开始于施工前。随着核设施

---

[1] See Department for Business, Energy and Industrial Strategy, *The United Kingdom's Sixth National Report on Compliance with the Obligations of the Joint Convention on the Safety of Spent Fuel and Radioactive Waste Management*, p. 105 – 106, IAEA (Oct., 2017), https://www.iaea.org/sites/default/files/national_report_of_united_kingdom_for_the_6th_review_meeting_-_english.pdf.

[2] See Department for Business, Energy and Industrial Strategy, *The United Kingdom's Sixth National Report on Compliance with the Obligations of the Joint Convention on the Safety of Spent Fuel and Radioactive Waste Management*, p. 104 – 105, IAEA (Oct., 2017), https://www.iaea.org/sites/default/files/national_report_of_united_kingdom_for_the_6th_review_meeting_-_english.pdf.

历经设计、建造、调试、运行以及最后的退役等过程，安全案例应该得到不断地更新和发展。在核设施寿命的各个阶段，许可证要求许可证持有人审查其安全案例的充分性，以确保它是最新的并适合于目的。

根据英国《1965 年核设施法》规定，颁发的核场址许可证所附的条件要求许可证持有人提供足够的安全案例方面的资料。这尤其应该包括以下内容：安全文件，场址平面图、设计和规范；新设施的建造或安装；在建设施设计的修改调试；现有设施的改造或实验；运行规则；检查、维护和测试等。安全案例随着设施或活动从其生命周期的一个阶段进入另一个阶段即为安全案例的演进。所以，安全案例应根据不断变化的情况进行更新或修改，这些变化包括：安全标准的发展、从运行过渡到退役工程方面的变化、与其他设施的接口、运营经验反馈、设备维修和突发不符合的影响等方面。由此，形成安全案例的文件应遵循适当的质量保证程序，保持不断地更新。

对于上述安全案例，英国核监管办公室将会采取书面审查和现场检查的方式进行监管验证。书面审查是审查许可证持有人的安全案例的内容的合理性及其符合许可证持有人的安全声明和监管要求；现场检查是利用安全案例来检查和判断设施安全性的参数，以确保设施及其当前的运行符合安全要求。

（四）公众参与制度

英国《2000 年信息自由法》（Freedom of Information Act，2000）[1]规定所有监管机构需在其监管职权范围内以公开和透明的方式运作。该法要求所有公共机构公开回应公众的查询和索取资料的要求。每个监管机构都需要建立一个网站，并在适当的情况下发布其工作信息，特别是包括任何关于实施立法的内部导则，检查、评估或其他监管活动的

〔1〕 英国《信息自由法》（Freedom of Information Act 2000）的英文文本载英国立法网，https://www.legislation.gov.uk/ukpga/2000/36/contents。

报告以及针对运营商遵守法律的具体指导文件(活动)。[1]

在放射性废物管理方面,大多数获得许可的核场址都建立了一个当地利益相关者团体,包括地方当局、工会和感兴趣的地方团体,通常对公众成员开放。这些团体定期举行会议,国家资源审查视察员和环境管制现场视察员通常以观察员身份出席会议,答复他们提交的关于视察和其他管制活动的书面报告中存在的问题。这些团体会议为当地社区提供了一个讨论他们感兴趣的问题并向运营商和监管机构提出他们关心的问题的机会。

尽管英国法律并未规定就许可事项的决定应咨询公众,但英国核监管办公室致力于公开和透明地公布其监管决策,以帮助包括公众在内的所有利益相关者了解其工作。具体表现在:核监管办公室负责发布年度声明,概述其在监管核工业安全和保障方面的工作;核监管办公室将其内部操作指示和指导文件发布在其网站上,以便利益相关者了解监管决策的基础;核监管办公室定期公布其最重要的监管决定,通过其检查员在实地视察后编写完整的项目评估报告和视察报告执行摘要;以及核监管办公室承诺公开回应任何有关其公布信息的问题。

此外,环境监管机构有法律义务就许可申请进行咨询,如果其认为拟议设施或活动涉及重大公共利益,也可以就许可决定进行咨询。环境监管机构还为《2019年环境许可条例(脱欧后)》[Environmental Permitting England and Wales (Amendment) (EU Exit) Regulations 2019]和《1993年放射性物质法》规定的活动保存公共登记册。在保护国家安全和商业机密的前提下,公共登记册载有内容包括:所有申请(新许可证、变更、转让或交回)、所收到的额外资料、咨询人的回应(除非咨询人要求不包括)及最终决定(决定文件及任何许可证或通知)。

---

[1] See Department for Business, Energy and Industrial Strategy, *The United Kingdom's Sixth National Report on Compliance with the Obligations of the Joint Convention on the Safety of Spent Fuel and Radioactive Waste Management*, p. 54, IAEA (Oct., 2017), https://www.iaea.org/sites/default/files/national_report_of_united_kingdom_for_the_6th_review_meeting_-_english.pdf.

(五)质量保证制度

在英国,质量保证是许可证持有人管理系统的一个固有特征。质量保证控制适用于被许可核场址的所有对核安全、安保和环境保护有影响的工作活动,包括放射性废物的生产、分类、储存、整备、排放和运输。[1]

核场址许可条件和环境许可条件要求许可证持有人建立和实施以安全为优先的管理制度、就所有可能影响安全的事项制定和实施适当的质量管理安排,确保其管理系统在管理放射性废物方面的有效性并尽量减少在现场堆积放射性废物。核监管办公室和环境机构希望许可证持有人将其质量管理安排建立在公认的国家或国际质量管理标准之上,以充分解决所有相关的安全问题。核监管办公室鼓励许可证持有人建立和维护综合管理系统以确保安全和环境保护是许可证持有人所有活动中的固有考虑。

在英国的许多核电站中,放射性废物通常从产生点经过几个步骤后才被运出电站或送至长期储存。这期间,放射性废物可能由一系列业务单位或合同组织管理,它们各自执行整个废物管理过程的一个或多个部分。在这种情况下,英国核监管办公室和环境机构特别强调许可证持有人对整个废物管理系统进行有效监督并整合各个步骤的重要性。许可证持有人部署适当的管理系统是英国环境机构颁发的排放许可证和授权书的要求。这些要求类似于核许可证条件中的质量保证要求,即管理系统和质量保证在术语上存在差异,但在内容和要求上基本相同。

许可证持有人的管理系统经其高级管理层授权使用,所有人员都必须遵守和实施。许可证持有人部署综合管理系统可以促进对其多种活动管理方面采取一致的方法,例如质量、安全、环境、安保、运输、保障

---

〔1〕 See Department for Business, Energy and Industrial Strategy, *The United Kingdom's Sixth National Report on Compliance with the Obligations of the Joint Convention on the Safety of Spent Fuel and Radioactive Waste Management*, p. 66, IAEA (Oct., 2017), https://www.iaea.org/sites/default/files/national_report_of_united_kingdom_for_the_6th_review_meeting_-_english.pdf.

措施和其他业务活动。许可证持有人的管理系统需要符合许可证和许可/授权条件,并符合国家和国际质量管理要求。这些管理系统需要接受许可证持有人的自我评估和内部审计,还要接受定期的监管审查,以确保其仍然适合于安全管理目的,并采取持续改进的措施。大多数许可证持有人的管理系统都通过了独立认证机构的ISO 9001 和ISO 14001 认证。这些标准要求对其管理系统进行独立的第三方审计,并根据标准的要求对许可证持有人进行定期监督和重新认证。

上述管理系统(质量保证)在内容上主要包括流程、管理系统要求的分级应用、管理系统的文件、计划、绩效监测和改进等5 个方面。具体而言:

在流程方面,许可证持有人确保对与安全有关的过程进行规划、记录、评估、审查和持续改进。在每个过程中进行的工作都应在受控条件下进行,由具有适当资格和经验的人员使用经批准的程序和指示来实施,并接受定期审查。在流程或流程活动被承包给其他组织的情况下,许可证持有人保留整体责任。

在管理系统要求的分级应用方面,许可证持有人需要对其所开展的活动的安全意义和风险程度进行分级,并对这些活动采取不同控制程度的,包括审查、监督、检查、监测、文件记录、培训、审计和监视在内的管理系统控制方法。

在管理系统的文件方面,许可证持有人通常将管理系统分为三个层级。其中,第一层一般包括政策、组织结构、价值观和使命或主要目标;第二层包括过程和程序以及工作或职位简介;第三层通常包括工作层面的指示、检查表、记录和培训材料。

在计划方面,许可证持有人需为其设施生命周期的各个阶段制定业务计划。随着核电站在其生命周期各阶段的过渡,其产生的放射性废物的数量和形式会有所不同。这通常会导致许可证持有人需要修改其安排,以继续满足监管部门的期望。例如,大型退役项目产生的放射性废物的规模可能超出了该场址原有的废物管理基础设施的能力,也超出了工作人员的经验,从而需要制订设施升级和培训计划。

在绩效监测和改进方面,为了评估其管理体系安排的合规性和有效性，许可证持有人需要开展或接受一系列的监测和测量活动。这包括：质量控制检查、过程监测、自我评估、多层次监督、独立的内部和外部审计和审查、制定基准、国家和国际同行评审。许可证持有人对与安全有关的产品和服务的供应商进行类似的评估。英国核监管办公室和环境机构对许可证持有人的质量管理安排进行检查，作为其监管活动的一部分。许可证持有人应当安排报告、评估、处理和从不合规操作、事件或事故中总结经验教训的活动，并分享来自国际核工业和其他行业的业务反馈。大多数许可证持有人需按照各种质量标准的要求，定期进行管理审查，以评估其安排的有效性，并为持续改进提供基础。许可证持有人还需对安全进行年度审查，考虑上述绩效指标并确定需要改进的地方，并将审查结果和确定的改进行动提交给监管机构。

（六）辐射防护制度

英国辐射防护制度包括剂量限值的设定、辐射防护监督与检查、调查和环境辐射监测这四个方面。[1]

第一，在对剂量限值设定方面。根据英国《1974 年工作卫生和安全法》制定的《1999 年电离辐射条例》（Ionising Radiations Regulations 1999）规定雇主在合理可行的范围内限制雇员和公众接触电离辐射，并为从事电离辐射工作的人员设定了剂量限值。其中，成年员工全身暴露的剂量限值为每年 20mSv。《1999 年电离辐射条例》还规定雇主通过对工作活动的合理规划来实现在辐射防护的规划阶段酌情使用剂量限制。尽管有剂量限制，负责该项工作的雇主必须保证相关工作给雇员和公众带来的辐射危害性是在合理可行标准之内的。

第二，辐射防护监督与检查方面，《1999 年电离辐射条例》规定，和乏燃料后处理以及放射性废物管理设施有关的、针对相关工人和公众的辐射防护由英国核监管办公室负责检查和执行。该条例还规定，对

〔1〕 See Department for Business, Energy and Industrial Strategy, *The United Kingdom's Sixth National Report on Compliance with the Obligations of the Joint Convention on the Safety of Spent Fuel and Radioactive Waste Management*, p. 70, IAEA (Oct., 2017), https://www.iaea.org/sites/default/files/national_report_of_united_kingdom_for_the_6th_review_meeting_-_english.pdf.

于非核场址的辐射防护,由健康与安全局负责检查和执行。

第三,在辐射防护调查方面,主要通过对雇员的身体剂量检测来实施。根据《1999年电离辐射条例》的规定,如果任一雇员记录的全年全身剂量超过15mSv(或雇主确定的较低水平),雇主必须进行调查。这项调查的目的是确定是否做了足够的工作来使辐射照射处于合理可行的水平。该条例还规定,从事电离辐射工作的雇主在发生或怀疑发生了超过剂量限值的辐射污染的情况下,必须通知英国核监管办公室,无论这是由单一事件还是累积剂量引起的。在这种情况下,雇主必须完成调查。

第四,在环境辐射监测方面。英国食品标准局(在英格兰和威尔士)、苏格兰食品标准局和英国环境机构分别独立进行环境辐射监测和评估,以确保生活在核设施周围的人从允许的排放放射性物质(废物)中受到的年辐射剂量远低于英国和欧盟1msv/年的限值。这种监测和评估的结果每年发表在《食品和环境中的放射性》报告中。该评估项目内容包括对食物、地表水和地下水、空气、海滩和公共居住区的辐射剂量率、沉积物等的放射性测量。此外,英国的核场址许可证持有人也必须执行自己的监测和评估方案,大部分许可证持有人还被要求公布其安全和环境绩效的年度报告。

（七）报告制度

许可证持有人需要做出安排,根据许可证所附条件的要求、核监管办公室的规定或者自己认为有必要时,记录、调查并向英国核监管办公室报告其设施场址发生的事件。例如,核监管办公室要求许可证持有人通知、记录、调查和报告由于操作规则、审查、检查、维护和测试过程中发生的事件以及放射性材料和放射性废物的泄漏和逸出事件。具体需要报告的事件由与英国《1965年核设施法》配套的法规规定。

英国核监管办公室提供了包括事件和意外事故报告类别在内的指南,许可证持有人使用这些指南向监管机构通报在核场址发生的重大事件。核监管办公室负责代表英国联邦政府编制向国际原子能机构/经济合作与发展组织主持下运行事件报告系统报告相关的事件。这些系统包括国际核与辐射事件分级表(International Nuclear and Radiological Event Scale)、燃料事件通知分析系统(Fuel Incident Notification Analysis System)和国际运行经验报告系统(International Reporting System for Operating Experience)。

如果某些事件被认为符合英国部长级报告的标准,这些事件将由核监管办公室在季度报表中公布。符合部长级报告标准的事件(情形)包括5种情形:其一是根据《1965年核设施(危险事件)条例》应报告的危险事件;其二是经确认的个人辐射暴露量超过或预计超过规定的剂量限值;其三是对已显示安全运行或状况可能受到重大影响的工厂中的任何部分进行审查、检查、维护或测试;其四是经确认释放到大气中或放射性物质溢出超过或预计超过规定的限值;其五是已确认的违反规定的环境许可证或规定的放射性废物处置授权的行为,或预计将违反其数量限制的排放行为。[1]

此外,英国是《1986年及早通报核事故公约》的缔约方,在发生或可能发生放射性物质释放,并已导致或可能导致对另一国具有辐射安全意义的国际跨界释放时需要通知国际原子能机构。英国商业、能源和工业战略部是向国际原子能机构发送和接收国际原子能机构核事故通知和信息的英国主管当局和联络点。

(八)应急制度

英国放射性废物管理应急制度包括国家应急安排、现场应急安排、场外应急安排、应急测试、信息发布和国际通知,以及国外紧急情况应对六个方面。[2]

---

[1] See Department for Business, Energy and Industrial Strategy, *The United Kingdom's Sixth National Report on Compliance with the Obligations of the Joint Convention on the Safety of Spent Fuel and Radioactive Waste Management*, p. 114 – 115, IAEA (Oct., 2017), https://www.iaea.org/sites/default/files/national_report_of_united_kingdom_for_the_6th_review_meeting_-_english.pdf.

[2] See Department for Business, Energy and Industrial Strategy, *The United Kingdom's Sixth National Report on Compliance with the Obligations of the Joint Convention on the Safety of Spent Fuel and Radioactive Waste Management*, p. 79, IAEA (Oct., 2017), https://www.iaea.org/sites/default/files/national_report_of_united_kingdom_for_the_6th_review_meeting_-_english.pdf.

1. 国家应急安排

英国商业、能源和工业战略部是协调国家一级应急准备政策的主要联邦政府部门,负责对英格兰和威尔士的民用核设施产生的场外影响的任何紧急情况作出响应。如果苏格兰的民用核设施发生紧急情况,政府部门的主要责任和主要的国家协调角色将由苏格兰政府承担。商业、能源和工业战略部仍将负责向威斯敏斯特议会和英国的国际伙伴通报情况。

商业、能源和工业战略部向可能参与民用核应急计划的所有组织发布国家核应急计划和响应指南。该指南描述了多年来为应对英国的紧急情况而制定的安排,旨在协调英国对核紧急情况的反应。

此外,英国还设立了核复原协调委员会(Nuclear Resilience Coordination Committee)以指导国家应对核紧急情况,该委员会旨在确保英国应对国内或海外核紧急情况的规划的有效性、适当性和可持续性。

2. 现场应急安排

根据现场许可证条件,许可证持有人须作出和实施适当安排,以处理现场发生的任何事故或紧急情况及其影响。所有核许可证持有人必须与地方当局、警察和其他组织协商,为其现场可能发生的任何核和非核紧急情况制订应急计划。许可证持有人必须向核监管办公室提交其对每个现场的核应急计划。该计划的内容需包括:对现场设立的管理应急组织的描述;应急组织人员的职责培训要求;紧急情况下使用的设备;与现场应急服务机构联络的安排;现场周围环境的放射性监测;以及与场外组织的沟通。

许可证持有人还需要演练其应急计划,以确保其有效性。许可证持有人举行应急演练时,核监管办公室将派检查员进行观察,判断应急计划的充分性和有效性。核监管办公室可以要求许可证持有人重复紧急演习中被认为不充分的部分。

核监管办公室还要求将核安保计划纳入现场应急计划中进行综合考虑,并鼓励开展安全和安保联合演习,确保无论发生何种始发事件,都有能力应对紧急情况。核监管办公室在对现场核应急计划的评估和核场址许可条件设置时考虑了这一安排。

3. 场外应急安排

英国《2001 年辐射(应急准备和公共信息)条例》(Radiation (Emergency Preparedness and Public Information) Regulations 2001)为场外应急安排提供了法律框架,并由核监管办公室在核许可场址实施。它规定了在发生辐射紧急情况时需要采取的步骤,要求地方当局在与应急响应人员和现场操作人员协商后为那些被认为可以合理预见辐射紧急情况的现场制订场外计划,并规定英国核监管办公室根据场外应急计划,为场外应急安排提供相应保障。

如果可能发生辐射紧急情况,导致公众受到的辐射剂量超过《2001 年辐射(应急准备和公共信息)条例》规定的水平,则应在核设施周围设置详细的应急规划区。作为危害识别和风险评估的一部分,这些区域的范围由运营商基于可合理预见的事故产生的最显著辐射剂量进行评估。核监管办公室负责审查支持运营商评估区域的技术论据的充分性,在主要考虑当地地理、人口和实际执行因素、当地社区的弱势群体情况、国际标准和指南对场外应急计划区域范围的要求和建议等因素的基础上,对场外应急规划区提出审查修改建议。

如果事故超出了合理可预见的范围,需要扩大应急响应区域范围。根据英国《2004 年民事应急法》的实施导则(《应急准备》)的规定,商业、能源和工业战略部继续在地方当局的支持下支持可扩展性应急响应安排的研究和开发,以便在扩展场外响应覆盖更大的地理区域时使用。地方当局则可根据商业、能源和工业战略部提供的原则和指导启动可扩展性研讨会计划以加强地方一级更严重核紧急情况的概要规划,并考虑国家一级支持可扩展性的改进。

根据已经批准的场外应急计划,核设施运营商有责任宣布某一地点发生场外核紧急情况并立即通知应急服务机构以及地方和国家当局。提供本地响应的机构是位于场外的战略协调中心(Strategic Coordination Centre),其主要功能是决定并采取适当的保护措施和缓解措施,以便在场外保护公众。该战略协调中心的响应由一名高级警官领导,以确保有效实施任何必要的行动并确保向公众传递有关这些问题的权威信息和建议。负责处理紧急情况的每个组织都将派代表加入场外战略协调中心。这些机构一般包括运营商、警察、地方当局、国家卫生局、地方供水公司以及消防和救护车服务机构。此外,政府部门和机构也将派代表出席,包括商业、能源和工业战略部(或苏格兰或威尔士同等机构)、英格兰公共卫生局(或苏格兰卫生保护局)、相关英国食品标准局、相关环境机构和核监管办公室等。

一旦发生场外核紧急情况,中央政府紧急行动中心(Central Government Emergency Operation Centre)和内阁办公室简报室(Cabinet Office Briefing Rooms)将启动响应,以协调国家一级的应对和决策。除最严重的事件外,应急领导仍将在地方一级由高级警官控制。内阁办公室简报室委员会将由有关部门和机构的代表(部长或高级官员)组成。其会议可由总理主持,决策将得到若干机构和咨询小组(包括一个紧急情况科学咨询小组)的支持。

除商业、能源和工业战略部作为英格兰和威尔士非现场民用核应急响应的主要政府部门外,其他部门也对非现场响应的具体内容负一定责任。例如,卫生部负责卫生对策,社区和地方政府部门负责避难和疏散等。内政部将领导任何由蓄意破坏引起的核紧急事件的反恐响应。

此外,苏格兰政府的响应与英格兰和威尔士的响应一致,但中央政府的响应将通过苏格兰政府应变室(Scottish Government Resilience Room)进行。英国联邦环境、粮食和农村事务部是负责实施核紧急情况恢复的主要政府部门,与政府机构密切合作协调包括清理在内的长期补救行动。

4. 应急安排测试

上述场内和场外的应急安排需定期进行测试。这些测试分为三级。一级演习每年在每个核电厂举行一次(或与核监管办公室商定的较低频率),主要集中于许可证持有人在现场内外的行动。核监管办公室对一级演习的充分性进行观察、判断和反馈。此外,每个地点都有一个培训和演习方案,供参与应急方案的所有工作人员使用。每个角色都有一个培训档案,其中规定了培训的类型和频率。现场演习在一段时间内测试批准的现场紧急情况的所有方面。

二级演习的主要目的是证明地方当局为处理紧急情况的场外方面所作安排的充分性,特别是在核紧急情况期间负有责任或职责的组织也行使其职能的场外战略协调中心的职能的充分性。二级演习每三年在每个核电站进行一次。

三级演习是从二级演习的年度计划中选择一个来实施,其不仅演练场外战略协调中心的运作,还演练中央政府的广泛参与,包括在伦敦(对英格兰和威尔士)或者爱丁堡的斯戈尔(对苏格兰)的中央政府紧急行动中心(Central Government Emergency Operation Centre)和内阁办公室简报室的各个政府部门和机构的参与。商业、能源和工业战略部的国际联络安排的各个方面,包括通知程序,需要在三级演习期间进行例行测试。许可证持有人、主要政府部门、商业、能源和工业战略部或苏格兰政府与核监管办公室协商,共同决定应选择哪项活动作为三级演练项目。

5. 信息发布和国际通知

《2001 年辐射(应急准备和公共信息)条例》为在辐射紧急情况发生前向可能受到此类事件影响的公众提供信息提供了法律依据。该条例要求地方当局准备并保持最新的安排,以确保受核紧急情况影响的公众得到及时和适当的信息。参与应对紧急情况的机构将需处理他们收到的任何询问,通过媒体向受影响地点附近及以外的公众提供信息。

对于英国核设施的紧急情况,商业、能源和工业战略部将负责通知其他国家,并提出国际援助请求。根据现有的提前通知公约,商业、能源和工业战略部将向欧盟、国际原子能机构以及与英国有双边协议和安排的国家通报事故及其可能的过程和潜在影响。英国采用国际原子能机构国际核与辐射事件分级表作为涉及辐射源的重大安全事件的分级和通报制度。商业、能源和工业战略部任命核监管办公室检查员作为英国国际原子能机构国际核与辐射事件分级表国家官员。国际原子能机构国际核与辐射事件分级表系统是一个普遍理解的评级系统,有助于在发生核事故时向技术界、媒体和公众传达重要的安全信息。如果另一个国家可能出现影响英国的核紧急情况,英国会定期与其他国家一起参加紧急演习,以测试应急响应和相关信息通报安排。

6. 应对英国以外的紧急情况

商业、能源和工业战略部是负责协调应对海外核危机的主要政府部门。英国签署了一系列国际协议,涉及在发生核紧急情况时交换信息。英国是国际原子能机构在发生核紧急情况时的全球援助机制的成员。英国放射性事件监测网络是根据这些安排接收通知的联络点。商业、能源和工业战略部在其他机构支持下实施的国家响应计划为应对海外核紧急情况提供安排,包括保持联系和安排值班人员,确保英国可以随时接到紧急情况的通知。放射性事件监测网络包括遍布英国的91个伽马剂量率监测器,可在未获他国通知的情况下提供二级警报机制。

(九)资金保障制度

英国放射性废物管理资金保障制度包括三个方面,即为当前的退役项目和放射性废物管理提供资金、为将来的退役和乏燃料提供资金以及为拟议的新核电站的放射性废物管理和退役提供资金。[1]

首先,为当前的退役项目和放射性废物管理提供资金。与处理放射性废物和乏燃料设施有关的费用通常包括:维持和加强安全及环境保护;设施监控和资产维护;放射性废物的取样、分析和处理;材料和服务(工程成本、过滤器等消耗性组件、运输费和保险等其他杂项费用);员工费用(工资和养老金准备金);折旧(代表固定资产在会计上相对于其假定寿命的注销比例)。在设施的运行阶段,管理放射性废物的费用通常分散在材料、服务和人员费用中。账目中的材料和服务成本往往包括与低放废物处置相关的成本(包括短期运营成本和未来的处置成本)。英国核退役局要求其核设施运营商按照规定的计算格式为其核设施准备详细的费用计划。该计划被称为终身计划,包括商业活动以及退役和清理费用。尽管这些计划是详细的,乏燃料和放射性废物的管理规定所依据的未来成本估计有很大的不确定性,这些成本估算

---

[1] See Department for Business, Energy and Industrial Strategy, *The United Kingdom's Sixth National Report on Compliance with the Obligations of the Joint Convention on the Safety of Spent Fuel and Radioactive Waste Management*, p. 64, IAEA (Oct., 2017), https://www.iaea.org/sites/default/files/national_report_of_united_kingdom_for_the_6th_review_meeting_-_english.pdf.

是英国核退役局场址上乏燃料和放射性废物管理规定的基础。英国核退役局及其场址许可公司(Site Licence Companies)正在努力解决的一些具体的不确定性,包括:场址的最终状态;将要从遗留设施中回收的材料清单;运行寿命即将结束的老旧基础设施的性能;受污染土地的数量和所需的处理;工作计划和计划之间相互依赖产生的风险;以及各类废物和乏燃料的处置计划等。英国核退役局负责承包其范围内的场址的商业和废物管理业务,并负责这些场址的最终退役。目前估计这些场址退役的总成本约为1640亿英镑(折现),该计划可能需要120年才能完成。英国核退役局正在探索如何降低这一成本,缩短时间。此外,英国核退役局的审计账目及更多信息通过其网站向公众提供。

其次,为将来(先进气冷堆AGRs和Sizewell B堆)退役和乏燃料提供资金。英国政府希望所有的核运营商采取必要的措施,确保他们有足够的资金为他们所负责的场址所需的退役工作提供资金。英国在2005年对英国能源公司进行了重组,建立了一个新的独立筹资机制,即核责任基金。法国电力公司每5年(或核电站关闭前3年)需准备并提交一份退役战略和计划,由英国核退役局审查和批准。此外,法国电力公司的能源公司还可以从核责任基金中申请资金,用于在核责任基金允许的范围内开展的工作,但要经过英国核退役局的审查和批准。英国政府支持核责任基金的工作,并保留竞争全部或部分退役范围的能力,以实现更高的资金价值。

最后,为拟议的新核电站的放射性废物管理和退役提供资金。根据英国《2013年能源法》的规定,所有新的核电站在开始运营前必须有政府批准的资金退役计划(Funded Decommissioning Programme)。这些计划确保新的核电站营运商有可靠的融资安排以支付核电站退役、废物管理和乏燃料处置的全部费用。资金退役计划还用于满足许可证制度对退役责任的要求。资金退役计划有着强有力的治理框架,有助于进一步确保以审慎的方式退役。

四、法国放射性废物管理的主要制度措施

(一)许可制度

在法国,核设施分为基础核设施(Basic Nuclear Installations,BNI)

和非基础核设施。两种核设施适用不同的许可程序。其中,产生的放射性水平低于法律规定的基础核设施产生的放射性水平的设施不纳入基础核设施的范围,而属于根据环保法律规定的设施类别,适用环保相关的许可程序。放射性废物管理设施大部分属于基础核设施的范围,因而适用法国《核安全与控制法》及其相关法规(包括政府法令)规定的程序。

法国核安全局负责属于基础核设施的类放射性废物管理设施的许可管理。许可程序覆盖放射性废物管理设施的整个生命周期,包括设施的调试(运行)、设施的改变、设施的关闭和最终退役。任何未经许可的上述核设施相关活动都被视为违法。以下从设施的选址程序、设施的设计、建造程序和运行程序方面介绍许可制度的要点。[1]

在设施的选址程序方面。申请人需要向法国核安全局提交申请。法国核安全局收到申请之后对拟申请场址的社会经济和安全方面进行审查,分析场址安全特性,如地震、水文地质、工业环境和冷却水源等因素。根据法国《环境法典》的规定,选址审查过程还需经过公开辩论程序和当地的公众调查程序。

在设施的设计与建造程序方面,申请人需要向法国核安全局提交许可申请,该申请需包括设施的详细计划、影响评估、初步安全分析报告、风险管理研究和退役计划等系列文件。许可程序将由负责核安全的部长授权的主管部门领导协调,由法国核安全局对申请文件进行技术审查并将影响分析提交给法国环境与可持续发展总委员会内环境当局征求其意见。许可审查过程中还需要经历与公众和当地机关的协商、与相关技术组织的协商程序。如果申请满足所有条件,负责核安全的部长会向被许可人发送一份授予创建授权(creation authorisation)的初步法令草案并听取法国核安全局的意见。被许可人有两个月的时间提出意见,法国核安全局在发表意见之前还提供听取申请人意见的

---

〔1〕 See Nuclear Safety Authority, *France sixth National Report on Compliance with the Joint Convention Obligations*, p. 76 – 80, IAEA (Oct., 2017), https://www.iaea.org/sites/default/files/6rm – france.pdf.

机会。根据《核安全与控制法》的规定，任何基础核设施的创建许可证都必须通过总理签署并由负责核安全的部长会签的法令颁发，由法国核安全局监督执行。

在设施的运行程序方面。核设施的启动（调试）标志是核设施首次装料或运行棒的启动。在启动前，营运者必须提交一份申请，其中包含初步安全报告的更新、一般操作规则、废物管理研究、现场应急计划以及除处置设施外的退役计划的更新。一旦检查到设施符合《环境法典》及其相关法规中定义的目标和规则，法国核安全局就可以许可该设施进行调试。在调试许可程序完成之前，法国核安全局可能会在有限的时间段内和在某些特定情况下颁发部分调试许可证，特别是如果需要进行在设施中引入放射性物质的特殊操作测试。需要指出的是，在设施启动运行后的任何核设施方面的改变以及设施的关闭或退役操作都需要根据规定申请许可。

（二）环境影响评价制度

放射性废物管理中的环境影响评价涉及许可证持有人、法国核安全局、法国替代能源和原子能委员会、法国电力公司等主体。这些主体在环境影响评价过程中的职责或义务构成了环境影响评价制度的主要内容。

首先，许可证持有人的职责。根据欧盟关于所有受许可证约束的设施的相关指令，许可证持有人的任何申请都必须包括一份分析项目对环境影响的研究报告。其内容必须与计划的工作规模和可预见的后果相称。影响评估必须包括：对场地和环境的初始状态进行分析，特别是对可能受项目影响的自然资源、有形资产和文化遗产的分析；对该设施对环境的直接和间接、临时和永久影响的分析；结合其他项目进行环境影响分析；在可能的解决方案中选择该项目的原因，特别是在环境方面的考虑；申请人计划采取的措施，以消除、限制和（如果可能的话）补偿设施造成的任何不便。为了检查是否符合管制规定，法国电力公司实施了一项监测污水排放和环境的计划。这个方案是在法国核安全局同意下制定的，由许可证持有人负责执行。除监测及测量污水排放外，法国电力公司亦动用大量资源，测量核电站周边的放射性，以侦测核电站附近的环境放射性水平是否有异常变化。这些监测措施包括各种外部和内部人体接触途径（吸入、摄入）。

其次，法国核安全局的职责。核安全局规定必须为放射性废物处置场制订管理计划，并具体规定应采取的适当步骤，以限制对环境的辐射影响。这些处置场所必须由其操作人员进行监测，直到其对环境的辐射影响达到可接受的程度为止。总的来说，法国核安全局在环境保护方面的政策倾向与适用于传统工业活动的政策相似。例如，基础核设施安装被命令要求以经济上可接受的成本实施现有的最佳技术，同时考虑到场地环境的特殊特点。这一方法需要界定适用于化学物质排放的限度，并规定减少放射性和化学物质排放的批准限度。〔1〕

最后，法国替代能源和原子能委员会的职责。委员会会在每个核设施中心附近进行环境监察。监测方案定期更新并根据活动的变化和当地特点加以调整。这种监测确保了设施采取的措施的有效性。法国替代能源和原子能委员会将会对进入环境的主要放射性核素进行采样分析，其目的包括检测设施中心附近环境的放射性水平是否异常上升，确定环境的辐射状况并监测其随时间的发展以及验证适用于该设施的环境监测方案是否符合要求。〔2〕

（三）安全评价制度

法国放射性废物管理的安全评价制度包括核设施建造、调试前的安全评价和运行阶段的安全评价。〔3〕

---

〔1〕 See Nuclear Safety Authority, *France sixth National Report on Compliance with the Joint Convention Obligations*, p. 124 – 125, IAEA (Oct., 2017), https://www.iaea.org/sites/default/files/6rm – france. pdf.

〔2〕 See Nuclear Safety Authority, *France sixth National Report on Compliance with the Joint Convention Obligations*, p. 118, IAEA (Oct., 2017), https://www.iaea.org/sites/default/files/6rm – france. pdf.

〔3〕 See Nuclear Safety Authority, *The eighth French national report for the Review Meeting of the Convention on Nuclear Safety* 2020, p. 81 – 94, Nuclear Safety Authority (Oct. 28, 2019), http://www.french – nuclear – safety. fr/Information/News – releases/French – national – report – for – the – Review – Meeting – of – the – Convention – on – Nuclear – Safety – 2020.

在核设施建造和调试前阶段,为了申请处置设施的创建许可证,申请人必须提供一定数量的数据和研究,必须对设施的所有生命周期阶段进行审查(包括其退役或者处置设施关闭后的后续阶段),提交初步分析报告。核安全局审查初步安全报告,并将其意见提交给部长,以起草许可或拒绝建立该设施的法令。初步安全报告的主要要求、相关原则和程序在基础核设施安装程序相关的法令和命令中规定。后者还规定了与安全情况有关的原则和程序。许可证持有人必须提出严谨的方法以确保控制核反应、疏散放射性物质和核反应产生的热能、封闭放射性物质和保护个人和环境免受电离辐射的功能得以实现。此外,法国核安全局已发布基本安全规则和安全指南,以确定从一开始就要通过的目标,以确保设施的安全,包括处理储存库关闭后的安全。运营商可以在启动许可程序之前,就其为未来设施的安全所选择的全部或部分选择征求核安全局的意见。这一筹备程序并不取代以后的任何管制审查,但符合旨在从研究的早期阶段就阐明未来设施的基本安全原则的过程。法国核安全局在法国国家辐射防护及核安全研究所的协助下确定了试运行授权申请文件的安全审查事项,内容包括:安全外壳及完成反应堆详细设计所需的技术基准要求;在安全分析报告中提出对安全重要的某些系统的详细设计;以及调试申请文件的某些元素或用于协助确定文件的内容。法国核安全局在审查了申请人提交的安全分析报告的初步版本后,确定若干需要后续技术审查的事项。这些事项特别涉及安全等级建筑的土木工程尺寸、反应堆池及其衬垫的尺寸、极地起重机的尺寸和坚固性以及继续检查用于主系统的具体材料。

在核设施调试后的运行阶段,相关法规要求许可证持有人建立一个核设施运行期间的综合安全管理系统,以保持和持续提高安全性。与该信息系统相关的过程的评估方法以及由这些评估产生的改进措施的实施由法国核安全局检查。许可证持有人的安全管理和核安全局要求的系统检查旨在发现核设施中的故障,为安全改进提供基础。安全评价和检查包括连续检查和定期检查两种方式。前者是指,许可证持有人需对设备和系统进行“连续”检查,作为定期测试和预防性维护计划的一部分,由核安全局审查运营商提出的合规方法和期限;后者是指,许可证持有人每10年在定期安全检查时也会进行系统检查,许可证持有人将设施的实际状况与适用的安全要求做比较,并列出任何偏差。此外,许可证每10年必须进行一次定期的安全评价。实施法令可能会设定不同的安全评价的时间要求,如果设施有特殊性需要,核安全局可以在迫在眉睫的危险情况下暂停许可证。

（四）公众参与制度

法国放射性废物管理公众参与制度主要包含两方面的内容:一是信息的披露与公开;二是参与放射性废物监管决策。其中,信息公开是参与监管决策的重要前提条件,也是法国《2006年核领域透明与安全法》所确立的透明原则的具体表现。

具体而言,法国法律规定国家有责任向公众公布核安全与辐射防护监测的程序和结果,向公众提供有关其在境外进行的核活动,特别是在发生事件或事故的情况下,对本国领土造成的后果的信息。

法国替代能源和原子能委员会、法国电力公司等需要定期编写和更新"废物管理研究报告"并传送给法国核安全局。每一个核设施营运者必须按照法国核安全局规定的特定格式编写一份废物年度管理报告,并将报告发给核安全局和所有主管当局。该报告所载的所有资料还必须供公众查阅,除非受到贸易或国防机密的保护。

政府每三年制定并更新一次国家放射性废物管理方面的计划,然后递交给议会,由议会科学与技术评估办公室进行评估,最后由议会披露。国家评估委员会每年评估放射性物质和废物的调查和研究进展并将报告将递交给议会,由议会科学与技术评估办公室评估后向社会披露。

法国核安全局须在其官方网站上公布监管信息,包括详细的核安全局决议、事件、检查的跟进信函、重要职位情况、相关机构(咨询委员会、国家辐射防护及核安全研究所等)的专业技术或报告以及关于核安全局的资料或教育支持活动等。法国核安全局每年还要将其关于法国核安全与辐射保护现状的报告向记者展示并与当地和全国媒体的频繁交流。法国核安全局通过公共信息中心、官方网站和多个社交媒体平台向公众普及核知识,组织展览、电影放映和研讨会,接待民众访问。

地方信息委员会长期追踪核设施的安全信息及影响、定期举行例会并代表居民与核电运营企业对话、组织公众研讨会等。民众可以在官网上下载相关的公开资料。[1]

《2006 年核领域透明与安全法》规定在国家层面设立核安全透明和信息高级委员会。该委员会是一个调查与核活动有关的风险以及这些活动对个人健康、环境和核安全的影响的信息咨询和讨论机构。核安全透明和信息高级委员会可以提供完成其任务所必需的咨询服务,并可以组织对抗性辩论,公开披露自己的意见,编制公开年度活动报告。核活动负责人、核安全局和其他有关国家机构向高级委员会转交有助于完成其任务的所有文件和资料,在他们作出决策时,需要咨询委员会的意见。《2006 年核领域透明与安全法》还规定在基础核设施所在地成立地方信息委员会,负责核安全领域的一般跟进、资料和协调工作,以及就场址设施而言的辐射防护和核活动对人员和环境的影响的信息交流。

(五)质量保证制度

法国核安全局针对基础核设施的质量保证发布了一项命令(BNI Order),该命令规定建立一个关于质量管理的总体框架,要求任何核设施运营商都必须采取措施以实现和保持其设施的质量及其运行条件,并确保其安全。该命令还要求:出现违规和发生事故要及时纠正并采取预防措施;提供相应的文件证明所取得的成果;运营商要对其供应商进行监督,确保其遵守命令的规定,确保供应商提供的货物或者服务经过检查。[2]

法国核安全局允许核设施运营商及其供应商、承包商、分包商在基础核设施外围进行有助于核设施安全的活动,但是这些活动要受到核安全局的监督。核安全局的监督人员须特别检查运营商及其供应商所

---

〔1〕 参见甘露茜:《核能行业放射性废物安全管理法律制度研究》,重庆大学 2019 年博士学位论文,第 197 - 198 页。

〔2〕 See Nuclear Safety Authority, *France sixth National Report on Compliance with the Joint Convention Obligations*, p. 105, IAEA (Oct., 2017), https://www.iaea.org/sites/default/files/6rm - france.pdf.

采取的措施是否合规，包括供应商对营运商的义务、供应商文件、运营商对供应商的控制结果等。监督人员有权在供应商的场所询问任何人和进行检查。监督检查结果将反馈于对核设施及供应商负责的运营商。核安全局通过这样的检查来评估运营商内部核查的效率，并综合核设施发生事故后的故障分析、检查结果、经验反馈等信息对每个核设施运营商遵守上述质量保证命令的情况进行评估。

为实施上述命令，法国国家放射性废物管理局、法国替代能源和原子能委员会、法国 Orano 公司（原阿海珐公司）和法国电力公司等放射性废物管理的实施者须采取相应措施，将质量、环境和安全放在优先位置考虑。这些措施主要包括以下五方面。[1]

第一，在管理系统方面。上述单位都构建了符合 ISO－9001（质量）标准、ISO－14001（环境）标准、OHSAS－18001（健康安全）标准三重认证的综合管理系统，以确保自己经营的核设施在质量方面遵守法国核安全局发布的关于基础核设施质量保证的命令的规定。

第二，在内部管理与实施流程方面。上述各单位都建立了相应的管理制度，例如，法国电力公司认为一项活动的质量的根本责任在于实施的人，其能力、经验和文化对达到预期的质量水平至关重要，需强调每个行动者的关键作用（包括管理层、员工、合作伙伴和承包商的参与）。法国电力公司根据活动的重要性调整质量保证要求，要求每一项活动事先都要分析其内在的问题和潜在故障可能导致的后果（特别是安全），从而规定活动的基本质量特征，特别是所需的质量水平。由此制定的质量保证措施，包含了针对潜在失败的各种预防措施。为达到质量目标需要明确地分配任务，并在公司的各个层次定义不同参与者之间的角色、责任和关系。从初步分析到最终报告，在整个活动过程中都要编制文件，以确保操作的可追溯性和质量的实现。

第三，在机构内部的监管方面。法国替代能源和原子能委员会通

---

〔1〕 See Nuclear Safety Authority, *France sixth National Report on Compliance with the Joint Convention Obligations*, p. 106－108, IAEA (Oct., 2017), https://www.iaea.org/sites/default/files/6rm－france.pdf.

过审核和内部检查,以知悉相关意见和违规事项,从而纠正和预防;法国欧安诺公司在每个设施设立独立的安全检查员,并对其在安全方面开展工作提供支持;法国电力公司通过在运输场所进行审计和抽查来监控运输链等。

第四,在对外部供应商、承包商进行监督方面。从事核燃料循环业务的法国欧安诺公司要求每一个合作者都要参与预防性措施的实施,采取辐射防护等措施,并评估供应商在场址内参与安全活动的能力,对供应商系统化地实施正式的监督程序;法国电力公司为了确保合同履行的质量,也对其供应商的活动进行监督,并强调这种监督并不免除供应商对质量所需承担的责任。

第五,在经验积累与推广方面。各单位都将检测到的问题、事故进行收集和分析,寻找其深层原因并找到解决办法,在通过实践验证良好之后再推广。各运营商也注重吸收他人经验,提高团队专业知识,为员工提供技能培训等。

(六)辐射防护制度

法国的辐射防护遵循合理性原则、优化原则和限制原则这三个基本原则。[1] 其中,合理性原则,是与个人可能遭受的电离辐射所固有的风险相比,只有在个人或集体能从中获得利益(特别是在健康、社会、经济或科学方面的利益)的情况下,核活动才可以进行。该原则禁止效益小于风险的核活动。优化原则是指考虑到技术知识状况、经济和社会因素,以及医学研究目标的适用,个人受到核活动产生的电离辐射的水平、发生这种辐射的概率和受辐射的人数,必须维持在合理可达到的最低水平。该原则也被称为 ALARA(As Low As Reasonably Achievable)原则。例如,减少核设施排放放射性污水中允许排放的放射性核素或强制监测工作场所的暴露情况以便将其严格控制在最低水平。限

---

〔1〕 See Nuclear Safety Authority, *The eighth French national report for the Review Meeting of the Convention on Nuclear Safety* 2020, p. 94 – 95, Nuclear Safety Authority (Oct. 28, 2019), http://www.french-nuclear-safety.fr/Information/News-releases/French-national-report-for-the-Review-Meeting-of-the-Convention-on-Nuclear-Safety-2020.

制原则,是指一个人因核活动受到电离辐射照射,其所受剂量总和不能超过条例规定的限度,除非此人是为了医疗目的或生物医学研究而受到照射。核活动对普通大众或工作人员的辐射水平有严格的限制。如果超过这些限制,这种情况被认为是不可接受的,并可能导致行政或刑事处罚。

在上述原则约束下,法国分别针对公众、工人和紧急情况下的个人规定了不同的辐射防护具体要求。具体来说:

对于公众的辐射防护,法国《公共卫生法典》规定了保护公众免受电离辐射的一般措施。[1] 根据该法的规定,机构负责人或公司负责人负责为参与核活动的个人提供一切必要的资源,以达到和维持最佳水平,保护公众免受电离辐射的危害。该法禁止在建筑产品、消费品及食品中有意添加人造或天然放射性核素,禁止在消费品或建筑产品的制造中使用受放射性核素污染或可能受到放射性核素污染的、核活动产生的材料和废料。《公共卫生法典》还要求建立一个国家网络来测量环境中的放射性。这个网络的作用是帮助测量公众所受电离辐射的剂量并告知公众。

对于工人的辐射防护,法国《雇佣法》规定为所有在工作过程中可能暴露于电离辐射的工人(无论是否有薪)建立专门的辐射防护制度。雇主应当采取一般行政和技术措施,尤其是在工作组织和工作条件方面采取措施,以防止可能因接触电离辐射而引起的工作事故和职业病。根据《雇佣法》的规定,当处理、使用或贮存密封或未密封的放射源或电离辐射装置会对设施内的工作人员、在该设施内工作的外部承包商或无薪工人造成暴露风险时,雇主必须指定至少一名有能力的人负责辐射防护工作。《雇佣法》还规定,在包括至少一个基础核设施的场所,以及在包括根据《公共卫生法典》相关规定或《环境法典》相关规定

---

〔1〕 See OECD – NEA, *Nuclear Legislation in OECD and NEA Countries*: *France* (2011 *update*), p. 22 – 27, OECD – NEA (2011), https://www. oecd – nea. org/jcms/pl_24181/nuclear – legislation – in – oecd – and – nea – countries – france – 2011 – update.

须获得许可的设施或活动的场所,必须从企业工作人员中选定辐射防护主管人员。当根据经营活动的性质和风险程度确定一人以上辐射防护主管人员时,必须由企业内部的辐射防护主管部门统一负责,该部门应独立于企业的生产和经营部门。

对于紧急状况下个人的辐射防护,《公共卫生法典》规定了在辐射紧急情况下基础核设施营运人和公共当局应当采取的具体行动。这些行动包括:如果预测有效剂量超过10毫西弗,应采取掩蔽措施;如果预测有效剂量超过50毫西弗,采取疏散措施;如果预测有效剂量可能超过100毫西弗,则给予稳定碘,等等。

为实施上述辐射防护措施,需要开展辐射环境监测。法国《环境法典》规定核设施的许可证持有人应对其设施周围的环境(包括地表水、地下水、空气、生物基质:草、牛奶、植物、渔业产品等)进行放射性监测。其目的主要包括5方面:一是有助于了解该设施环境的辐射和辐射生态状况以及其发展情况;二是协助估计设施对健康和环境的影响;三是尽早侦测任何放射性异常增加;四是确保设施没有故障;五是通过将这些数据传输到国家环境辐射监测网,提高信息透明度。[1]

法国《环境法典》还规定,法国核安全局应在全国范围内建立一个有关辐射防护的永久性监测制度,环境辐射监测是其中的不可分割的组成部分。据此,法国核安全局发布了各种辐射环境监测相关的技术法规,包括适用于所有基础核设施安装运营商的一般范围的技术法规,单独适用于特定设施安装的技术法规。核安全局还设定了监测环境中放射性的最低要求,并监督检查这些要求是否得到满足。核安全局也负责向公众提供这些信息。核安全局还帮助法国卫生部制定了适用于对供人类饮用的水的放射性水平进行监测的技术规定,并对开展这些检测活动的实验室进行认证。

---

〔1〕 See Nuclear Safety Authority, *The eighth French national report for the Review Meeting of the Convention on Nuclear Safety* 2020, p. 95 – 97, Nuclear Safety Authority (Oct. 28, 2019), http://www.french – nuclear – safety.fr/Information/News – releases/French – national – report – for – the – Review – Meeting – of – the – Convention – on – Nuclear – Safety – 2020.

法国核安全局并非唯一的辐射环境监测者。核设施附近的环境辐射状况受到最严密的监控,监控遍布整个法国,涉及多个监测网络的部署和监测。例如,利用环境采样网络,对空气、水、土壤和食物等环境要素进行采样,然后在实验室进行分析;利用空气放射性远程监测网络提供持续、实时的测量结果并传送。当测量到的放射性水平异常上升时,这些系统都具有警报功能。与此同时,许可证持有人负责根据核设施许可证、排放许可证或有关取水和排放的核安全局决议等要求监测其设施周围的环境,这些要求规定许可证持有人采用各种措施依据设定的频次开展测量。此外,在核设施附近,除由核设施许可证持有人(法国国家放射性废物管理局、法国替代能源和原子能委员会、法国电力公司、法国海军等)进行的监测外,国家辐射防护及核安全研究所还进行定期监测,其测量结果传送至法国国家环境辐射监测网。

(七)报告制度

法国放射性废物管理报告制度包括公共部门(法国核安全局、法国国家委员会、国家财务评估委员会、核安全透明和信息高级委员会等)的报告和许可证持有人(包括设施营运商)的报告。

在公共部门的报告方面,根据《2006 年核领域透明与安全法》的规定,法国核安全局需要编制年度活动报告,并转交国民议会、政府和总统,由议会提交给议会科学和技术评估办公室讨论。核安全局主席应国民议会和参议院或议会科学和技术评估办公室的要求,需向它们报告核安全实施放射性废物管理活动的情况。根据法国《2006 年放射性物质与废物可持续管理规划法》的规定,国家委员会需依据国家计划制定原则,每年评估放射性物质和废物的调查和研究进展并提供一份年度报告,该报告将递交给议会并由议会科学和技术评估办公室进行讨论。国家委员会还需每年向地方信息和监测委员会提交包括法国《2006 年放射性物质与废物可持续管理规划法》规定的研究方向的研究进展的评估报告。国家财务评估委员会需评估拆除基础核设施和管理乏燃料和放射性废物的费用,每三年向议会和核安全透明和信息高级委员会递交一份关于该评估的报告。此外,根据法国《2006 年核领域透明与安全法》的规定,核安全透明和信息高级委员会可以提供完成其任务所必需的咨询服务并编制和公开年度活动报告。

在许可证持有人的报告方面，根据《2006年核领域透明与安全法》的规定，基础核设施许可证持有人应当每年编制报告，报告需载明：关于核安全和辐射防护的规定；在设施范围内发生的与核安全和辐射防护有关的事件和事故；遵守法律规定义务的声明；以及采取的防止事件或事故情形恶化给个人健康和环境带来不利后果的措施；测量装置向环境释放的放射性和非放射性物质的性质和结果；在安装地点储存的放射性废物的性质和数量，以及为限制其数量和对健康和环境特别是对地面和水的影响而采取的措施。该报告须提交给基础核设施健康与安全委员会由其提出建议。该报告还需公开披露并转交地方信息委员会和核安全透明和信息高级委员会。根据法国《2006年放射性物质与废物可持续管理规划法》的规定，基础核设施的运营商每三年须向行政机关提交一份报告，说明拆除其设施的费用和对放射性废物处理设施的关闭、维护和监测费用的评估、用于计算抵消这些成本的储备金的方法，以及用于储备的资产的组成和管理的选择。他们每年向行政当局递交一份更新本报告的说明，并及时地通知行政当局任何可能改变报告内容的事件。基础核设施运营商更新并向主管当局提供有关国外乏燃料和放射性废物的运行信息。他们每年给能源部长递交一份报告，报告包括他们所拥有的来自国外的乏燃料和放射性废物的存量，以及经过处理后的放射性物质和废物的存量，还包含有关此类操作的预测信息。

此外，根据《2006年核领域透明与安全法》的规定，在已发生或可能对设施或运输的安全造成重大后果，或因大量暴露于电离辐射而危及人员、货物或环境的事件或事故时，无论是否与核有关，基础核设施的许可证持有人或负责运输放射性物质的人有义务毫不迟延地向法国核安全局和在事件或事故发生地部门的国家代表报告。

（八）应急制度

放射性废物管理领域的应急安排是法国政府所处理的重大紧急情况的一个特殊情形。国家、政府部门和地区公共当局以及核设施营运商都是参与应急准备和响应的责任主体。[1] 以下从六个方面展开：

第一，在国家层面，如果发生需要众多参与者协调的重大危机，政府危机组织将在总理的监督下成立，并启动部际危机委员会（Interministerial Crisis Committee）。该委员会由各有关部门或者其代表、主管的安全监管机构（法国核安全局）及其技术支持机构（国家辐射防护及核安全研究所）的代表、许可证持有人的代表以及提供援助的行政部门或公共机构的代表组成，其目的是集中和分析资料以便拟订战略决定并协调在部际一级的应急行动。在放射性紧急情况下，每个部（包括分散的国家服务部门）负责在其主管领域内准备和执行国家一级措施。有关各部应与法国核安全局合作，就将采取的保护措施向地方行政长官（Prefect）提供咨询意见，使其能够评估设施的状况、事件或事故的严重性及其可能的发展。

根据法律规定，基础核设施安装的许可证持有人有义务制定核应急或辐射应急计划。该计划被称为"场内应急计划"，其目的包括：使设备和设施回到稳定、可控的状态；防止、减轻或延迟设施外事故的后果；向设施外的响应服务发出警报并协助其在现场采取响应行动；提醒和保护现场人员；向公共当局发出警告；以及采取场外应急计划中规定的由许可证持有人负责的措施。

对于某些核工业，如核电站或研究反应堆，法律规定公共当局为设施周围特定区域内的居民制订应急计划。该计划被称为"场外应急计划"，其目的是在短期内保护民众免受放射性泄漏的威胁，并向被许可方提供外部应急响应资源。它规定了各有关部门的职责、广播警报的方式以及物资和人力资源。2014 年法国公布的国家"重大核事故或辐射事故"计划涵盖了涉及放射性物质运输的重大放射性应急情况。它详细阐述了国家应急管理组织、应对战略和原则，并载有一份可供部级当局使用的决策支持指南。该计划在全国范围内实施，作为场外应急

---

[1] See Nuclear Safety Authority, *France sixth National Report on Compliance with the Joint Convention Obligations*, p. 126 – 128, IAEA (Oct., 2017), https://www.iaea.org/sites/default/files/6rm – france.pdf.

计划的补充。

第二,在地方层面,在可能对基础核设施以外地区造成影响的核或辐射紧急情况下,该设施所在省的长官负责应急响应行动,执行场外应急计划的规定,并下令采取人口保护措施。为确保紧急情况在当地得到控制,该行政长官须启动并使用应急管理中心(部门运行中心),该中心由来自所有应急服务部门(警察、宪兵、民防)、核安全局和国家辐射防护及核安全研究所的分散区域机构的代表组成。行政长官还负责与媒体、公众和当选代表进行沟通。受事故影响的基础核设施许可证持有人必须执行现场应急计划,组建组织和采取手段来控制、评估事故并减轻后果,保护现场人员、提醒并通知公共当局。

第三,作为负责核安全监管的机关,法国核安全局在核或辐射紧急响应过程中发挥重要作用。法国核安全局将在国家辐射防护及核安全研究所的支持下,执行 4 项任务,包括:检查并确保许可证持有人所采取的核安全措施的有效性;为政府及其当地代表提供建议;帮助传播信息;作为国际公约框架内的主管当局负责国际通报或者请求国际援助。法国核安全局为应对基础核设施发生的核事故设立了多个应急响应组织,包括核安全局工作人员参与的各种公共信息中心单位、地区应急中心、省行动中心和在蒙鲁市(Montrouge)设立的由三个指挥站组成的国家级应急中心。该国家级应急中心的运行须在国家应急演习中定期进行测试,并在实际事件或事故中启动。在地方一级的应急中,法国核安全局帮助省和区长官作出决定和采取沟通行动,并可能派检查员前往受事故影响的现场。

在发生真正紧急情况时,法国核安全局将由位于辐射防护与核安全研究所技术应急中心的分析小组提供支持。法国核安全局的警报系统允许动员其紧急中心的工作人员和辐射防护与核安全研究所的工作人员。一旦基础核设施许可人发出警报,该自动系统就会向配备适当接收设备的员工发送警报信号,并向部际应急管理运行中心以及环境、能源与海洋部警报中心等部门发出警报。各方将对局势的严重程度进行评估,并在必要时可以启动自己的应急管理中心来控制局势。这些机构在各自的主管领域内开展工作,包括评价、决策、行动和通讯,为此定期举行会议。各方之间须开展交流和实施有关设施安全和保护公众的决定和方针。各应急中心发言人和通信单位确保向公众和媒体提供一致的信息。[1]

法国核安全局还负责批准和监督现场应急计划的实施,参与场外应急计划的准备工作。核安全局与技术支持组织国家辐射防护及核安全研究所协助地方长官分析许可证持有人将提供的技术数据,以便确定场外后果的性质和范围,就地方长官起草的核安全委员会计划中有关放射性物质运输的部分提出意见。

第四,核设施营运商的应急响应组织旨在在发生事故时为操作团队提供支持,必须确保完成 3 项主要任务,包括:在核设施场内触发场内应急计划;在核设施场外动员来自国家应急响应小组的事故专家以帮助现场管理;以及根据情况的严重程度通知公共当局可能触发场外应急计划。

第五,对于基础核设施外的事故应急组织。除核设施运行或放射性物质运输作业的事故外,还可能在其他活动中发生辐射紧急情况,包括:从事医疗、研究或工业用途的核活动;放射性物质有意或无意地扩散到环境中的情况;以及在没有设计容纳它们的地方发现了放射源等。因此,有必要限制个人暴露于电离辐射的风险。核安全局于 2005 年与有关部门和利益相关者一起发布了相关部际通告,具体规定了应对这些放射性紧急情况的国家部门的组织、干预的背景、各方责任、警示机关的办法、干预原则和负责提供协助的部门。[2]

第六,关于应急演练。法国核安全局编制了关于核废料和放射性

---

〔1〕 See Nuclear Safety Authority, *France sixth National Report on Compliance with the Joint Convention Obligations*, p. 128 – 129, IAEA (Oct., 2017), https://www.iaea.org/sites/default/files/6rm – france.pdf.

〔2〕 See Nuclear Safety Authority, *France sixth National Report on Compliance with the Joint Convention Obligations*, p. 130 – 131, IAEA (Oct., 2017), https://www.iaea.org/sites/default/files/6rm – france.pdf.

物质运输作业的国家核与辐射应急演习年度方案。[1] 除国家演习外,行政长官(省长)也须在其省内的场址举行地方演习,以加强对放射性紧急情况的准备,并更具体地测试部署有关人员所需的时间。这些演习使参与人员能够在管理紧急情况方面积累知识和经验,特别是为每次演习调动的300名左右人员。这些演习能够评估每个省长办公室和其他相关利益相关者的准备程度,并且具有5项功能,包括:其一,确保其所包含的向国际组织发出警报和及早通知的计划和程序是最新的,并为所有管理人员和反应人员所熟知;其二,培训可能参与的人员;其三,实施应急组织的各个程序以及国家计划、部际要求、应急计划和地方保障计划中规定的程序;其四,协助向媒体和民众提供信息;其五,制定针对公民社会的教育方法,使每个人都能通过采取适当的保障行为,为自己的安全作出贡献。每次演习结束后,各个应急中心和法国核安全局都会组织评价会议和经验反馈汇报会议。核安全局与其他参与者一起,努力确定在这些演习中显现的最佳做法和需要改进的领域,并从已经发生的实际情况中总结经验和吸取教训。

(九)资金保障制度

法国放射性废物管理的资金保障安排因主体不同而有所差异。这些主体主要包括法国国家放射性废物管理局、法国替代能源和原子能委员会、法国欧安诺公司(原阿海珐公司)、法国电力公司和兰格文研究所(Institut Langevin)。以下分别阐述其资金保障安排。

对于法国国家放射性废物管理局来说,其放射性废物管理资金来源包括五方面:一是商业收入。国家放射性废物管理局与法国电力公司、法国欧安诺公司和法国替代能源和原子能委员会签订商业合同,为其提供放射性废物处理设施的运行和监测、相关研究、废物接管或场地修复的服务,收取费用。二是补贴。国家放射性废物管理局为编制国

---

〔1〕 See Nuclear Safety Authority, *The eighth French national report for the Review Meeting of the Convention on Nuclear Safety* 2020, p. 125 – 127, Nuclear Safety Authority (Oct. 28, 2019), http://www.french – nuclear – safety.fr/Information/News – releases/French – national – report – for – the – Review – Meeting – of – the – Convention – on – Nuclear – Safety – 2020.

家清单、收集和接管个人或地方社区拥有的“小规模”放射性废物以及在责任实体违约时修复受放射性物质污染的场址而获得的国家补贴。三是税收。根据《环境法典》的规定，国家放射性废物管理局管理着一个内部“研究基金”，用于资助对长寿命高、中放废物的储存和深部地质处理的研究。该基金的资金源于一种对已经存在的“研究”税的附加税。这项额外的税收取代了将国家放射性废物管理局与主要生产商捆绑在一起的商业合同，目的是“保证长期研究和管理放射性废物的资金”。法国核安全局根据“污染者自付”的原则向废物产生者征税，其基础是《环境法典》规定的固定费率和法令规定的乘数。设施（核电厂、燃料处理厂等）不同，费率和总金额也有所不同。四是地质处置工业中心的基金资助。地质处置工业中心项目设计研究和任何前期工作都由该机构内部的设计基金资助，该基金内置于国家放射性废物管理局，源于废物产生者的支付款项。五是《2006 年放射性物质与废物可持续管理规划法》规定的资金。该法规定了一项新的财政措施，为国家放射性废物管理局建造或运行的长寿命中、高水平放射性废物储存或处置设施的建设、运营和最终关闭提供资金，该资金在国家放射性废物管理局会计系统内设立，由签订协议的基础核设施运营商提供。[1]

对于法国替代能源与原子能委员会来说，其维持乏燃料和放射性废物管理业务有关的日常运行经费均由支付给该机构的国家补贴提供。回收和包装“遗留”设施清理和退役所产生的废物以及这些设施运行期间在现场产生和储存的废物的资金来自专用资金，由核政策委员会（Nuclear Policy Council）会议批准相应的国家拨款。[2] 法国替代能源与原子能委员会必须遵守年度预算，推迟较低优先级的任务，以便完成较为优先的工作。与此同时，法国替代能源与原子能委员会也要

---

〔1〕 See Nuclear Safety Authority, *France sixth National Report on Compliance with the Joint Convention Obligations*, p. 99, IAEA (Oct., 2017), https://www.iaea.org/sites/default/files/6rm-france.pdf.

〔2〕 See Nuclear Safety Authority, *France sixth National Report on Compliance with the Joint Convention Obligations*, p. 100, IAEA (Oct., 2017), https://www.iaea.org/sites/default/files/6rm-france.pdf.

采取措施,降低运行成本和与被关闭的设施有关的管理费用,并制订具体的行动计划,以增加进行清理、拆解、废物回收和包装作业所需的手段。

对于从事核燃料循环业务的法国欧安诺公司来说,尽管自己是放射性废物处理服务提供者,但其自身及其保留所有权的电力公司都会产生放射性废物,因而涉及管理资金问题。法律规定的放射性废物的资金责任与其产生的各类放射性废物(包括过去作业和退役产生的废物)的总量有关。管理这些废物的成本包括包装和处理成本,以及清除历史废物的成本。法国欧安诺公司需要根据《环境法典》等法律规定提供涵盖其集团拥有的基础核设施的责任的资金。

对于法国电力公司来说,作为法国核电站的运营者,其有义务为核燃料循环的后端业务(乏燃料管理和放射性废物长期管理)、核电站的拆除和最后的堆芯管理,特别是核反应堆的退役和由此产生的废物的处理提供资金。法国电力公司在这些反应堆的整个运行期间拨出与投资费用成比例的会计储备金,以便支付到期时的费用,其每年需要为在运行电力反应堆的未来退役和已永久关闭反应堆的拆除工作准备(提供)资金。为履行其长期资金承诺,法国电力公司在过去几年里已经建立了一个资产组合,专门用于支付核电站拆除和核燃料循环后端相关的费用。[1]

对于兰格文研究所(Institut Langevin)来说,该研究所是一个由法国和德国共同于1967年创立的研究机构,1973年英国加入。其高通量反应堆(high - flux reactor)的功率为58.3兆瓦,于1971年投入使用,为科学界的基础研究提供了最密集的中子源。该研究的运行及其废物管理由法国、德国和英国共同提供资助保障,其他科学合作伙伴也参与资助。

---

〔1〕 See Nuclear Safety Authority, *France sixth National Report on Compliance with the Joint Convention Obligations*, p. 103, IAEA (Oct., 2017), https://www.iaea.org/sites/default/files/6rm - france.pdf.

五、德国放射性废物管理的主要制度措施

（一）许可制度

德国放射性废物管理领域的许可制度由德国《原子能法》规定，主要包括许可机关、许可条件、许可申请、许可审批和许可决定五个方面的内容。[1]

第一，关于许可机关。根据德国《原子能法》第9a(3)、9b(1)和9b(1a)条的规定：联邦政府应建立放射性废物的储存和处置设施，此类设施的建造、运营和退役计划须经审批程序；审批机关可分若干次步骤对项目进行审批，并根据审查情况可以发布部分计划批准决定；如果放射性废物处置设施的场地由联邦法律规定，许可证应取代计划审批程序。根据《原子能法》第6条的规定，联邦核废物管理安全办公室为许可证授权机构，各州主管当局对许可实施监督。根据《原子能法》第7条和第9条的规定，除获得联邦核废物管理安全办公室许可的储存设施外，核设施、处置和活动的许可证可由各州最高主管当局负责发放，各州最高主管当局依据德国《辐射防护条例》的规定就放射性废物处置设施和州存储设施发放许可证。此外，联邦政府对各州的许可证发放行为予以监督，并有权就个案的事实和法律问题向该州发出具有约束力的指令。

第二，关于许可条件。根据德国《原子能法》第7(2)条规定，只有在符合以下基本条件时才能颁发许可证，具体要求包括以下六方面：其一，确保核设施的安装和管理以及负责运营监督的申请人和负责人具有必要的资格且对其可信性排除了合理怀疑；其二，确保从事核设施的运营人员已完全了解该设施的安全运行方法、潜在危害性和应

[1] See Federal Ministry for the Environment, Nature Conservation and Nuclear Safety, *Report of the Federal Government for the Seventh Review Meeting in May* 2021 *on the fulfilment of the obligations of the Joint Convention on the Safety of Spent Fuel Management and on the Safety of Radioactive Waste Management*, p. 121 – 131, Federal Ministry for the Environment, Nature Conservation and Nuclear Safety (Nov. 20, 2020), https://www.bmu.de/fileadmin/Daten_BMU/Download_PDF/Nukleare_Sicherheit/jc_7_bericht_deutschland_en_bf.pdf.

采取的保护措施；其三，根据科学和技术方面的最先进情况，采取了必要的预防措施以防止设施的安装和运行发生损害；其四，已为履行支付损害赔偿的法律责任提供了必要担保；其五，已提供必要的保护，防止第三方的破坏性行动或其他干扰；其六，设施选址与公共利益并不冲突，出现下列两种情形时不予颁发许可证。一是拟申请设施的建造、运营或退役将导致公共利益受到损害，且这种损害不能通过限制权利或增加义务的方式防止；二是拟申请设施的建造、运营或退役与公法的其他规定相冲突，尤其与环境保护领域的法律规范相冲突。

第三，关于许可申请。申请人应将书面许可证申请提交至核设施所在地或将要建造地的主管许可当局，并须提交许可当局及其咨询的专家审查许可证先决条件所需的所有文件。这些文件在《核许可程序条例》(Nuclear Licensing Procedure Ordinance)中有详细列明。在申请修改许可证时，对许可证先决条件的审查不仅涉及修改对象，还应审查修改对现有设施的影响。为了核实许可证的先决条件是否得到满足，申请人应就修改所涉及的问题提交相关文件。如有必要，在授权专家的支持下，应提交一份上述《核许可程序条例》中列明的安全分析报告，由许可证发放主管机关在许可程序中对其进行审查。此外，许可申请书中应载有对计划设施的简要说明，包括关于其对人口和周围环境可能产生影响的信息，以便公众参与。

第四，关于许可审查。接到提交的申请文件后，许可主管机关审查其是否满足许可证的先决条件。根据《核许可程序条例》第 7a 条的规定，所有联邦、州和其他地区的行政机关均有可能参与许可审批程序，特别是负责土木工程、水、区域规划和场外灾害控制的行政机关。此外，为评估安全问题，许可主管机关应委托技术专家组织对申请文件加以评估，确保其符合法定许可证授予条件。此外，州主管机关可将其认为的重要审批程序提交联邦环境、自然保护与核安全部备案，联邦环境、自然保护与核安全部可在联邦监管框架内给予各州特定授权。必要时，联邦环境、自然保护与核安全部也可代表联邦政府参与到州的个案审批程序之中。在联邦监管范围内执行此类与安全有关的任务时，联邦环境、自然保护与核安全部可咨询其下属咨询机构以寻求建议和技术支持，如反应堆安全委员会、核废物管理委员会、辐射防护委员会及相关专家组织。

第五，关于许可决定。许可证授予程序涉及多方利益考虑，由多方主体决策。各州主管机关应履行《核许可程序条例》的程序要求并通过对提交的申请文件、咨询机构出具的安全评估报告、来自联邦环境、自然保护与核安全部及有关部门的意见以及对公众提出的反对意见的调查结果等材料进行综合认定，从而决定是否发放许可证。对许可决定有异议者可向该州法院起诉、向联邦法院提出上诉。此外，各州的许可和监管机关可根据《原子能法》的必要授权对无证建造、运营的核设施予以依法取缔。

（二）环境影响评价制度

在德国，环境影响评价属于上述许可制度的附属部分。其中，环境影响评价的法律依据是德国《环境影响评价法》（Environmental Impact Assessment Act）和《原子能法》。根据这两部法律的规定，放射性废物相关设施或活动的许可申请人须将环境影响报告附在申请书中。环境影响报告必须说明旨在排除、减少或抵消项目对环境的任何潜在重大不利影响的措施和特点，以及采取了这些措施后对环境的不确定性影响。这些影响不仅应考虑放射性物质对环境的影响，还应考虑设施的建造、运行或退役造成的其他影响（如对自然平衡、水平衡、噪音、光线、土地消耗等的影响）。受影响的公众和有关机关可以对环境影响报告进行评议。核许可主管和监督机关根据其编写的环境影响摘要文件对相关项目的环境影响方面作出评估。德国是1991年《跨界环境影响评价公约》的缔约方。根据该公约，如果该项目能够对跨境环境产生影响，可能受影响的邻国主管部门和公众可在项目获批准之前作为跨境环境影响的主体的一部分参与其中。[1]

（三）安全评价制度

德国将放射性废物处置定义为永久性安全处置，因此在许可程序内实施长期安全评价尤为重要。放射性废物管理设施（放射性废物储存设施、调理设施和处置设施）的安全评价包括对放射性废物管理设施建设前以及投产前进行安全性评价，均为许可程序的必要组成部分。

关于放射性废物管理设施建设前和关闭后的安全评价。《原子能法》第9b条和第7条的规定，必须根据科学技术的先进水平采取必要的预防措施，以防止电离辐射造成的损害，这些预防措施也与处置设施关闭后的时期相关。预防措施设计的一个前提是确定关于安全性评价参考的放射性剂量值。对于高放废物处置设施而言还需要实施设施长期安全评价，《选址法》第1条第2款规定了长期安全评价的期限为100万年，其中包括对安全遏制放射性废物的要求、屏障系统的坚固性和亚临界性的保证等。

关于放射性废物管理设施投产前的安全评价。根据《原子能法》第19条的规定，放射性废物处置须接受政府监督，核设施投产前需要实施安全和环境影响评价。如果放射性废物的处理方式与许可文件中规定的处置方式存在重大偏差，核设施的经营者需在放射性废物管理设施投入使用前根据《辐射防护法》第12条和《原子能法》第7条的规定向许可证主管机关申请变更许可证，与许可证变更申请一起提交的文件还应载明需修改部分的影响范围的科学技术状况。许可证主管机

---

〔1〕 See Federal Ministry for the Environment, Nature Conservation and Nuclear Safety, *Report of the Federal Government for the Seventh Review Meeting in May* 2021 *on the fulfilment of the obligations of the Joint Convention on the Safety of Spent Fuel Management and on the Safety of Radioactive Waste Management*, p. 127, Federal Ministry for the Environment, Nature Conservation and Nuclear Safety (Nov. 20, 2020), https://www.bmu.de/fileadmin/Daten_BMU/Download_PDF/Nukleare_Sicherheit/jc_7_bericht_deutschland_en_bf.pdf.

关所进行的安全评价也必须基于科学技术的最新水平。[1]

（四）公众参与制度

德国放射性废物管理中的公众参与主要体现在放射性废物管理设施的许可审批过程中。公众参与的目的是让其有机会在许可程序的进程中及时维护自身利益。许可主管机关应依据《核许可程序条例》第 8 – 13 条的规定保证公众参与的进行，如应在设施附近的适当地点公开宣布项目并公开披露申请文件、举行公开听证会，以及对许可主管机关、许可证申请人和提出异议者的意见予以充分讨论。为便于公众参与，许可证申请人应提交关于拟议放射性废物管理设施的简要且易于理解的说明。除了公众参与许可程序外，各州的法律通常还规定了公众在许可申请的早期阶段的参与制度，项目实施者在许可申请前须向公众通报该项目并提供发表评论和讨论的机会。[2]

（五）质量保证制度

放射性废物的处理、储存和处置设施的设计包括建设性和行政措施，以保护公众和工人免受放射性物质释放和电离辐射造成的危害。这些措施的有效性是在质量保证方案的框架内确保的，该方案还考虑到老化现象和预防性维持。

德国核安全标准委员会发布的 1401 号标准文件规定了核电站质

---

[1] See Federal Ministry for the Environment, Nature Conservation and Nuclear Safety, *Report of the Federal Government for the Seventh Review Meeting in May* 2021 *on the fulfilment of the obligations of the Joint Convention on the Safety of Spent Fuel Management and on the Safety of Radioactive Waste Management*, p. 127, Federal Ministry for the Environment, Nature Conservation and Nuclear Safety (Nov. 20, 2020), https://www.bmu.de/fileadmin/Daten_BMU/Download_PDF/Nukleare_Sicherheit/jc_7_bericht_deutschland_en_bf.pdf.

[2] See Federal Ministry for the Environment, Nature Conservation and Nuclear Safety, *Report of the Federal Government for the Seventh Review Meeting in May* 2021 *on the fulfilment of the obligations of the Joint Convention on the Safety of Spent Fuel Management and on the Safety of Radioactive Waste Management*, p. 127 – 128, Federal Ministry for the Environment, Nature Conservation and Nuclear Safety (Nov. 20, 2020), https://www.bmu.de/fileadmin/Daten_BMU/Download_PDF/Nukleare_Sicherheit/jc_7_bericht_deutschland_en_bf.pdf.

量保证的一般要求,该安全标准的要求适用于任何与设施安全相关内容,包括运营组织、规划设计、生产和施工(涵盖质量控制、具体的正常操作和事件、文件和存档等),以及质量保证系统本身的审计等方面的原则。质量保证措施由运营管理系统实施,并规定在许可证和相关申请文件中,特别是在安全报告中定义。保障质量特征的措施的类型和范围,由其在防止辐射照射造成损害方面的重要性所决定。在许可程序中,设施部件根据其在安全和辐射防护方面是否具有特别重要的意义而被分为"核"级部件和"常规"级部件。"核"级部件必须根据要求准备额外的设计批准文件,而"常规"级部件需根据最先进的技术和适用的技术规则和法规,质量达到满足常规工厂部件的需求。[1]

申请人或许可证持有人负责确保质量保证得以有效性的规划、执行和控制。在这方面,核安全标准委员会 1401 号安全标准对人员的技术知识和资格作出了基本规定。《核许可证程序条例》对质量保证初步检查的类型和范围进行了界定。监管机关在必要时会进行反复检查以核实上述质量保证要求是否得到遵守。监管机关可以咨询经授权的专家进行检查,并随时可以进入该设施进行必要的检查。

《辐射防护法》和《辐射防护条例》通常要求遵守质量保证须采用最先进的科学技术,这意味着国际质量保证要求也应得以考虑。放射性废物储存设施的运营者需要根据核安全标准委员会发布的 1401 号和 1402 号标准以及 ISO 9001 标准建立质量管理系统。该系统涵盖安全相关概念开发、规划设计、采购、制造和安装、结构设施建设、现场存储设施的调试和运行等阶段的质量保证措施要求。

---

[1] See Federal Ministry for the Environment, Nature Conservation and Nuclear Safety, *Report of the Federal Government for the Seventh Review Meeting in May* 2021 *on the fulfilment of the obligations of the Joint Convention on the Safety of Spent Fuel Management and on the Safety of Radioactive Waste Management*, p. 154 – 155, Federal Ministry for the Environment, Nature Conservation and Nuclear Safety (Nov. 20, 2020), https://www. bmu. de/fileadmin/Daten_BMU/Download_PDF/Nukleare_Sicherheit/jc_7_bericht_deutschland_en_bf. pdf.

（六）辐射防护制度

德国放射性废物管理领域的辐射防护制度由德国《辐射防护法》和《辐射防护条例》共同规定，其内容包括辐射照射的剂量限制、放射性物质排放限制与监测、放射性物质清除以及控制和减轻辐射影响措施四个方面。

第一，关于辐射照射的剂量限制。德国《辐射防护法》和《辐射防护条例》规定了工作人员（职业暴露者）和一般公众的辐射照射剂量限制。对于工作人员而言，根据德国《辐射防护法》第5条第7款的规定，职业暴露者是指每周年的有效剂量超过1mSv或皮肤等效剂量超过50mSv的人，职业暴露者应通过官方和业务剂量计监测辐射暴露情况。对于18岁以下的职业暴露者，规定每周年的有效剂量至多为1mSv。在个别情况下，经批准，16岁至18岁的人员和学生每周年的有效剂量至多6mSv。根据《辐射防护法》第77条的规定，整个职业活动期间的有效剂量限制为400mSv。

为了记录辐射暴露，根据《辐射防护条例》第175条获得授权的医生应为职业暴露者保存健康记录，记录内容除了关于所接受的身体剂量的信息外，还包括工作条件、医疗监测结果和主管部门就业决定的信息。根据《辐射防护法》第170条的规定，确定的身体剂量被集中记录在德国联邦辐射防护办公室的辐射防护登记册上。根据《辐射防护法》第8条的规定，核设施的操作人员有义务避免任何不必要的辐射暴露或污染，对于无法避免的辐射暴露和污染，也应依据《辐射防护法》的规定，采取必要的组织和技术防护措施，尽可能将损害控制在法定限度以内。

辐射防护监督员负责履行《辐射防护法》规定的操作者的义务。根据《辐射防护法》第70条第2款的规定，辐射防护监督员的职责和决策范围应以书面形式规定，其必须具备相应的技术资质，并经主管部门根据《辐射防护条例》第47条进行核实和认证。此外，主管部门在对其发放许可证和履行监督职责时，应检查是否具备辐射防护措施和符合辐射照射限制标准，以及是否遵守相应措施。

对于一般公众而言，根据《辐射防护法》第80条的规定，所有核设施的运行导致一般公众每周年的有效剂量不超过 1mSv。该剂量限制是指所有根据《辐射防护法》或《原子能法》需要许可或通知的活动、政府监管核燃料、批准的联邦设施的建设、运营和关闭以及放射性矿物来源的勘探、开采或处理等所有活动对一般公众产生的辐射照射的剂量总和。此外,主管部门规定通过限制在一定时间内的排放活性或活性浓度,允许向空气和水中排放污染物。从核设施向空气或水中排放放射性物质对普通公众的有效照射剂量上限为每周年 0.3mSv。《辐射防护条例》第 104 条还规定一般公众在发生事故时暴露的最大有效剂量为 50mSv。

第二,关于放射性物质排放限制与监测。放射性物质排放至空气或水中的作业必须根据具体活动类型进行监测和登记。根据《辐射防护条例》第 99 条的规定,向空气或水中排放放射性物质对普通公众的有效剂量不得超过每周年 0.3mSv。在核设施的规划过程中,应确定参考人员的辐射暴露值,以便确定允许排放值。核设施的排放必须受到监测,核设施营运人必须按活动和类型具体说明辐射监测情况并向主管部门报告,负责核设施的监督机构可以下令采取补充监测措施。监管部门发布的《核设施排放和监测准则》对放射性废物排放的监测规范作出了具体规定。《核设施排放和监测准则》附录 C 载有关于乏燃料储存设施和放射性废物处理设施的补充性具体规定。除了监测核设施或设施所在地的排放外,《辐射保护法》第 163 条还规定建立综合测量信息系统,确保对德国全境的环境放射性进行全面监测。

第三,关于放射性物质的清除。残余放射性物质在核设施中产生,特别是在退役阶段以及处理放射性物质和乏燃料设施期间,需要采取措施进行清除。根据《辐射防护条例》第 31 ~ 42 条规定,该残余放射性物质针对普通公众的辐射照射有效剂量为 10μSv/a。需要清除的材料主要是建造废墟、废料、作业废物以及核设施和设施修理或退役中产生的其他固体物质和液体,核设施的建筑物和场地区域(土壤区)也适用清除程序。《辐射防护条例》第 35 条规定了对所有类型的固体和某些液体物质进行的非限制性清除,第 36 条规定了各项特定清除。《辐射防护条例》表 1 附录 4 和附录 8 规定了相适应的清除水平和条件。

第四，关于控制和减轻辐射影响。根据德国《辐射防护条例》第105～113条的规定，在发生重大放射性事件时，核设施和核活动的许可证持有人应采取一切必要措施将对人类和环境的危险限制在最低限度，并按规定向核监督机构、负责公共安全的部门以及负责灾害控制的部门报告，以便保护人民免受生命和健康风险。在紧急情况下，主管部门应尽快通知可能受影响的人员，并发出保护行动指示。如果放射性物质意外和不受控制地释放到环境中，必须启动辐射应急程序，控制和减轻辐射影响。

（七）报告制度

德国有关放射性废物报告制度的主要由《核废物管理条例》规定。根据该条例第85条的规定，放射性物质的提炼、生产、获取、转移和其他处置应在一个月内应向主管部门提交报告说明活动类型及具体情况，半衰期超过100天的放射性物质的库存清单应每年报告一次。主管部门有权随时核实报告的真实性。在个别情况下，如果放射性物质的类型和活动不会对人类和环境造成危害，则可以全部或部分免除保留记录和报告义务。[1]

根据《核废物管理条例》第1条和第2条的规定，联邦放射性废物处置公司对德国的放射性废物清单以及现有的储存能力及使用情况进行统一查询，由核燃料操作和处理者将放射性废物的产生和下落情况记录成文档并于每年12月31日发送至州主管机关，由州主管机关一并提交给联邦放射性废物处置公司，并由其进行审查与评估。

运营商在不造成有害影响的情况下使用任何残留放射性物质或根据《原子能法》第9a(1)条的规定以受控方式将其处置为放射性废物，

---

〔1〕 See Federal Ministry for the Environment, Nature Conservation and Nuclear Safety, *Report of the Federal Government for the Seventh Review Meeting in May* 2021 *on the fulfilment of the obligations of the Joint Convention on the Safety of Spent Fuel Management and on the Safety of Radioactive Waste Management*, p. 132 – 133, Federal Ministry for the Environment, Nature Conservation and Nuclear Safety (Nov. 20, 2020), https://www.bmu.de/fileadmin/Daten_BMU/Download_PDF/Nukleare_Sicherheit/jc_7_bericht_deutschland_en_bf.pdf.

也应向监管机关履行报告义务。同时根据《原子能法》第9a(1b)条的规定,运营商应提供证据证明已采取了充分的预防措施,确保后处理的乏燃料和放射性废物在储存设施中得以安全储存,直至将其转移到处置设施为止,该报告每年提供一次。

此外,为了便于联邦环境、自然保护与核安全部全面调查乏燃料和核燃料的管理使用,各州应将经营者的放射性废物管理记录提交给联邦环境、自然保护与核安全部。根据《原子能法》第7条和第9b条的规定,获得许可的设施涉及的安全相关事件和根据《原子能法》授权的相关活动应当按照《核安全官员和报告条例》的规定向主管机关履行报告义务。

(八)应急制度

使参与应急的组织能够在发生紧急情况时立即作出协调决定并采取适当措施是德国核设施应急的目标。为此,应急计划应特别界定联邦和州各主管部门在紧急管理系统中的责任和任务。德国的核应急制度以《辐射防护法》为主要规范依据,包括以下五个方面的内容。[1]

第一,关于联邦和州的一般与具体应急计划以及州的场外应急计划。为实施欧盟指令(Council Directive 2013/59/EURATOM),在吸取福岛核事故应急管理方面的教训的基础上,德国于2017年修订了《辐射防护法》,调整了预防和管理核事故及其他辐射紧急情况的法律和行政框架。该法第3部分关于辐射照射紧急情况的规定,是德国联邦和州应急管理制度的基础。该法要求联邦和州的协调应急计划应当包括联邦一般应急计划、联邦具体应急计划以及州的一般和具体应急计划,

---

[1] See IAEA, *Country Nuclear Power Profiles: Germany* (*Updated* 2020), IAEA (2020), https://cnpp.iaea.org/countryprofiles/Germany/Germany.htm.; Federal Ministry for the Environment, Nature Conservation and Nuclear Safety, *Report of the Federal Government for the Seventh Review Meeting in May* 2021 *on the fulfilment of the obligations of the Joint Convention on the Safety of Spent Fuel Management and on the Safety of Radioactive Waste Management*, p. 172 – 180, Federal Ministry for the Environment, Nature Conservation and Nuclear Safety (Nov. 20, 2020), https://www.bmu.de/fileadmin/Daten_BMU/Download_PDF/Nukleare_Sicherheit/jc_7_bericht_deutschland_en_bf.pdf.

核电站等具有特殊潜在风险的核设施还需要具体的保护计划，即场外应急计划。场外应急计划应补充和具体化联邦和州的一般与具体应急计划，尤其要考虑到当地情况以及辐射防护执行机构在现场应急准备时的操作和流程（如图5-4所示）。

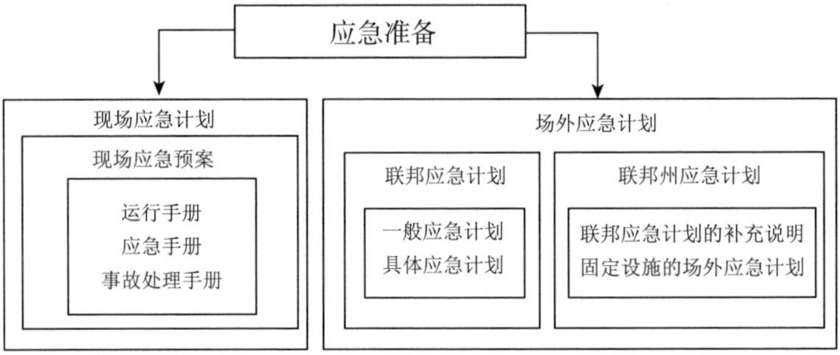

图5-4　德国的核应急准备结构

第二，关于联邦和联邦州的应急组织。联邦政府与州政府、地区当局、警察、联邦技术救济局、消防队、医院和核设施运营商协作完成应急预备。灾害控制措施由州政府、区域部门和灾害控制服务管理部门协作实施。其中，联邦政府通过综合测量和信息系统监测和评估德国核设施在日常操作期间以及发生事故时的放射性状况；联邦各州的任务是参照各自核设施的要求，具体说明应急预备和应急响应的性质和范围，负责指定核设施灾害控制部门。关于发生区域紧急情况或超区域紧急情况时，德国联邦环境、自然保护与核安全部设立联邦辐射情况中心，该中心负责在发生区域或超区域或放射应急情况时编写辐射状况报告，用于介绍和评估辐射情况，特别是应急保护措施是否充分。

第三，关于核设施营运者的场内应急准备。运营者在应急手册和报警代码中制订现场应急计划，作为运行手册的一部分。该应急计划应当包括责任和义务、预警标准和采取现场措施的标准、向危机小组和灾害控制当局提供信息的渠道以及对设施应急人员的特别规定。此外，根据德国《辐射防护法》第105条的规定，辐射防护执行机构必须确保训练有素的人员和紧急情况可能需要的任何资源，向负责应急准备的当局提供处理事故所需的信息，支持主管当局制定应急措施。根据《辐射防护法》第 54 条的规定，运营者应当与主管土地当局、消防队或矿山救援队合作，预先协调必要的措施。

第四，关于个别设施的应急措施。阿浩斯（Ahaus）和戈勒本（Gorleben）的中央乏燃料储存设施、北部储存设施和位于约利奇（Juelich）的储存设施不适用上述任何核应急计划。所有中央乏燃料储存设施都应当具备现场应急计划。由于个别乏燃料桶的设计已考虑能够承受外部危险，对于基础事故或非常罕见的事件（如飞机失事或爆炸引起的爆炸波）都不必预设涉及释放的安全相关事件，因此无须假设该类事件需要采取应急措施。

第五，关于与邻国协同采取应急计划。根据《辐射防护法》第 97 条的规定，负责制订应急计划的主管部门应在职权范围内与欧盟和欧洲原子能共同体的其他成员国以及瑞士等第三国协调其应急计划。自 20 世纪 80 年代初以来，德国与所有邻国以及其他国家签订了双边协定，在发生灾害或重大事故时相互援助。这些协定界定了责任和联络点，保证部署的人员和资源的跨境运输，规定了相互免除人身伤害或财产损失的责任，并涵盖全面的信息和经验交流。根据双边协定，邻国政府作为观察员或参与者参与边界附近设施的应急演习，必要时，德国联邦辐射情况中心与联邦州一同参加欧盟、国际原子能机构和经合组织的演习。

（九）资金保障制度

德国放射性废物管理的资金保障主要包括核电站运营和退役期间的资金保障、核电站退役和放射性废物合格包装的资金保障、核废物储存和处置的资金保障以及核废物处置设施关闭后的资金保障四个方面。[1]

---

[1] See Federal Ministry for the Environment, Nature Conservation and Nuclear Safety, *Report of the Federal Government for the Seventh Review Meeting in May* 2021 *on the fulfilment of the obligations of the Joint Convention on the Safety of Spent Fuel Management and on the Safety of Radioactive Waste Management*, p. 152 – 154, Federal Ministry for the Environment, Nature Conservation and Nuclear Safety (Nov. 20, 2020), https://www.bmu.de/fileadmin/Daten_BMU/Download_PDF/Nukleare_Sicherheit/jc_7_bericht_deutschland_en_bf.pdf.

第一,核电站运营和退役期间的资金保障。根据核废物生产者支付废物管理费的原则,核电站经营者有义务根据德国《原子能法》第9条和《放射性废物管理转移法》的规定承担其产生的放射性废物的管理费用。《原子能法》第7条对核设施和其他废物管理设施作出了一般规定,即许可证持有人应当采取适当的财务措施,以履行其对特定核设施的安全义务,《原子能法》第19条规定了政府对此负有监管职责。

第二,核电站退役和放射性废物合格包装的资金保障。核电站运营者应承担核电站退役和放射性废物合格包装的管理和融资责任。为避免增设经营者的剩余核义务以及社会负担,德国《核废物管理基金法》规定了长期为退役期间的核废物管理提供资金的融资措施。根据《关于核电站退役和拆除成本以及放射性废物包装费用透明法》的规定,核电站营运者需对其剩余核义务保持透明,在每年提供的年度财务报表的基础上,提供详细资料说明其为核电站退役和放射性废物合格包装所作出的安排,联邦经济事务和出口管制办公室负责对其财务报表进行审查和评估。如果核电站运营者被并入集团企业,根据德国《公司法》的规定,需以集团资产承担核设施退役、拆解和废物管理的费用。此外,为了防止出现集团公司出现资不抵债的情况,德国《后续责任法》(Follow – up Liability Act)规定控股公司应当为其控制的核电站运营公司支付其核电站退役的费用。

第三,储存和处置核废物的资金保障。根据德国《放射性废物管理转移法》的规定,联邦政府负责储存和处置核电站的乏燃料和放射性废物,分别由德国联邦放射性废物临时储存公司和德国联邦放射性废物处置公司负责实施。储存和处置的资金依据德国《原子能法》的规定由联邦预算支持,该预算将通过联邦环境、自然保护和核安全部根据《放射性废物管理转移法》的规定向核废物管理基金收取费用的方式来筹措。这里的核废物管理基金根据德国《核废物管理基金法》设立,由依法设立的董事会负责管理,其目的是以尽可能高的利率和安全的方式对核电站经营者提供的资金进行投资,并向联邦政府支付核废物储存和处置费用。核废物管理基金的资金源于核电站经营者。

第四,核废物处置设施关闭后的资金保障。核废物处置设施封闭后进入关闭阶段，随后核监管将被解除并由政府负责实施监测。政府的监测费用由联邦预算提供，该预算将通过核废物处置设施设计要求中包含的被动安全措施中获得融资。

六、日本放射性废物管理的主要制度措施

（一）许可制度

日本原子能规制委员会负责批准核设施的设计、建造和运行。任何人拟实施放射性废物的储存或处置活动必须获得原子能规制委员会的批准（颁发许可证）。许可证申请人需要涵盖以下 3 方面资料的申请文件：其一，核燃料材料或者被核燃料物质污染的物质的性质和数量；其二，废物处理设施或放射性废物储存设施的位置、结构和设备，以及处置或储存方法；其三，根据放射性衰变情况修订二类放射性废物处置设施安全运行措施的时间计划。原子能规制委员会颁发许可时需要对申请进行 2 方面的审查：一是申请人有足够的技术能力和财务基础来胜任该活动；二是废物处理设施或放射性废物储存设施的位置、结构和设备符合根据原子能规制委员会制定的条例规定的核燃料材料或被核燃料材料污染的物质的灾害预防标准。

许可证持有人应当以安全为首要义务，采取措施加强核设施的安全，建立核设施全面危机管理制度，预防核事故的发生，对核设施安全事故以及其他任何事故的解决都负有主要责任。

日本《核源材料、核燃料和反应堆管理法》对许可证持有人履行义务的具体措施进行了详细全面的规定，明确了其违反法定责任应承担的法律后果，同时明确了在没有被许可方或其他责任方的情况下的程序。[1] 依据《原子能基本法》制定的《商业核能反应堆条例》明确规定了许可证持有人的法律责任，规定他们应负责安装有助于改善核设施安全的设备，加强运行安全教育，或采取其他必要措施，预防核材料或核反应堆造成的灾难，同时加强对核设施安全的最新知识的学习。此

〔1〕 See Nuclear Regulation Authority, *National Report of Japan for the Sixth Review Meeting*, p. 48 – 50, IAEA (Oct., 2017), https://www.iaea.org/sites/default/files/national_report_of_japan_for_the_6th_review_meeting_-_english.pdf.

外,《原子能规制委员会设置法》的补充条款规定,许可证持有人应深刻认识到,他们对确保其核设施的安全和解决任何事故负有主要责任,应努力进一步采取自愿性措施,建立核设施全面危机管理制度,防止发生核设施事故,防止扩大事故灾难。

《核源材料、核燃料和反应堆监管法》规定了为确保运行安全许可证持有人应采取的措施,包括设施的运行和维护措施以及有关运输、储存和处置的措施。这些措施在原子能规制委员会根据《核源材料、核燃料和反应堆监管法》制定的相关条例中有详细说明。除了建立运行安全计划(Operational Safety Programs)并获得原子能规制委员会的批准外,许可证持有人还应接受运行操作安全检查(Operational Safety Inspections)。根据设施特定的运行安全计划的要求,许可证持有人需要对任何不符合要求的事件和活动进行披露,防止其隐瞒不合规事件。

许可证持有人如未履行法定责任,则会被处罚。该处罚旨在确保许可证持有人履行其法定责任。如果一个反应堆设施不符合法律规定的技术标准或其操作违背监管要求,原子能规制委员会可以要求许可证持有人采用其指定的操作方法或者根据《核源材料、核燃料和反应堆监管法》的规定,命令许可证持有人采取任何必要的措施。如果反应堆操作的许可证持有人违反此命令,原子能规制委员会可撤销其许可或命令其在不超过一年的指定期间内暂停该设施的运行。如果经营者未经许可建立核反应堆,原子能规制委员会将根据《核源材料、核燃料和反应堆监管法》的规定判处监禁或罚款。如果被许可方未能获得其运营安全程序的批准或未经批准对其进行修改,或许可证持有人或其员工未能遵守这些运营安全程序,则可适用上述规定对其进行相应的处罚。

在被吊销执照的情况下,如果没有通过《核源材料、核燃料和反应堆监管法》规定的合并或继承方式而确定经营者的继承人,现行的许可证持有人应继续保持其许可证持有人资格,并应按照《核原材料、核燃料和反应堆监管法》的规定采取保护措施,按照安全程序进行操作并受到相应的监管。

在许可证持有人解散的情况下,如果没有按照《商业核能反应堆条例》的规定通过合并或继承来确立经营者的继承人，清算人或破产管理人应被视为许可证持有人，并应按照《核源材料、核燃料和反应堆监管法》的规定采取保护措施，按照安全程序进行操作并受到相应的监管。此外，上述人员应制订退役计划，并经原子能规制委员会批准，进行退役并获得原子能规制委员会的退役确认。

《放射性同位素等辐射危害预防法》还规定了获得许可的储存和处置承包商被解散的情况。在这种情况下，根据法律规定，一旦被批准合并，存活的公司将继承经营者的地位。没有继承业务的，清算人应当采取清除放射性同位素污染等适当的退役措施。如上所述，制定相关条款以确保业务继承不会造成没有许可证持有人存在的情况，如果没有业务继承，则有关业务将会被终止。

（二）环境影响和安全评价制度

在日本，燃料制造、反应堆的建立和运行、乏燃料储存、后处理、废物储存、废物处置和核燃料材料的利用都属于放射性废物管理范围。这些活动均受日本《核源材料、核燃料和反应堆监管法》下的许可制度的约束。许可证申请人需要考虑气象、地面结构、水文现象、地震、场地周围的社会环境和设施的安全设计，进行系统的安全评价和辐射对环境影响的评价。监管机构在这些评估的基础上，从危害预防的角度检查设施选址、基本设计、系统和部件是否合理。[1]

在建造前阶段，不同类型的放射性废物管理设施在环境影响与安全评价的具体规定有所不同。具体而言，对于放射性废物储存设施，根据日本核安全委员会（现为日本原子能规制委员会）制定的《放射性废物管理设施安全评价基本方法》的规定，高水平固体放射性废物贮存设施应进行抗震设计评价，包括对在地震期间充分保持屏蔽功能和限制功能的评价。放射性废物储存设施应当遵循和乏燃料后处理设施相同的原则进行安全评价。对于第1类放射性废物处理设施，根据《核源材

---

〔1〕 See Government of Japan, *National Report of Japan for the Fourth Review Meeting*, p. 134 – 135, IAEA (Oct., 2011), https://www.iaea.org/sites/default/files/japan-jc-nr-4th-rm-2012-en.pdf.

料、核燃料和反应堆监管法》的规定,第 1 类放射性废物处置许可证的申请人必须向日本原子能规制委员会提交申请文件,申请文件应当描述待处置的核燃料材料或受核燃料材料污染的材料的性质和数量、废物处置设施的位置、结构、系统,以及处理方法。日本原子能规制委员会对申请书进行安全审查并决定是否颁发许可证。对于第 2 类废物处置,日本核安全委员会(现为日本原子能规制委员会)制定了适用于放射性废物"近地表处置"和"地下处置"的《第 2 类放射性废物处置安全审查基本指南》。该指南在低放废物处置安全评价中增加了地下处置安全评价。对于《辐射疾病预防法》(Radiation Disease Prevention Act)规定的处置设施,主管监管机关会检查场地条件的适当性和技术标准的遵守情况,并根据《辐射疾病预防法》授予处置设施许可证。根据相关指导方针和标准,设施应建在不易受滑坡或洪水影响的场地,设施的主要部分采用防火结构或使用不可燃材料等,并采用屏蔽墙等方式提供屏蔽功能。

在放射性废物处置设施关闭后的阶段,根据《核源材料、核燃料和反应堆监管法》及其执行令和监管机关制定的《第 1 类废物处置规则》以及《第 2 类废物处置规则》等监管文件的规定,许可证申请文件应当附有设施关闭后的长期安全评估的说明。许可证持有人应当根据最新知识对设施关闭后至活动终止期间进行定期安全审查,以确认在建造地质处置设施或中深度处置设施后也能确保长期安全。[1]

(三)质量保证制度

根据日本《核源材料、核燃料和反应堆监管法》的规定,拟建造的核设施获批准的一个标准是许可证持有人的质量控制方法及监察系统必须符合原子能规制委员会制定的条例所规定的技术标准。原子能规制委员会制定的条例的要求包括:建立一个为核设施的设计和建造培育安全文化的机制的质量控制监督系统;明确规定管理人员的责任;以

[1] FNCA, *FNCA Consolidated Report on Low Level Radioactive Waste Repository* (*Interim Report*), p. 64 – 70, FNCA (Mar., 2020), https://www.fnca.mext.go.jp/rwm/Interim_Report_final0302.pdf.

及明确人力和其他资源的管理、具体职责的计划与实施以及测量、分析和持续改进的实施。

在核设施运行安全活动方面，许可证持有人必须在其运行安全程序中制订质量保证计划，并对该计划进行持续改进，根据该计划对运行安全活动进行规划、实施、评估和改进。例如，实施质量保证的系统必须由许可证持有人的最高管理层操作，必须在质量保证方面有明确的职责和权限，以及构建关于质量保证计划的制订、实施、评估和持续改进的机制。

在外部采购货物或服务时，需要制订运行安全活动计划，以建立适当的管理方法、有关文件的适当管理程序、有关运行安全活动的记录和对参与运行安全活动的人员进行教育和培训的制度。在运行安全活动中，有必要明确个人目标和要求，并在适当的时机检查这些目标和要求是否按照实施计划进行。在运行中的核反应堆许可证持有人须进行必要的检查和试验，并建立有效的制度，以处理任何不符合规定的情况。

为了评估运行安全活动，许可证持有人必须系统地对安全活动的当前状态进行必要的监测和测量，并开展系统的审计，以确保安全活动的正确实施，此类审核应由不直接参与审查项目的人员进行。许可证持有人应建立程序以确保持续改善运作安全，并制定预防措施以避免可能发生的不合规行为，或在发生不合规行为时引入纠正措施，以防止其再次发生。许可证持有人应评估从自己的电力反应堆设施和其他设施的操作安全活动中获得的知识，并酌情将其纳入自己的运行管理中。[1]

依据私营部门核电站安全质量保证相关标准（如 JEAC 4111 - 2009）和核反应堆设施设计阶段要求的设计、施工质量管理方法和检验组织技术标准，许可证持有人应当制定质量监督管理制度，开展质量保证活动，并保持其有效性。上述标准文件规定了对质量管理体系的具

[1] See Nuclear Regulation Authority, *National Report of Japan for the Sixth Review Meeting*, p. 55, IAEA (Oct., 2017), https://www.iaea.org/sites/default/files/national_report_of_japan_for_the_6th_review_meeting_-_english.pdf.

体要求，包括最高管理者的职责、资源的运行和控制、职责的规划和实施以及评价和改进方法。在人力资源方面规定，涉及核安全的关键人员必须具备教育、培训、技能和经验等方面的能力。许可证持有人必须具备必要的能力，并在必要时对其进行进一步的教育和培训，以确保人员拥有所需的能力。许可证持有人应按照程序进行采购，明确产品批准程序、工艺和设备的要求，人员能力检查和质量管理体系的要求。对于采购产品，在产品交付时，许可证持有人直接确保供应商具备规格表和制造工艺的要求。此外，在服务方面，向服务提供者提供规格表，以确保招聘具有所需技能的人员。这些还包括确认供应商是否有具备所需特殊技能（如焊接）的技术人员。质量保证计划必须接受审计，为保证审核反应堆运行的质量保证程序的独立性，审计应由不参与有关设施的运作能够作出公平决定的人进行。在很多情况下，审计部门在公司组织结构中直接位于总裁之下，因此总裁可以迅速知悉相关情况，并决定采取必要的纠正或改进措施。

（四）公众参与制度

为了披露决策过程和讨论内容，原子能规制委员会制定了“确保原子能规制委员会业务透明度的政策”。该政策包含3个原则：一是根据《获取行政机关持有的信息法》（Act on Access to Information Held by Administrative Organs）的规定，建立非官方请求下的监管信息的获取制度；二是公开讨论；三是制作文本记录。根据这一政策，原子能规制委员会的委员会会议、一致性审查会议和研究小组会议以及这些会议的文件和记录都对公众开放。

例如，举行由3名或以上委员参加的与监管有关的会议，或举行由原子能规制委员会委员或其工作人员和许可证持有人共同参加的会议，原子能规制委员会应当制定并披露记录会议讨论大纲的文件，包括会议中使用的材料和与会者的姓名。

根据原子能规制委员会的决定，原子能规制委员会的会议，如原子能规制委员会的定期会议或研究小组的会议，原则上对公众开放。为了确保原子能规制委员会运作的透明度，原子能规制委员会致力于通过直播（网络直播）的方式发布原子能规制委员会定期会议或研究小组会议的信息,并在视频网站上公开录制的视频。原子能规制委员会定期会议、一致性审查会议或研究小组会议的资料在会议开始时将会上传至原子能规制委员会官方网站,以方便观众查看。会议记录会在原子能规制委员会定期会议后一天或研究小组会议后一周内上传至网站。原子能规制委员会主席原则上每周举行一次例行新闻发布会,原子能规制委员会发言人每周举行两次新闻发布会,如有需要,还会举行特别的新闻发布会。新闻发布会也会被广播(现场直播或录音),会议纪要争取当天上传至主席的新闻发布会,第二天上传至发言人的网站。

原子能规制委员会的核心价值和原则之一是"我们要虚心听取日本和国际社会的一切意见和建议,既不自我封闭,也不自以为是"。[1]基于这一原则,作为监管部门,原子能规制委员会邀请外部专家作为研究团队的成员,并听取外部专家和许可证持有人的意见。

在制定新法规、核应急响应指南、合规性审查指南、核灾难标准等方面的文件时,原子能规制委员会需遵循日本《行政诉讼法》(Act on Administrative Proceedings)的规定接受公开评议并广泛征求日本国的求意见。例如,在制定新法规文件时,原子能规制委员会在按照《行政诉讼法》的规定举行听证会之前,需针对草案进行公众咨询,为公众提供了更多发表意见的机会。原子能规制委员会还将通过开放网站和电话中心,不断接受人们的提问和意见。

(五)辐射防护制度

日本原子能委员会根据《核源材料、核燃料和反应堆监管法》制定了关于乏燃料临时储存、后处理、废物处置和放射性废物储存设施中的辐射控制的条例。日本原子能委员会发布的《原子能规制委员会关于剂量的通知》(NRA Notification on Doses)规定了辐射剂量限制等要求。

上述条例要求,后处理设施应设置辐射控制区(Radiation Con-

---

[1] See Nuclear Regulation Authority, *National Report of Japan for the Sixth Review Meeting*, p. 44, IAEA (Oct., 2017), https://www.iaea.org/sites/default/files/national_report_of_japan_for_the_6th_review_meeting_-_english.pdf.

trolled Area)、保存区(Preserving Area)和周边监测区(Radiation Controlled Area),乏燃料贮存、废物处置和废物贮存设施应设置辐射控制区和周边监测区。辐射控制区内的辐射剂量、浓度和密度以及周围监测区外的剂量限制应当与《原子能规制委员会关于剂量的通知》的规定保持一致。其中,辐射控制区域必须通过栅栏或墙壁与其他区域明确分隔并放置识别标志,并根据辐射风险采取进入控制和锁定控制等措施;位于辐射控制区域之外的保存区需要特殊控制以确保后处理设施的安全,该区域必须通过放置标志或提供其他标识方式与其他区域明显分开,并按照要求采取进入控制、锁定控制和限制带出物品等措施;周围监测区域是辐射控制区域周围的区域,在该区域之外不太可能超过原子能规制委员会设定的剂量限制,但必须沿边界放置围栏以限制非工作人员的进入并禁止人们在该地区居住。

上述条例还要求,为了控制对辐射工作人员的辐射照射,许可证持有人必须保证辐射工作人员的剂量不超过原子能规制委员会规定的剂量限值,并且保证辐射工作人员吸入的空气中放射性物质的浓度不超过浓度限值。此外,在出现核设施损坏等不可避免要受到辐射照射的紧急情况下,允许许可证持有人在原子能规制委员会规定的剂量限值范围内聘请辐射工作人员从事应急工作。

为了满足上述要求,许可证持有者应当践行 ALARA 原则,制定详细的辐射控制措施,通过采用缩短接触时间、增加接触距离和设置防护屏障等方式的来优化辐射防护效果,监测和记录辐射工作人员的剂量,控制液态或气态放射性物质的排放,并开展环境辐射监测。[1]

(六)报告制度

根据日本《核源材料、核燃料和反应堆监管法》的规定,如果发生核燃料材料被盗或丢失的事件,或因废物处理设施失效而产生的封闭、屏蔽或散热功能、防止设施火灾或爆炸损坏的功能丧失,或存在丧失这

〔1〕 See Nuclear Regulation Authority, *National Report of Japan for the Sixth Review Meeting*, p. 59 – 60, IAEA (Oct., 2017), https://www.iaea.org/sites/default/files/national_report_of_japan_for_the_6th_review_meeting_-_english.pdf.

些功能的可能性时，废物处置设施的许可证持有人应向原子能规制委员会报告。[1]

此外，在放射源(包括废旧放射源)的管理方面，许可证持有人负责每年向原子能规制委员会提交一份设施管理报告，包括财政年度结束时的放射源清单。如果需要，原子能规制委员会会进行现场设施检查，并检查放射源的库存是否与许可证允许的数量相符。[2] 根据国际原子能机构的《放射源安全和安保行为准则》，运营商必须向原子能规制委员会报告任何超过规定数量的、对人类健康具有潜在重大风险的密封放射性同位素的规格、接收和发放的详细信息。此外，他们必须在每个财政年度结束时向原子能规制委员会提供一份关于他们拥有的任何此类放射源的报告。[3] 如果放射源丢失，持证人应立即向警方和原子能规制委员会报告。原子能规制委员会将命令持证人立即搜索丢失的放射源，而如果丢失事件与犯罪行为有关，警方将进行刑事调查。原子能规制委员会还将根据放射源相关的评级事件的指南对丢失事件进行国际核事件分级评估，并将最终的评级结果报告给国际原子能机构。[4]

(七)应急制度

放射性废物管理领域的应急适用日本的一般核应急制度。该应急制度由日本《核应急准备特别措施法》、依据该法与日本《灾难应对基

[1] See Nuclear Regulation Authority, *National Report of Japan for the Sixth Review Meeting*, p. 137, IAEA (Oct., 2017), https://www.iaea.org/sites/default/files/national_report_of_japan_for_the_6th_review_meeting_-_english.pdf.

[2] See Nuclear Regulation Authority, *National Report of JAPAN for the Sixth Review Meetin*, p. 149, IAEA (Oct., 2017), https://www.iaea.org/sites/default/files/national_report_of_japan_for_the_6th_review_meeting_-_english.pdf.

[3] See Nuclear Regulation Authority, *National Report of Japan for the Sixth Review Meeting*, p. 150, IAEA (Oct., 2017), https://www.iaea.org/sites/default/files/national_report_of_japan_for_the_6th_review_meeting_-_english.pdf.

[4] See Nuclear Regulation Authority, *National Report of Japan for the Sixth Review Meeting*, p. 151, IAEA (Oct., 2017), https://www.iaea.org/sites/default/files/national_report_of_japan_for_the_6th_review_meeting_-_english.pdf.

本法》(Disaster Countermeasures Basic Act)制定的《基本灾难管理计划》(Basic Disaster Management Plan)和原子能规制委员会制定的监管文件《应急准备和响应导则》(Guideline for Emergency Preparedness and Response)规定。其中,《核应急准备特别措施法》规定了预防性保护措施、应急响应行动和核紧急后续措施等核应急基本要求。《基本灾难管理计划》是政府应对各种灾难的综合性的基本计划,其在核应急领域的安排和《核应急准备特别措施法》保持一致的基础上明确了政府各部门的具体职责。《应急准备和响应导则》详细列明了应急准备和响应的内容和措施。前者包括建立核应急响应区、划分核应急类别和应急行动级别、划分操作干预级别、开发应急监测系统、碘片的提前摄入和设立异地中心;后者包括掌握异常状态并采取应急措施、应急监测、疏散、临时搬迁和就地避难以及制定和支持当地的灾害管理计划和疏散计划。以下以《核应急准备特别措施法》为主,从预防性保护措施、应急响应行动、核应急后续措施、核应急测试以及公众和国际信息通报五个方面概述日本核应急制度的主要内容。[1]

在预防性保护措施方面。许可证持有人负有防止核应急发生和发展,并采取核应急恢复行动的责任。许可证持有人必须为每个核设施制订应急准备和响应计划。在制订计划前,必须和核设施所在地的各级行政长官协商;在制定计划后,许可证持有人必须将其提交给首相和原子能规制委员会,并披露其摘要。如果认为该计划不足以防止核紧急情况的发生或减轻其影响,首相和原子能规制委员会可以命令许可证持有人对该计划进行修改。许可证持有人必须为每个核场所建立核应急组织,配备核应急人员,指定核应急管理者,并向原子能规制委员会和核设施所在地的行政长官提供核应急人员的最新情况,在法律规定的事件发生时,核应急管理者必须向日本首相,原子能规制委员会以及核设施所在地各级行政长官和邻县负责人报告。许可证持有人还应

---

〔1〕 See Nuclear Regulation Authority, *National Report of Japan for the Sixth Review Meeting*, p. 64 – 85, IAEA (Oct., 2017), https://www.iaea.org/sites/default/files/national_report_of_japan_for_the_6th_review_meeting_-_english.pdf.

当安装和维护辐射测量仪器并配备核应急组织履行职责时需要用到的核应急防护设备（如防辐射危害设备和应急通信设备），保存并披露所安装的辐射测量仪器所检测到的剂量的记录，并接受原子能规制委员会的检查。日本首相为每个核设施指定一处设施作为核应急行动中心（也被称为场外中心）。许可证持有人必须根据首相制订的计划进行紧急演习，向原子能规制委员会报告演习结果，并披露其摘要。如果认为演习不足以预防或减轻核紧急情况，原子能规制委员会可与首相协商，命令许可证持有人采取行动以改进演习。

在应急响应行动方面。如果发生的事件属于紧急情况，原子能规制委员会将立即向首相提供事件的状态信息、应该采取应急行动的区域、简短的事件描述，以及告知该区域居民紧急反应行动（疏散和避难）的通知草案（建议）。收到上述信息后，首相将根据法律规定宣布进入核紧急状态。如果宣布核应急状态，应设立核应急总部，由首相担任核应急总部首脑。核应急总部负责制定应急行动实施政策，统筹协调应急行动和核后应急行动。在核设施所在区域，需要成立当地核应急指挥中心来承担核应急总部的部分行政工作。宣布进入核应急状态后，核设施所在地（州、市、镇、村）政府需要建立地方政府核应急指挥中心。该核应急指挥中心和核设施所在区域的当地核应急指挥中心建立核应急联合响应会议（Nuclear Emergency Joint Response）机制，交流核应急信息，开展实施应急合作行动。发生紧急情况时，上述许可证持有人指定的核应急管理者必须立即命令核应急组织采取防止或者减轻核应急情况或其影响的应急行动。许可证持有人必须向首相、原子能规制委员会、核设施所在地各级行政长官以及邻县的负责人报告行动的概要。

在核应急后续措施方面。行政机构和地方政府需采取包括放射性物质浓度、密度和剂量调查，居民体检和身心健康咨询等医疗程序，防止谣言造成经济损失的公关活动以及防止核应急发展或从应急中恢复的措施在内的系列核应急后续措施。许可证持有人必须采取派遣核应急人员和租借核应急设备等措施。

在告知公众和向邻国通报方面。为加强向公众传播灾害管理计划的信息，当地居民可以参加国家和地方政府的应急演习。地方当局需向居民解释灾难响应计划，这些居民可以参加疏散到实际避难所设施并进行辐射调查的模拟活动。发生核事故时，原子能规制委员会会通过媒体会向当地居民提供信息，当地场外防灾中心和在东京网（Tokyo Websites）上的应急响应中心（Emergency Response Center）将根据需要通过电视和无线电广播进行新闻发布会，向公众提供紧急信息。原子能规制委员会还将根据2011年与中国和韩国达成的《核安全合作倡议》（Nuclear Safety Cooperation Initiative）以及国际公约的规定同中国、韩国等邻国交流信息和开展相关核应急合作。[1]

（八）资金保障制度

在核设施（核燃料材料使用设施除外）许可申请过程中，原子能规制委员会要确认申请人根据《核源材料、核燃料和反应堆监管法》的规定拥有必要的财务基础。作为申请的先决条件，申请人必须提交一份商业计划，说明该企业的财务基础，并证明该企业拥有上述必要的财务基础。以下从高放射性废物管理资金、科研设施放射性废物资金和设施退役资金三个方面进行介绍。[2]

首先，关于高放废物管理的资金，根据日本《特定放射性废物最终处置法》的规定，电力反应堆设施的经营者向放射性废物处置执行机构——日本放射性废物管理组织缴纳处置高放射性废物的资金，日本放射性废物管理组织据此建立专门基金。日本经济产业省的自然资源和能源厅每年通知公用事业单位存入该基金的金额。高放废物和超铀废物的废物管理作业收费约为0.2日元/千瓦时。

其次，关于研究、医疗和工业设施产生的放射性废物管理的资金，废物的生产者必须按照《核能政策框架》（Framework for Nuclear

[1] See Nuclear Regulation Authority, *National Report of Japan for the Sixth Review Meeting*, p. 84, IAEA (Oct., 2017), https://www.iaea.org/sites/default/files/national_report_of_japan_for_the_6th_review_meeting_-_english.pdf.

[2] See Nuclear Regulation Authority, *National Report of JAPAN for the Fourth Review Meeting*, p. 76, IAEA (Oct., 2011), https://www.iaea.org/sites/default/files/japan-jc-nr-4th-rm-2012-en.pdf.

EnergyPolicy)规定的产生者负担的原则支付处置费用。例如,作为最大的科研放射性废物产生者,日本原子能机构(Japan Atomic Energy Agency)需根据修订的《行政法人法》(Law for the Incorporated Administrative Agency)为其放射性废物管理提供资金。

最后,关于设施退役资金,经济产业省根据《电力商业法》(Electricity Utilities Industry Law)发布了核电厂退役资金储备的部门令的规定,为核设施退役提供财务基础。根据该部门令的规定,电力公司应当在内部留存退役的资金作为商业电力反应堆设施拆除以及处理和处置设施退役后的废物的费用。

七、韩国放射性废物管理的主要制度措施

(一)许可制度

核安全与核安保委员会负责制定放射性废物管理设施建造和运行的许可标准,制定运行安全措施,确保选址、设计、施工、运行、关闭以及放射性废物处置设施关闭后等各环节的放射性废物安全管理。核安全与核安保委员会委托韩国核安全研究所实施专业技术领域的核安全监管。[1]

在许可程序中,对于早期施工场址的批准程序规定如下:如果申请人希望建造一定范围的放射性废物管理设施,在申请建造许可和运行许可之前,应该向核安全与核安保委员会提交早期施工场址批准申请、辐射环境报告和场址调查报告。韩国核安全研究所根据辐射环境报告和场址调查报告对安全进行审查。经韩国核安全研究所审查后,核安全与核安保委员会可对申请人的早期施工场址予以批准。

对放射性废物管理设施的建造和运行许可的规定是,申请人希望获得放射性废物管理设施的建造和运行许可时,应该向核安全与核安保委员会提交附有辐射环境报告、有关建造和运行的安全分析报告、安

---

[1] See Nuclear Safety and Security Commission, *Korean Sixth National Report under the Joint Convention on the Safety of Spent Fuel Management and on the Safety of Radioactive Waste Management*, p. 57 – 58, IAEA (Oct., 2017), https://www.iaea.org/sites/default/files/national_report_of_republic_of_korea_for_the_6th_review_meeting_-_english.pdf.

全控制规范、设计规范、工作流程以及质量保证计划的申请。经韩国核安全研究所批准后，核安全与核安保委员会可授予申请人建造和运行许可。

韩国核安全研究所对放射性废物管理设施的建造和运行的申请文件进行安全审查，是为了确保场址和放射性废物管理设施的设计符合相关的法规要求和技术标准。安全审查包括对设计原则和概念、适当时候执行监管标准情况以及放射性废物管理设施的建造和运行可能造成的环境影响等事项的审查和评估。在申请建造放射性废物处理设施或乏燃料的临时储存设施时，申请人提交的辐射环境报告还应记录场址周围地区居民的意见。[1]

如果许可证的设计或技术规范发生变化，影响或可能影响放射性废物管理设施的安全，核安全与核安保委员会应当批准修改许可证。

（二）环境影响评价制度

在韩国，放射性废物处置设施相关的环境影响评价属于安全评价的一部分。具体而言，处置设施场所的安全评价分为辐射环境影响评价、安全分析和一般环境影响评价。其中，一般环境影响评价的目的是申请批准《电力源开发项目计划》（Electric Source Development Project Plan）和《放射性废物管理项目实施计划》（Radioactive Waste Management Project Implementation Plan）。安全分析和辐射环境影响评价是为申请放射性废物管理设施的建造许可证和运行许可证而实施的。[2]

具体而言，根据韩国《核安全法》的规定，辐射环境影响评价是对放射性废物处置设施运行所致的辐射或释放的放射性物质对设施周围

---

〔1〕 See OECD－NEA，*Radioactive Waste Management in the Republic of Korea*，OECD－NEA（Jan.，2014），https://www.oecd－nea.org/rwm/profiles/Korea_report_web.pdf.

〔2〕 See Nuclear Safety and Security Commission，*Korean Sixth National Report under the Joint Convention on the Safety of Spent Fuel Management and on the Safety of Radioactive Waste Management*，p.142，IAEA（Oct.，2017），https://www.iaea.org/sites/default/files/national_report_of_republic_of_korea_for_the_6th_review_meeting_－_english.pdf.

环境造成的影响的评价。该评价作为获得放射性废物处置设施的建造许可证和运行许可证的基本必要条件之一。这里的辐射环境报告应当包含设施信息、邻近地区的环境状况、设施运行对周围环境的预测辐射影响、建造和运行期间将实施的环境辐射监测计划、设施运行中事故和事件对环境的辐射影响以及收集的公众意见。

而一般的环境影响评价,是指根据韩国《环境影响评价法》而实施的与辐射环境影响评价分离的一种环境影响评价,旨在确定和评价处置设施的建造和运行对环境造成的非辐射影响。一般环境影响评价在自然环境、生活环境和社会经济环境等领域都会实施,提交的报告应由韩国贸易、工业和能源部部长与教育部部长协商批准。

（三）安全评价制度

根据韩国《核安全法》及其下属法规的规定,计划建造和运行放射性废物管理设施的申请人应向核安全与核安保委员会提交一份许可证申请,其中包括一个题目为"安全评价和事故分析"的安全分析报告以及辐射环境报告。申请人应当在设施建造前对放射性废物管理设施进行安全评价。监管机构对安全评价审查后,可向申请人颁发许可证。

安全分析报告主要包括放射性废物处置设施及其附属设施的设计、建造、运行、关闭和关闭后控制期间预期问题的安全评价和事故分析结果。安全评价和事故分析的内容主要包括5个方面:一是废物的形式、类型和数量的识别以及运行和关闭活动中产生的废物信息;二是渗透水有关的设计与安全分析、运行与关闭后的安全分析;三是正常、异常或发生事故情况下的放射性核素的泄漏;四是放射性核素最终到达人体的途径;五是影响评价及其是否符合监管标准的情况。如果出现了严重影响处置设施安全评价结果的主要情形,还应进行不确定性分析。[1] 为提高安全评价结果的可靠性,应制定和采用安全评价所有

[1] See Nuclear Safety and Security Commission, *Korean Sixth National Report under the Joint Convention on the Safety of Spent Fuel Management and on the Safety of Radioactive Waste Management*, p. 152 – 155, IAEA (Oct., 2017), https://www.iaea.org/sites/default/files/national_report_of_republic_of_korea_for_the_6th_review_meeting_-_english.pdf.

阶段的质量评价原则和相关详细程序，包括输入变量的收集和应用、建模、详细计算和综合评价。

放射性废物处置设施的辐射环境报告应说明该处置设施的施工、运行和关闭所造成的不同影响。特别是放射性废物处置设施的关闭的影响评价应当描述对关于处置设施泄漏的放射性核素的预测迁移路径的分析，应当评价在相关地点10km内潜在放射性核素泄漏导致的当地居民预测照射剂量，以及对场址地下水释放的预测放射性核素浓度的评价。

根据核安全与核安保委员会关于中低水平放射性废物处置设施运行和控制技术要求、高水平放射性废物深层地质仓库通用标准等通知文件规定，如果由于地震和洪水等自然灾害或人为事件可能影响到处置设施的隔离功能，应当对处置设施的安全性重新评价，并根据最新数据修订相关许可文件。此外，在必要时，应根据从处置设施的运行和管理中获得的经验和数据以及安全评价的结果，不断进行重新评价和补充。

核安全与核安保委员会的上述通知文件还规定，在关闭设施之前为证明放射性废物处置设施的安全性可以对其进行重新评价。重新评价的内容包括：性能评价期间有关设施、场所和周围区域的信息数据和处置的放射性废物总量；在运行过程中发生的可能影响处置安全的事故记录；以及放射性废物处置对公众和周围环境的辐射和非辐射影响等。

（四）信息公开和公众参与制度

韩国《电源开发促进法》《核安全法》《环境影响评价法》《放射性废物管理法》等法律规定了放射性废物管理的公开透明原则和要求。

具体而言，根据《电源开发促进法》的规定，放射性废物处置设施选址的整个过程应当坚持公开透明原则，在发出最终场址决定的通知和批准电力发展项目计划之前，应在一定的时期内向当地居民披露该项目的详细信息。根据《核安全法》和《环境影响评价法》的规定，在准备环境报告之前，应通过举行公开听证会或向居民开放环境报告草案的方式来收集公众意见。根据《关于在中低水平放射性废物处置设施周围支持当地社区的特别法》(Special Act on Supporting the Local Community around the Low - and Intermediate - level Radioactive Waste Disposal Facility)的规定,选址的整个过程应透明、公开地进行,同时应为当地居民举办关于场址选择的说明性会议或论坛,在放射性废物处置设施运营期间,由当地居民和非政府组织代表组成的公民环境监测组织也应同时运行,以确保信息公开的透明度。[1] 根据韩国《放射性废物管理法》的规定,放射性废物管理机构应按照贸易、工业和能源部的规定,将在放射性废物管理设施中处理的放射性废物的现状和前景以及有关设施的管理信息告知公众。

韩国政府根据《官方信息披露法》(Official Information Disclosure Act)的规定建立了一个信息披露系统,该系统要求政府组织应主动或应公众要求披露其掌握和管理的信息,以保障公众的知情权,并确保公众参与国家政策制定和政策执行的透明度。随着公众对核安全和辐射安全关注度的增加,韩国核安全与核安保委员会根据2015年6月修订的《核安全法》建立并运行了核安全信息中心(Nuclear Safety Information Center),旨在以透明、迅速的方式公开信息并与公众进行积极的沟通。核安全信息中心提供的信息包括:实时环境的放射性、核电厂的性能指标、核电厂事故和故障的状态(如果有)以及核安全与核安保委员会的活动。随着核设施周围的当地居民对确保核设施安全和提供安全信息的要求越来越高,核安全与核安保委员会已在每个核电站站点建立了由当地居民组成的核安全协商委员会(Nuclear Safety Consultative Council)。该委员会的成员包括当地居民和地方政府、核安全与核安保委员会以及韩国核安全研究所推荐的专家。对于重大安全问题,韩国核安全与核安保委员会将召开核安全协商委员会会议,向当地居民提供相关信息并收集意见,从而提高信息公开的透明度。

---

〔1〕 See Nuclear Safety and Security Commission, *Korean Sixth National Report under the Joint Convention on the Safety of Spent Fuel Management and on the Safety of Radioactive Waste Management*, p. 189 - 190, IAEA (Oct., 2017), https://www.iaea.org/sites/default/files/national_report_of_republic_of_korea_for_the_6th_review_meeting_-_english.pdf.

为了促进信息公开，韩国核安全研究所自 2004 年 5 月起持续运营废物综合信息数据库（Waste Comprehensive Information Database），以向公众（包括利益相关者）迅速提供有关放射性废物安全的可靠信息。废物综合信息数据库每季度提供有关中低水平放射性废物的存储量、乏燃料状态的信息、放射性废物的运输和放射性排放量。此外，废物综合信息数据库会提前提供放射性废物运输计划的通知，以及有关放射性废物、放射性废物量以及乏燃料和放射性废物运输的详细信息，以寻求公众的支持和理解。此外，韩国核安全研究所在其网站上提供了问答服务，通过回答放射性废物和乏燃料安全管理的各种问题来提高安全监管的透明度。韩国水电与核电公司、韩国电力核燃料公司、韩国放射性废物局和原子能研究所还分别运营自己的网站，以提高放射性废物和乏燃料安全管理的透明度。

（五）质量保证制度

根据韩国《核安全法》的规定，放射性废物管理设施的建造和运营者应当建立和实施质量保证计划，确保质量保证活动在放射性废物管理设施的场址选择、设计、建造、运行、关闭和关闭后的监测过程中得以开展。这里的质量保证制度包括质量保证的政策、质量保证计划的框架、质量保证计划的实施与评价以及质量保证的监管 4 方面内容。[1]

在质量保证的政策方面。在韩国核安全与核安保委员会发布了《放射性废物管理设施质量保证标准》和《运行和控制中低水平放射性废物处置设施的技术要求》等通知文件，以指导中低水平放射性废物处置设施质量保证体系建设。根据《核安全法》和上述通知文件的规定，建造或运行中低水平放射性废物处置设施的申请人需要提交质量保证计划，在建造或运行中低水平放射性废物处置设施过程中应当切实实施质量保证计划。如果在获得建造或运行许可证之后质量保证计划有

[1] See Nuclear Safety and Security Commission, *Korean Sixth National Report under the Joint Convention on the Safety of Spent Fuel Management and on the Safety of Radioactive Waste Management*, p. 81 – 84, IAEA (Oct., 2017), https://www.iaea.org/sites/default/files/national_report_of_republic_of_korea_for_the_6th_review_meeting_-_english.pdf.

所修改，许可证持有人应当及时通知核安全与核安保委员会。核安全与核安保委员会对许可证持有人质量保证计划实施的状况及其有效性进行审计。

在质量保证计划的框架方面。根据《放射性废物管理设施质量保证标准》的规定，中低水平放射性废物管理设施的质量保证计划应当符合18个方面的标准包括：组织，质量保证计划，设计控制，采购文件控制，说明、程序和图纸，文档控制，购买控制，项目和服务，项目识别和控制，特殊过程控制，测试控制，测量和测试设备控制，处理、存储和运输，检查、测试和操作状态，不合格项目控制，纠正行动，质量保证记录，以及审计、监督和业务管理。

在质量保证计划的实施与评价方面。中低放射性废物处置设施的许可证持有人以及参与处置设施场址描述、设计、制造、施工、调试、运行、维护、关闭和关闭后监测的所有承包商均需根据韩国《核安全法》的规定编制和实施质量保证计划。其中，许可证持有人负责建立一个综合系统，以便所有参与者实施质量保证计划。许可证持有人和承包商须定期采取控制检查、质量保证审计和质量保证趋势分析等方法对质量保证计划的实施和有效性进行评价。质量保证组织的负责人应确保将质量保证计划实施和有效性评估产生的重要问题报告给最高管理层，以便其及时采取适当措施。如有必要，可以根据质量保证计划有效性评估结果修订质量保证计划和相关程序，以保持质量保证计划处于最佳状态。

质量保证的监管方面，根据核安全与核安保委员会的授权，韩国核安全研究所依据韩国《核安全法》及附属法规和上述核安全与核安保委员会发布的标准与技术要求文件对放射性废物处置质量保证活动进行监管和定期检查，督促参与放射性废物处置设施设计、施工和（或）运营的各承包商制定并实施符合法律法规和标准要求的质量保证计划，确保许可证持有人按照批准的质量保证计划开展与质量相关的活动。为了鼓励运营商开展质量保证活动，韩国核安全研究所制定并适用了运营商质量保证活动检查指南。该指南将运营商质量保证活动的监督检查进行了量化和分级。此外，韩国核安全研究所还制定了质量保证审核员资格认证计划，只有完成指定教育和培训课程并认证合格的审核员才能实施质量保证检查工作。

（六）辐射防护制度

韩国关于放射性废物管理相关辐射的要求主要规定在韩国《核安全法》以及根据该法制定的执行法令（Enforcement Decree）与执行条例（Enforcement Regulation）和核安全与核安保委员会发布的相关通知文件中。

其中，韩国《核安全法》对辐射防护作出了一般性规定，[1]主要包括5个方面：一是要求采取保护措施防止辐射危害，确保释放的放射性物质的数量和照射剂量保持在合理可实现的最低水平；二是要求采取安全措施保护人类、材料和公众免受辐射危害；三是要求安装核与辐射设施时建立隔离区域以保护人类、材料和公众免受辐射危害；四是关于为受雇于核与辐射设施或偶尔进入辐射控制区的人提供记录监测服务要求；五是关于辐射工作人员的教育与培训的要求。据该法制定的执行法令（Enforcement Decree）与执行条例（Enforcement Regulation）和核安全与核安保委员会发布的相关通知文件对上述一般要求作出了细化规定，包括辐射照射剂量限制、满足法定要求的程序与方法、辐射防护的技术标准，等等。

辐射防护制度的实施主要包括确保辐射工作人员以及公众接受到的辐射剂量在可接受的尽量低水平、控制个人剂量、预防突发性放射性物质释放和排放控制4个方面。

具体而言，为确保辐射工作人员以及公众接受到的辐射剂量在可接受的尽量低水平，核与辐射设施的设计和建造中需要采取辐射防护优化、辐射防护设备安装、辐射防护培训、辐射工作许可管理以及减少剂量等具体措施以满足上述要求；为控制个人剂量，采取的措施包括职

---

[1] See Nuclear Safety and Security Commission, *Korean Sixth National Report under the Joint Convention on the Safety of Spent Fuel Management and on the Safety of Radioactive Waste Management*, p. 85 – 96, IAEA (Oct., 2017), https://www.iaea.org/sites/default/files/national_report_of_republic_of_korea_for_the_6th_review_meeting_-_english.pdf.

业剂量控制、对剂量测量服务提供者实施检查、建立管理辐射工作人员的暴露剂量、体检、培训和教育等相关事项的辐射工作人员信息系统(Radiation Workers Information System)和国家辐射工作人员安全管理中心(National Safety Management Center for Radiation Workers)等;为预防突发性放射性物质释放,需采取涵盖从核设施设计到运营全阶段的放射性物质排放的监测和控制措施;为控制放射性物质的按计划排放行为,应当确保核设施的液态和气态放射性物质的排放符合核安全与核安保委员会发布的排放标准文件规定的年度剂量限值。

(七)报告制度

核许可证持有人根据《核安全法执行条例》的规定保留放射性废物的记录并在每个季度结束后的一个月内向韩国核安全研究所报告与辐射安全相关的数据(如每季度产生和累积存储的放射性废物和乏燃料的季度数量)。韩国核安全研究所审查和管理每个许可证持有人提交的运行数据,并通过定期检查等方式验证报告的信息。

韩国《核安全法》规定,在发生辐射危害、核设施发生故障、核设施或放射性材料可能或者已经受到地震、火灾或其他灾害威胁时,应当立即采取各种安全措施并向核安全与核安保委员会报告。

核安全与核安保委员会发布的通知文件——《关于核设施事故报告和公告的规定》(Regulation on Reporting and Public Announcement of Accidents and Incidents for Nuclear Facilities)详细规定了事件报告要求,包括报告的目的、方法和程序以及事故和事件的等级等方面。其中,放射性废物处置设施的应报告的事件包括:运输和包装过程中因着火引起放射性物质泄漏;由于放射性物质的泄漏,辐射区域以外的区域表面污染超过极限值;局部辐射水平异常升高;计划外和无控制地将放射性物质释放到环境中;以及释放超出预期排放限值的放射性物质。这里的事故和事件的评级和国际原子能机构的国际核事件分级表一致。

(八)应急制度

韩国放射性废物管理方面的辐射应急制度主要由《灾害和安全管理基本法》、《民防基本法》和《核设施等的实物保护和辐射应急法》规定。其中,《核设施等的实物保护和辐射应急法》特别规定了有关放射性灾害管理的事项,如放射性灾害的预防、准备和响应、放射性应急医疗服务和相关的国际合作。

根据上述法律的规定,核安全与核安保委员会负责每5年制定《国家安全管理基本计划》(Basic Plan for National Safety Management)中的《国家辐射应急准备计划》(National Radiological Emergency Preparedness Plan),并制定《国家辐射应急准备执行计划》(National Radiological Emergency Preparedness Execution Plan)。对应急规划区有管辖权的地方政府根据上述计划制定和执行《地方放射应急准备计划》(Local Radiological Emergency Preparedness Plan),许可证持有人经核安全与核安保委员会批准后制定并执行其辐射应急计划。

在发生辐射紧急情况时,各有关方需根据上述辐射应急计划应急响应。该应急响应体系由核安全与核安保委员会担任主席的国家应急管理委员会(National Emergency Management Committee)、场外应急管理中心(Off – site Emergency Management Center)、当地应急管理中心(Local Emergency Management Center)、韩国核安全研究所运营的辐射应急技术咨询中心(Radiological Emergency Technical Advisory Center)、韩国辐射与医学研究所运营的国家辐射应急医疗中心(National Radiation Emergency Medical Center)以及韩国水电与核电有限公司运营的应急运行设施(Emergency Operating Facility)组成。[1]

其中,核安全与核安保委员会负责控制和协调辐射灾难应对措施,运行国家应急管理委员会(该委员会由18个中央政府部门和2个专家机构组成),并启动政府层面的应急响应体系。在辐射灾难发生地需设立场外应急管理中心,由核安全与核安保委员会(担任秘书长作为该中心的负责人)和中央政府部门、地方政府、相关的机构和核安全与辐射

---

〔1〕 See Nuclear Safety and Security Commission, *Korean Sixth National Report under the Joint Convention on the Safety of Spent Fuel Management and on the Safety of Radioactive Waste Management*, p. 97 – 98, IAEA (Oct., 2017), https://www.iaea.org/sites/default/files/national_report_of_republic_of_korea_for_the_6th_review_meeting_–_english.pdf.

应急医疗服务方面的专家组成。该中心将在灾难发生地协调应急响应活动。地方政府需设立当地应急管理中心,负责开展应急响应行动和实施场外应急管理中心关于采取保护当地居民的措施的决定,与消防、警察以及军队协作控制和协调紧急救援行动。核设施营运人需启动应急运行设施,采取防止事故影响扩散、恢复设施和保护现场员工等现场应急响应行动。韩国辐射与医学研究所需启动国家辐射应急医疗中心,控制和协调包括医疗救援、技术支持、治疗遭受辐射伤害的病人等方面的行动,支持现场辐射应急医疗中心的建立与运行。韩国核安全研究所负责启动辐射应急技术咨询中心,为应对辐射事故提供必要的技术支持,如事故分析评估、运行全国 160 台辐射监测仪、环境辐射及其辐射影响评估、调度技术支持组到现场等。

此外,韩国的辐射应急制度还包括应急培训与测试、环境辐射监测以及根据国际公约或合作备忘录向国际原子能机构与邻国(中国、日本)通报信息等内容。

(九)资金保障制度

韩国的放射性废物管理遵循污染者付费原则。放射性废物的产生者需承担放射性废物管理的费用。以下从韩国放射性废物局、韩国水电与核电有限公司、韩国电力核燃料公司和韩国原子能研究所的放射性废物管理资金安排对韩国放射性废物管理制度进行阐述。[1]

首先,关于韩国放射性废物局的资金管理。根据韩国《放射性废物管理法》的规定,放射性废物的产生者(包括放射性同位素废物产生者)在将放射性废物交给韩国放射性废物局时需向其支付放射性废物的处理和处置费用。韩国放射性废物局下设研发部、中低放废物处置部和基金管理部。其中,基金管理部负责管理放射性废物产生者支付的放射性废物资金,其他两个部门负责技术研发和中低放废物的处置。

---

〔1〕 See Nuclear Safety and Security Commission, *Korean Sixth National Report under the Joint Convention on the Safety of Spent Fuel Management and on the Safety of Radioactive Waste Management*, p. 73 – 80, IAEA (Oct., 2017), https://www.iaea.org/sites/default/files/national_report_of_republic_of_korea_for_the_6th_review_meeting_-_english.pdf.

除了放射性废物产生者支付费用外,韩国放射性废物局还从政府财政预算获得一部分资金,用于放射性废物管理的技术研发。

其次,关于韩国水电与核电有限公司的资金管理。韩国水电与核电公司是一家核电厂运营商,由总公司、核电厂站点和特定研究所(如中央研究所、人力资源开发研究所和辐射健康研究所)组成。根据韩国《放射性废物管理法》的规定,核电厂经营者每年分期支付处置放射性废物以及在核电厂退役和运行过程中产生的乏燃料的费用,作为自1983年来用于核电厂后端管理的储备金。韩国贸易、工业和能源部根据《放射性废物管理法》每两年审核一次估算费用。根据有关放射性废物和乏燃料管理费用计算标准的规定,中低水平放射性废物的估算费用为每桶1219万韩元,而核反应堆乏燃料的费用则为3.2亿韩元。中低水平放射性废物的管理费用在产生放射性废物时予以累计支付,并根据《放射性废物管理法》第14条的规定在每次交付放射性废物时同时支付给放射性废物局。根据《放射性废物管理法》第15条的规定,当核反应堆装载有核燃料时,应累积支付乏燃料管理的费用;当从核反应堆中卸载核燃料时,应向放射性废物管理基金支付相关费用。同时,核电厂经营者应根据《放射性废物管理法》第17条的规定每年分别积累相关核电厂退役的储备金。

再次,关于韩国核燃料有限公司(KEPCO Nuclear Fuel Co.,Ltd.)的资金管理。韩国核燃料有限公司是核电站核燃料的设计者和制造商。该公司在燃料生产部下设有核能安全办公室,负责灾难安全、辐射安全以及放射性废物和核材料的管理。根据韩国《放射性废物管理法》第14条的规定,韩国核燃料有限公司需要预留中低放废物的管理费,并在将放射性废物运送至韩国放射性废物局时支付该管理费。韩国电力核燃料公司已根据季度产生的放射性废物桶数预留了管理费用,作为放射性废物的处置费用。

最后,韩国原子能研究所的资金管理。韩国原子能研究所拥有一些与乏燃料和放射性废物管理相关的设施,包括高通量高级中子应用反应堆(High-flux Advanced Neutron Application Reactor)、辐射后检查设施(Post-Irradiation Examination Facility)、放射性废物处理与存储设施以及可燃废物处理设施。根据《放射性废物管理法》规定,这些设施的运行及其产生的放射性废物的管理费用由政府预算支持。

八、俄罗斯放射性废物管理的主要制度措施

(一)许可制度

在俄罗斯,放射性废物管理设施及其相关活动属于应当获得许可的事项。主要包括放射性废物储存库的选址、建造、运行和退役,以及放射性废物的储存、处理、运输和埋藏期间的处置活动。俄罗斯联邦生态、技术和原子能监督局是上述许可的审批和监管部门。未经许可从事上述活动将被视为违法或犯罪,应承担相应的行政或刑事责任。[1]

具体来说,根据俄罗斯《1995 年联邦原子能利用法》第 26 条的规定,核运营组织所进行的活动应根据法律规定获得许可证。国家核安全监督管理机关(俄罗斯联邦生态、技术和原子能监督局)负责规定运营组织许可申报的条件和颁发许可证。根据俄罗斯联邦政府 2013 年制定的《原子能利用领域许可活动条例》(Regulation on Licensing Activities in the Field of Atomic Energy Use)的规定,俄罗斯联邦生态、技术和原子能监督局负责许可设施。其负责实施的许可事项包括 7 个方面:一是核装置、辐射源、核材料和放射性废物储存设施的选址、建造运行和退役;二是核材料和放射性物质的处置,其中包括铀矿的勘探和开采,核材料和放射性物质的生产、使用、处理、运输和储存;三是放射性废物储存、处理、运输和处置期间的管理;四是核材料和放射性物质的科研利用;五是核装置、放射源、核材料和放射性废物储存设施的工程和设计;六是核装置、放射源、核材料和放射性废物储存设施的设备制造;七是核装置、放射源、核材料和放射性废物储存设施的设计文件、工程和过程文件、核与辐射安全论证文件的专家鉴定。

---

[1] See Russian Federation State Atomic Energy Corporation Rosatom and the Federal Environmental, Industrial and Nuclear Supervision Service, *The Fifth National Report of the Russian Federation on Compliance with the Obligations of the Joint Convention on the Safety of Spent Fuel Management and the Safety of Radioactive Waste Management*, p. 57 – 59, IAEA (2017), https://www.iaea.org/sites/default/files/russian-federation-eng-jc.pdf.

核运营组织申请许可时应当满足5方面的条件:其一,设计、工程、工作人员符合法律的相关规定;其二,在活动实施期间相关技术和管理能确保核安全和辐射安全;其三,核材料、放射性废物储存符合法律规定;其四,事故发生时技术和准备措施能保护公众安全;其五,申请人拥有安全终止核设施退役的能力。

核营运组织获得许可后被称为许可证持有人。根据俄罗斯《1995年联邦原子能利用法》第34条的规定,核设施运营组织即许可证持有人对放射性废物管理核设施以及其他放射性材料的安全负有完全的责任,许可证持有人应具有足够的权力、资金和物质资源来履行职责,采取提高核设施管理安全的措施确保对人员、公众和环境的辐射保护。俄罗斯联邦采取适当步骤,确保运营组织履行其所有职责。

联邦生态、技术和原子能监督局对许可证持有人遵守许可证条件的情况进行监督。如果许可证持有人违反许可证要求,联邦生态、技术和原子能监督局可以根据俄罗斯联邦相关法律对其实施处罚。如果运营许可证被吊销,在新的运营组织获得新的许可证之前,原运营组织仍对核设施的安全负责。如果运营组织无法确保上述设施的安全,原子能使用领域的管理部门将负责所有相关的管理活动和安全保证。

(二)环境影响与安全评价制度

俄罗斯关于放射性废物管理的环境影响评价的要求主要体现在设施的选址和建造许可决策过程中。对放射性废物储存、处理和处置设施的环境影响实施评价是获得相关许可证的基本条件。作为建造或运行放射性废物管理设施许可申请文件的一部分,环境影响评价文件应提交给联邦生态、技术和原子能监督局进行审查。[1] 放射性废物管理设施的环境影响评价应当以俄罗斯《1995年联邦环境影响评价法》以

---

[1] See Russian Federation State Atomic Energy Corporation Rosatom and the Federal Environmental, Industrial and Nuclear Supervision Service, *The Fifth National Report of the Russian Federation on Compliance with the Obligations of the Joint Convention on the Safety of Spent Fuel Management and the Safety of Radioactive Waste Management*, p. 84 – 85 & p. 104, IAEA (2017), https://www.iaea.org/sites/default/files/russian – federation – eng – jc.pdf.

及俄罗斯州层面的环境影响评价相关规范为依据。根据俄罗斯《1995年联邦环境影响评价法》的规定,环境影响评价应当符合综合性和透明性原则,在对放射性废物管理设施进行环境影响评价时应当综合考虑该设施对经济和其他活动的影响,在环境影响评价过程中,应当引入公众参与并在决策过程中考虑公众意见。核能利用领域相关的国家管理机关或运营组织尤其应当提交拟评估设施的辐射环境影响。

俄罗斯有关放射性废物管理设施安全评价的要求体现在俄罗斯《1995 年联邦环境影响评价法》及其相关法规中。根据这些法律法规的规定,核设施的建造和运行需要提交一份提供全面的安全分析报告。核设施的安全分析报告应当说明核设施安全的技术规定、管理措施系统、相关安全评价特征结果(包括设计基准事故的始发事件清单和超出设计基准事故、确定性和概率安全评估的结果,用于展示核设施安全的实践和程序)。放射性废物处置设施的安全分析报告还应提供废物的长期安全性的证明,包括提供放射性废物处置系统在关闭之后,其处理的废物仍存在潜在安全隐患时需保持系统的长期安全性的预测结果。

(三)公众参与制度

根据俄罗斯《1995 年联邦原子能利用法》第 2 条的规定,确保获取原子能利用相关的信息(国家秘密除外)和公众参与原子能利用领域的国家政策制定、联邦法律和联邦政策其他法律文件的起草以及相关的实践活动是原子能领域法律规制的基本原则之一。

其中,在获取信息的权利方面,俄罗斯《1995 年联邦原子能利用法》第 3 章第 13 条规定了 4 个方面:一是组织、包括公共组织(协会)和公民,有权以俄罗斯联邦立法规定的方式向有关当局和组织获取其职责范围内掌握的国际秘密以外的信息,包括核设施、辐射装置和储存设施规划、建造、利用和退役等所有阶段的安全方面的信息;二是公民有权从负责运营俄罗斯国家辐射监测系统的组织免费获取有关特定区域辐射情况的信息,被辐照的公民有权获得关于所接受辐射剂量的文件;三是包括公共组织(协会)和大众媒体在内的组织官员应承担拒绝提供信息以及故意歪曲或隐瞒有关原子能使用安全事项的客观数据的责任;四是俄罗斯联邦公民有权访问核设施、辐射源和储存设施。

在参与原子能利用领域政策制定方面，俄罗斯《1995 年联邦原子能利用法》第 3 章第 14 条规定了 4 个方面：其一，包括公共组织在内的组织和公民有权参与讨论原子能使用领域的立法与规划草案，以及核设施、辐射源和储存设施的选址、规划、建造、运行和退役有关的事项；其二，俄罗斯联邦政府当局和拟在其境内建立核设施、辐射源或储存设施的地方政府当局，有义务在其权限范围内组织公共组织（协会）和公民讨论与原子能利用有关的设施的选址、规划和建设事项；其三，有关当局应根据讨论结果作出决定并将其决定发布在官方出版物上，任何合法权益可能受到损害的企业团体或个人可在给决定通过后 3 个月内对这些决定提出正式的法律异议；其四，包括公共组织（协会）在内的组织有权推荐其代表参加核设施、辐射源和储存设施的选址、规划、建造、运行和退役阶段的专家评估。

具体到放射性废物管理方面，俄罗斯《2002 年联邦环境保护法》还规定召开听证会是放射性废物管理决策过程中的一个必要步骤，有关当局应在放射性废物管理设施拟建场地附近的城市定期举行听证会。[1] 此外，俄罗斯国家原子能公司内设公众委员会（Public Counci）负责公众意识和监督。该委员会参与发布计划中的放射性废物管理设施的安全信息，协调俄罗斯原子能公司和核能企业与政府组织、俄罗斯公民、区域和地方当局、专业协会开展相关活动，形成建议以支持原子能利用领域和核电发展的相关决策。[2]

（四）质量保证制度

根据俄罗斯《1995 年联邦原子能利用法》第 35 条的规定，运营组

---

〔1〕 参见杨丽丽、张巧娥、樊赞等：《我国〈放射性废物安全管理条例〉与〈俄罗斯放射性废物管理联邦法律〉的比较分析》，载《核安全》2012 年第 4 期。

〔2〕 See Russian Federation State Atomic Energy Corporation Rosatom and the Federal Environmental, Industrial and Nuclear Supervision Service, *The Fifth National Report of the Russian Federation on Compliance with the Obligations of the Joint Convention on the Safety of Spent Fuel Management and the Safety of Radioactive Waste Management*, p. 105, IAEA (2017), https://www.iaea.org/sites/default/files/russian-federation-eng-jc.pdf.

织应在核设施的开发、运营和退役的所有阶段安排和协调与质量保证计划的制定和实施相关的活动，并对活动的实施加以控制。制定质量保证计划及其实施计划对于获得原子能使用领域的运营许可证非常重要。[1] 俄罗斯联邦生态、技术和原子能监督局负责对其中的安全问题实施监督和检查。

具体来讲，关于质量保证计划，俄罗斯联邦政府根据《1995 年联邦原子能利用法》制定的系列规范和条例，以及俄罗斯联邦生态、技术和原子能监督局制定的安全导则详细规定了质量保证计划的结构和内容。这些规定参考了国际原子能机构的安全标准文件《设施和活动的管理系统》(GS－R－3 T)以及 ISO 9000 标准的相关内容，要求质量保证必须明确核与辐射安全的高度优先性、质量保证目标、为实现这些目标需要解决的问题、解决这些问题的适当方法以及负责制定质量保证计划的组织的相关责任。运营商应开展质量保证活动，对一般质量保证计划的实施做出适当安排，对其分包商开展的安全保证活动进行控制。运营商还需至少每五年对所有质量保证计划审查一次，必要时进行修订。

除了制订和实施质量保证计划外，根据俄罗斯《联邦技术监管法》(Federal law On the Technical Regulation)质量保证措施内容还包括对生产产品(运营、服务)的标准化和合规性评估，以及生产产品在开发(包括研发)、生产、建造、安装、设置、安装、运行、储存、运输、拆卸、处置和清除等过程的合规性评估。俄罗斯联邦生态、技术和原子能监督局负责根据原子能使用领域相关活动特性制定评估产品合规性的规则。

在俄罗斯联邦政府，有一份对所有核设施具有约束力的标准化文

---

[1] See Russian Federation State Atomic Energy Corporation Rosatom and the Federal Environmental, Industrial and Nuclear Supervision Service, *The Fifth National Report of the Russian Federation on Compliance with the Obligations of the Joint Convention on the Safety of Spent Fuel Management and the Safety of Radioactive Waste Management*, p. 64 – 65, IAEA (2017), https://www.iaea.org/sites/default/files/russian-federation-eng-jc.pdf.

件清单。这份清单中包含的文件还规定了对上面提到的生产产品（运营、服务）及其工艺的相关要求。这份综合清单由俄罗斯国家原子能公司起草，涉及国家标准、行业标准、组织标准、国际标准、区域标准、区域规则、技术法规和标准，以及在联邦技术法规与标准数据基金（Federal Data Fund of Technical Regulations and Standards）中注册的外国标准、规则和相关工程要求。特定标准化文件合并进入这份清单的程序由俄罗斯联邦政府制定。

（五）辐射防护制度

俄罗斯的联邦法律和其他规范性文件规定了核设施、辐射源和储存设施运行期间对工作人员、公众和环境的辐射防护要求，内容主要包括辐射防护的基本原则、核设施营运人的辐射防护措施和辐射监测等方面。[1]

俄罗斯《1995年联邦原子能利用法》第2条规定，原子能使用领域的法律监管的基本原则是确保安全以及保护个人、公众和环境免受辐射危害。俄罗斯《1996年联邦全体居民辐射安全法》规定了辐射防护的三个基本原则：其一是限制原则，不得超过为公众和雇员设定的剂量限制；其二是正当原则，禁止任何辐射（超出自然辐射背景引起的辐射）风险超过其给公众和个人带来的利益的涉及电离辐射相关活动；其三是优化原则，个人剂量和受到辐射照射的人数应保持在合理可实现的最低水平，并考虑经济和社会因素。

法律还规定了辐射照射的可接受剂量值。对于公众来说，年有效剂量限制应为0.001Sv，终生有效剂量限制（70年）应为0.07Sv；只有在随后5年的年平均有效剂量不超过0.001Sv时，才能接受更高的年有效剂量值。对于涉核工作人员，其年有效剂量限制应为0.02Sv，而

---

〔1〕 See Russian Federation State Atomic Energy Corporation Rosatom and the Federal Environmental, Industrial and Nuclear Supervision Service, *The Fifth National Report of the Russian Federation on Compliance with the Obligations of the Joint Convention on the Safety of Spent Fuel Management and the Safety of Radioactive Waste Management*, p. 66 – 68, IAEA (2017), https://www.iaea.org/sites/default/files/russian – federation – eng – jc.pdf.

雇佣期(50 年)的有效剂量限制应为 1Sv;只有在随后 5 年的年平均有效剂量不超过 0.02Sv 时,年有效剂量值为 0.05Sv 才可接受。

根据俄罗斯法律的规定,营运组织应当采取相关措施确保辐射安全。这些措施包括:对核与放射性物质进行安全储存和管理,以避免对核设施的工作人员和公众造成不必要的风险;对核设施工作人员接受的辐射剂量进行登记;对为保护核设施、辐射源和乏燃料场址附近居民而建立的监测区和控制区实施辐射控制;及时告知公众关于监测区和控制区的辐射状况。

俄罗斯建立了"俄罗斯公众暴露衡算和控制统一国家系统"和"俄罗斯领域内统一自动辐射监测系统"来实施辐射监测和管理。前者由俄罗斯联邦卫生健康部(Ministry of Healthcare of the Russian Federation)负责管理运行,是个体公众照射剂量的联邦数据库;后者覆盖俄罗斯全境,为国家各级管理部门提供辐射安全领域的信息支持,确保及时发现辐射环境变化,评估、预测和预防辐射对人口和环境的潜在负面影响。

(六)报告制度

根据俄罗斯《1995 年联邦原子能利用法》的规定,运营组织应当对放射性废物管理设施整个寿期的所有阶段的安全运行进行持续控制。为此,俄罗斯放射性废物管理有关部门制定了系列放射性废物管理设施运行失常(包括安全显著性事件)统计和控制相关的法规和一般性的安全规定,运营组织也制定了统计和调查放射性废物管理设施运行失常的内部管理文件。[1]

运营组织实施的统计和调查运行失常制度应当能及早发现和预防运行故障,并能及时消除这些故障。运营组织应当制定和采取避免运

〔1〕 See Russian Federation State Atomic Energy Corporation Rosatom and the Federal Environmental, Industrial and Nuclear Supervision Service, *The Fourth National Report of the Russian Federation on Compliance with the Obligations of the Joint Convention on the Safety of Spent Fuel Management and the Safety of Radioactive Waste Management*, p. 121, IAEA, https://www.iaea.org/sites/default/files/russian-federation-nr-5th-rm-2015-en.pdf.

行失常再次发生的措施以及时向原子能利用领域的国家安全监管机关（联邦生态、技术和原子能监督局）提交此类运行失常的信息。

此外，根据俄罗斯《1995 年联邦原子能利用法》的规定，运营组织应当定期准备核设施安全报告并提交国家安全监管部门以及原子能利用领域的国家管理机关审查。安全报告的内容应当包括核和辐射安全、放射性物质的排放和管理、培训和颁发的许可证情况、应急准备、异常操作及其后果等信息。[1] 其中，任何有关违规的信息还应当包括违反安全要求的原因和方式，以及运营组织为避免将来发生此类违规而做出的安排。

俄罗斯联邦生态、技术和原子能监督局负责建立上述信息和报告提交的程序。俄罗斯联邦生态、技术和原子能监督局中央办公室负责对提交的信息和报告进行登记和审查。

（七）应急制度

俄罗斯《1995 年联邦原子能利用法》、《保护全体居民和领土免受自然灾害和人为紧急状况法》（Federal law № 68 – FZ On the Protection of Population and Territories form Natural and Man – Induced Emergencies）和《1996 年联邦全体居民辐射安全法》以及相关的联邦法规是俄罗斯放射性废物管理应急制度的规范基础。这些法律法规旨在防止原子能利用领域紧急情况的发生与发展，以及减轻其相关的损害后果，规定了辐射紧急情况下保护员工、公众和环境的行为标准、应急准备与响应的要求、有关行政安排的原则、响应力量组成以及这些单位不同成员之间的关联、有关紧急警报程序和信息交流的要求等内容。

根据俄罗斯《1995 年联邦原子能利用法》的规定，运营组织有责任在核设施、辐射源或乏燃料发生紧急事件时保护员工、公众和环境。为

[1] See Russian Federation State Atomic Energy Corporation Rosatom and the Federal Environmental, Industrial and Nuclear Supervision Service, *The Fifth National Report of the Russian Federation on Compliance with the Obligations of the Joint Convention on the Safety of Spent Fuel Management and the Safety of Radioactive Waste Management*, p. 41, IAEA (2017), https://www.iaea.org/sites/default/files/russian-federation-eng-jc.pdf.

此,运营组织应当根据发生事故时的辐射危险级别来制订和实施包含采取相关措施的程序和与其他机关关联的合理行动计划。该行动计划应当与处理民防和紧急情况的管理当局、俄罗斯联邦和地方当局,以及参与公共保护与应急活动的部委和机构实施的设施层面和区域性应急响应行动相协调。

运营组织应确保制订应急演练指南或计划,以便明确员工在发生事故时的应对措施并安排定期培训。许可证颁发机关(俄罗斯联邦生态、技术和原子能监督局)在审查许可申请时应当评估所有应急相关的技术和行政安排的可行性和充分性,以确保运营组织准备好在发生事故时实施所有必要的响应活动。许可证颁发后,俄罗斯联邦生态、技术和原子能监督局还将对许可证持有人(运营组织)的上述应急准备安排实施检查。

此外,由俄罗斯民防、应急与减灾部负责运行的、覆盖整个俄罗斯领土的预防和消除紧急情况统一国家系统(Unified State System for Prevention and Elimination of Emergencies)还包含预防和消除核部门设施紧急情况的全行业系统。该行业系统旨在管理和开展保护员工和工业场所免受紧急情况影响的活动,以确保特别危险的辐射和核设施发生紧急情况时能够及时应对。[1]

(八)资金保障制度

俄罗斯联邦采取了适当的安排来确保有充足的资金保障乏燃料与放射性废物管理设施运行寿期和退役期间的安全。这些安排和要求包括 6 个方面:一是根据俄罗斯《1995 年联邦原子能利用法》第 34 条的规定,运营组织应当具有足够的资金、物质和其他资源来履行其职能;二是根据《俄罗斯联邦税法典》(Tax Code of the Russian Federation)第

〔1〕 Russian Federation State Atomic Energy Corporation Rosatom and the Federal Environmental, Industrial and Nuclear Supervision Service, *The Fifth National Report of the Russian Federation on Compliance with the Obligations of the Joint Convention on the Safety of Spent Fuel Management and the Safety of Radioactive Waste Management*, p. 68 – 71, IAEA (2017), https://www.iaea.org/sites/default/files/russian - federation - eng - jc.pdf.

264 条的规定,企业和组织应有足够的资金储备,以确保核与辐射设施等安全;三是根据俄罗斯加入的《1963 年核损害民事责任维也纳公约》的规定,运营者应当承担不少于 500 万美元的民事赔偿责任;四是根据俄罗斯《2007 年关于国家原子能公司法》第 20 条的规定,俄罗斯国家原子能公司需要在公司内部设立特别储备金;五是根据俄罗斯《2011 年放射性废物管理法》第 10 条和第 21 条的规定,放射性废物处置费用由放射性废物的产生者负担;六是对核设施退役的费用进行评估。

上述资金(储备金)与相关活动的成本或费用有关。其中,企业和组织的储备金应当覆盖以下费用:核、辐射、职业和消防有关的费用;核材料、放射性物质和放射性废物的实物保护、核算与控制;核电厂、其他核设施、放射性废物储存设施的退役与研发有关的费用;与新建、增加产能、重建和运营生产技术升级,采购机器、设备、工具、仪器,设计和勘察等有关的支出;以及放射性废物处置费用。俄罗斯国家原子能公司的特别储备金由运营核与辐射相关设施的企业和组织提供。

放射性废物处置费用根据放射性废物的库存和相关费率计算而来。其中的税率由经授权的联邦行政机关根据国家放射性废物管理机构建议设定,单位是卢布每立方米(RUB/立方米)。如 2016 年,俄罗斯联邦自然资源和环境部规定了以下 RW 处置税率:一类放射性废物的费率是 1246509.91RUB/立方米;二类放射性废物的费率是 566954.39 RUB/立方米;三类放射性废物的费率是 132681.13 RUB/立方米;四类放射性废物的费率是 37520.42 RUB/立方米;五类放射性废物的费率是 175.21 RUB/立方米;六类放射性废物的费率根据联邦法令另行设定。[1]

---

[1] See Russian Federation State Atomic Energy Corporation Rosatom and the Federal Environmental, Industrial and Nuclear Supervision Service, *The Fifth National Report of the Russian Federation on Compliance with the Obligations of the Joint Convention on the Safety of Spent Fuel Management and the Safety of Radioactive Waste Management*, p. 61 – 64, IAEA (2017), https://www.iaea.org/sites/default/files/russian-federation-eng-jc.pdf.

九、比较与小结:放射性废物管理立法的制度构建

通过上述梳理可以发现,各国放射性废物管理法律规定的许可制度、环境影响评价制度、安全评价制度、质量保证制度、辐射防护制度、报告制度、公众参与制度、应急制度和资金保障制度措施既有共性也有个性。综合而言,这些制度表现形式和内容可概述如下:

第一,许可制度。该制度是指从事放射性废物管理活动需要获得放射性废物管理的监管部门及其有关部门的许可,未经许可不得从事该活动。《乏燃料管理安全与放射性废物管理安全联合公约》要求各缔约方建立放射性废物管理活动的许可证审批制度并禁止无许可证运行乏燃料或放射性废物管理设施的制度。各国都对放射性废物管理采用了分阶段许可的方式,涵盖放射性废物处置设施的选址、建造、运行和退役各主要阶段。放射性废物管理许可制度在内容上包括许可的实体要求和程序要求两方面。前者涉及复杂的安全技术审查,后者涉及公众参与或听证过程。获得许可从事放射性废物管理的主体(也称许可证持有人)对放射性废物管理安全负主要责任,放射性废物管理的监管部门对其是否遵守许可要求进行监督检查。大部分国家的法律都规定由中央(联邦)放射性废物管理安全监管机关实施许可审批和发放,少数国家授予地方政府(州政府)部分许可审批权限(如德国)。

第二,环境影响评价制度。该制度是指对放射性废物管理活动可能带来的不良环境影响评价并以此来判断活动可行性或作出相关决策的规范设计。《乏燃料管理安全与放射性废物管理安全联合公约》要求各缔约方采取适当步骤评价拟议放射性废物管理设施在运行寿期内可能影响其安全以及在其关闭后可能影响处置设施安全的与场址有关的一切有关因素。从各国的制度实践来看,环境影响评价制度主要适用于放射性废物处置设施的选址阶段和建造前阶段,而且通常作为许可制度的一部分或者附属程序。在很多国家(如美国、加拿大、德国、韩国和俄罗斯),放射性废物管理设施的环境影响评价的实施还需适用该国专门的环境影响评价法的规定。

第三,安全评价制度。该制度是指对放射性废物管理活动的安全进行技术层面的评价、分析或验证,并将评价结果作为相关监管决策重

要依据的规范设计。《乏燃料管理安全与放射性废物管理安全联合公约》要求各缔约方采取适当步骤评价放射性废物管理设施在运行寿期内可能影响其安全以及在其关闭后可能影响处置设施安全的与场址有关的一切有关因素。从各国的制度实践来看,安全评价一般包括事前的评价和事中的评价。前者是对拟开展的放射性废物管理相关活动的安全性的评价(如放射性废物处置设施的选址和建造),通常附属于许可申请和审批过程;后者是对正在进行的放射性废物管理活动的状态安全状况的评价,如对放射性废物处置设施运行状态的安全评价。从各国的实践来看,安全评价一般分为定期安全评价和非定期安全评价。

第四,质量保证制度。该制度是指为了确保放射性废物管理相关的某一物项、过程或服务能够满足法律规定的特定质量要求所需采取的有计划和有系统的行动。《乏燃料管理安全与放射性废物管理安全联合公约》要求各缔约方采取必要步骤以确保制定和执行相应的关于放射性废物管理安全的质量保证大纲。质量保证本质上属于一种管理系统,从各国的制度实践来看,质量保证制度通常以规定许可证持有人制订并严格实施质量保证计划为主要内容,质量保证计划也通常被作为许可申请的要件之一。质量保证还涉及标准的适用,从各国的情况来看,除了适用各国内标准外,还涉及对国际标准(如 ISO 相关标准)的适用。

第五,辐射防护制度。该制度是指保护人员免受电离辐射照射的影响和实现这种保护的方法的规范设计。《乏燃料管理安全与放射性废物管理安全联合公约》要求各缔约方采取适当步骤以确保放射性废物管理设施在运行寿期内的辐射照射或放射性物质的释放符合安全要求,即辐射防护应当遵循正当性(合理性)、防护的最优化和剂量限值这三个基本原则。其中,正当性是指任何一种伴有辐射的实践只有在正当理由(如实践所带来的利益要大于为生产产品和保障安全所付出的代价)的前提下才允许进行;防护的最优化是指政府或监管机构必须制定并强制执行防护和安全最优化的要求;许可证持有人必须确保防护和安全达到最优化;剂量限值是指控制操作中辐射剂量在不可接受范围以下。辐射防护制度适用于包括放射性废物管理在内的所有涉及电离辐射的活动,主要内容包括制定辐射防护标准、开展辐射监测和实施辐射防护干预。上述代表性核能国家中,有的国家除了在其放射性废物管理专门法律中对辐射防护有所规定外,还对辐射防护问题进行了专门立法,如德国制定了《辐射防护法》,俄罗斯制定了《1996 年联邦全体居民辐射安全法》。

第六,报告制度。该制度是指从事放射性废物管理相关的主体向有关部门汇报其所从事的放射性废物管理活动的状态的规范设计。报告制度有助于相关部门和社会公众及时了解放射性废物管理活动的相关信息,从而对放射性废物管理活动尤其是在发生辐射事故时采取应对措施。《乏燃料管理安全与放射性废物管理安全联合公约》要求许可证持有者及时向监管机构报告安全重要事件。各国分别在其放射性废物管理专门法律或者核安全专门法律中规定了包括放射性废物处置设施许可证持有人的报告义务。例如,法国《2006 年核领域透明与安全法》第 21 条规定了核设施许可证持有人的年度报告义务,加拿大《核燃料废物法》第 8 章规定了放射性废物管理组织的报告义务。各国报告制度的内容可以归纳为放射性废物管理事项报告和放射性废物管理事件(事故)报告两种基本类型。前者各国法律的规定差异性较大;后者各国法律的规定基本相似,还涉及国际通报。

第七,公众参与制度。该制度是指受放射性废物管理相关活动影响或者与之利益相关的社会公众参与放射性废物管理相关的决策活动的规范设计。公众参与的前提是知情,参与的本质是影响决策从而维护自身的利益,因此公众参与制度一般包括两个方面的基本内容:一是享有获取放射性废物管理相关信息的权利,对应着放射性废物管理的监管部门的信息公开义务;二是享有参与放射性废物处置设施选址等重要行政决策过程并发表意见和表达利益诉求的权利,对应放射性废物管理的监管部门或相关政府部门征求公众意见或组织听证等义务。《乏燃料管理安全与放射性废物管理安全联合公约》要求每一缔约方应采取适当步骤以确保制定和执行针对拟议中放射性废物管理设施的程序,以便向公众成员提供此类设施的安全方面的信息。从实践来看,知情权保障方面,各国一般都建立了放射性废物管理相关的信息发布制度,部分国家特别强调透明(如法国);在参与决策方面,各国通常会在放射性废物管理相关的许可审批阶段设置公开听证或咨询程序。各国在信息公布的具体方式、公众参与的具体事项以及组织机构等方面存在较大差异。

第八,应急制度。该制度是指为预防或应对放射性废物管理紧急情况而设计或采取的相关措施。《乏燃料管理安全与放射性废物管理安全联合公约》要求各缔约方应确保在放射性废物管理设施运行前和运行期间制订应急计划,主要内容包括缔约方国内的应急计划制定、应急演练以及国外紧急情况的应对三方面内容。代表性核能国家基本上都建立了涵盖上述三方面内容的放射性废物管理应急制度,并将放射性废物管理应急纳入整个国家的核应急体系或者国家总体应急体系中,但是在立法形式和应急体制的设计上存在差异。在立法形式方面,有的国家制定了专门的核应急法律,如日本制定了《核应急准备特别措施法》;有的国家则在其核安全专门法律或其他法律中(如法国在其《2006年核领域透明与安全法》中)规定了核应急制度。在应急体制设计方面,各国一般都设立了包括放射性废物管理设施场内应急和场外应急在内的多层级应急体系,但在放射性废物管理设施许可证持有人、地方(州)、放射性废物管理的监管部门和国家的分工以及应急体制的运行机制方面各有其特色。

第九,资金保障制度。该制度是指为放射性废物管理活动提供资金保障的制度安排。放射性废物的长半衰期及其对管理活动的复杂和高度专业性需要充足的资金来维持其活动的正常开展。《乏燃料管理安全与放射性废物管理安全联合公约》要求各缔约方应采取适当步骤以确保有足够的财力可用于支持乏燃料和放射性废物管理设施在运行寿期内和退役期间的安全,并应作出财政规定使相应的制度化的控制措施和监督工作在处置设施关闭后认为必要的时期内能够继续进行。综合各国的实践,资金保障制度的基本内容一般包括放射性废物管理资金的来源、资金的管理模式和资金的使用范围等要素。在资金来源方面,“污染者付费”是基本原则,放射性废物的产生者需要根据具体的规定提前缴纳放射性废物管理的相关费用(如按照发电电价的比例来缴纳),除此之外,商业筹集、政府补贴(拨款)和税收都可能是资金的补充来源方式;在资金管理模式方面,各国的做法各异,包括专项资金、信托基金(如加拿大)、特别储备金(如俄罗斯)等方式;在资金使用范围方面,各国的具体规定有所差异,但总体而言一般涉及放射性管理监管部门的运行费用,放射性废物的储存、运输、处理费用,处置设施的建造、运行、维修和退役(关闭)以及相关的场地保护和清污费用等。

第六章　比较法视野下我国放射性废物管理立法构想

我国的核事业起步于20世纪50年代，近70年来从无到有、持续发展，形成了完备的核工业体系，为保障国家能源安全、保护生态环境、提高人民生活水平、促进经济高质量发展作出了重要贡献。然而，伴随着核能发展规模的不断壮大，放射性废物的产生量和储存量也在不断增加，相关安全风险和生态风险日益引起社会各界的关切，需要从制度层面来保障放射性废物得以妥善管理。

放射性废物管理关乎核事业可持续发展，是我国生态文明建设之重要领域——核与辐射安全方面的重要组成部分，也是国家安全的重要组成部分。党的十八届三中全会和十九大均提出要推进国家治理体系现代化和国家治理能力现代化，包括放射性废物管理在内的核与辐射安全监管作为国家治理体系的组成单元，也确立了"核与辐射安全监管体系和监管能力现代化"的目标。[1]

本章将对我国放射性废物管理法律制度现状和问题进行梳理，在适当参考上文所述代表性核能国家放射性废物管理法治经验的基础上，结合我国的实际，以习近平生态文明思想以及习近平主席提出的理性、协调、并进的核安全观为理念指引，对我国放射性废物管理立法问题进行分析并提出初步构想。

一、我国放射性废物管理的政策、实践与挑战

（一）我国放射性废物管理的政策

根据我国《放射性污染防治法》第63条第8款的规定，放射性废物

---

〔1〕 参见生态环境部（国家核安全局）：《中国核与辐射安全管理体系》，2018年12月，载国家核安全局网，http://nnsa.mee.gov.cn/ztzl/zghyfsaqgltx/202003/P020200319670076565705.pdf。

指含有放射性核素或者被放射性核素污染,其活度浓度或者总活度大于国家确定的清洁解控水平,预期不再使用的废弃物。我国的放射性废物主要来自于核电厂、研究堆、核燃料循环、核技术利用和铀(钍)矿资源的开发利用。

在 2017 年之前,我国根据《放射性废物的分类》(GB9133 – 1995,已废止)将放射性废物分为豁免废物、低水平放射性废物、中水平放射性废物和高水平放射性废物。这一分类主要是根据废物的放射性活度浓度水平,并综合考虑放射性废物的物理性状、核素的半衰期和发射类型等因素(具体分类见表 6 – 1)。

表 6 – 1　我国放射性废物的分类

物理状态	废物类别	废物特性指标
废气	低放废气	活度浓度小于或等于 4 × 107Bq/m^3
	中放废气	活度浓度大于 4 × 107Bq/m^3
废液	低放废液	活度浓度小于或等于 4 × 106Bq/L
	中放废液	活度浓度大于 4 × 106Bq/L,小于或等于 4 × 1010Bq/L
	高放废液	活度浓度大于 4 × 1010Bq/L
固体废物	低放固体废物	活度浓度小于或等于 4 × 106Bq/kg
	中放固体废物	(1)半衰期大于 60d,小于或等于 5a,活度浓度大于 4 × 106Bq/kg (2)半衰期大于 5a,小于或等于 30a,活度浓度大于 4 × 106Bq/kg,小于或等于 4 × 1011Bq/kg (3)半衰期大于 30a,活度浓度大于 4 × 106Bq/kg,且释热率小于或等于 2kW/m
	高放固体废物	(1)半衰期大于 5a,小于或等于 30a,释热率大于 2kW/m^3,或活度浓度大于 4 × 1011Bq/kg (2)半衰期大于 30a,活度浓度大于 4 × 1010Bq/kg,或释热率大于 2kW/m^3
	α 放射性固体废物	

2017 年 12 月《核安全法》通过后，我国生态环境部、工业和信息化部和国防科工局联合制定并发布了新的放射性废物分类方法——《放射性废物分类》，自 2018 年 1 月 1 日起施行。根据该分类方法，放射性废物被分为极短寿命放射性废物、极低水平放射性废物、低水平放射性废物、中水平放射性废物和高水平放射性废物五类，其中极短寿命放射性废物和极低水平放射性废物属于低水平放射性废物范畴。

我国实施乏燃料后处理政策，通过提取回收铀、钚材料，以实现资源的最大化利用，减少高放废物量，确保乏燃料管理安全和公众安全，并降低对后代的长期辐射风险。因此，在我国，乏燃料在后处理前不被划入放射性废物管理的范畴，而是遵循乏燃料管理的规定。

我国放射性废物管理的政策可以概括 7 个方面：第一，放射性废物产生单位承担放射性废物管理的全面安全责任；第二，对放射性废物实施分类管理；第三，通过合理选择和利用原材料，采用先进的生产工艺和设备，实施物料的再利用和再循环，使放射性废物的产生量和向环境的排放量达到合理可行、尽量低的水平；第四，放射性废物管理设施应与主体设施同时设计、同时建造、同时投入使用；第五，核技术利用放射性废物以省、自治区、直辖市为单位集中收贮，向环境排放放射性废气、废液，必须符合国家放射性污染防治标准；第六，推行放射性废物分类处置，低中水平放射性废物在符合核安全要求的场所实行近地表或中等深度处置，高水平放射性废物实行集中深地质处置；第七，禁止在内河水域或海洋上处置放射性固体废物，禁止将放射性废物和被放射性污染的物品输入中华人民共和国境内或者经中华人民共和国境内转移。[1]

2017 年，国务院批复了《核安全与放射性污染防治"十三五"规划及 2025 年远景目标》。该规划提出了 3 个方面的任务或目标：第一，要

---

〔1〕 参见《〈乏燃料管理安全和放射性废物管理安全联合公约〉第六次审议会议中华人民共和国国家报告》，2017 年，第 23～24 页，载国际原子能机构网，https://www.iaea.org/sites/default/files/national_report_of_china_for_the_6th_review_meeting_-_chinese.pdf；《中国的核安全》（白皮书），2019 年 9 月，载国务院新闻办公室网，http://www.scio.gov.cn/ztk/dtzt/39912/41587/index.htm。

加快放射性废物处理能力建设,基本完成历史遗留中低放废液固化处理,处置一批中低放固体废物,探索创新核燃料循环前端中低放固体废物的处置方式。第二,要推动核电放射性固体废物处理处置。发布实施《中低水平放射性固体废物处置场规划》,开展5座中低放固体废物处置场选址、建设,形成中低放固体废物处置的合理布局,推进核电废物外运处置;建设秦山、大亚湾核电基地放射性废物集中处理示范工程,推广可燃放射性固体废物焚烧、放射性污染金属熔炼技术应用,推进核电厂放射性废物减容与清洁解控。第三,要加快高放废物处置研究。开工建设高放废物地质处置地下实验室;推进高放废物地质处置场选址与场址调查,开展工程屏障、处置工艺技术、处置化学、安全评价等研究,完成2～3个地质处置场重点候选场址的筛选;明确高放废物地质处置安全目标和原则,研究我国高放废物地质处置选址技术安全准则。

（二）我国放射性废物管理的实践

我国放射性废物管理的实践可以归纳为以下4个方面:

第一,在放射性废物处理处置设施的建造方面。核电厂和研究堆营运单位均按照“三同时”要求配套建设了放射性废液、废气处理设施,以及固体废物贮存设施。各核电厂均制定了放射性废物管理大纲,对放射性废物实施分类管理,制定了相应的放射性废物管理操作程序。具体而言:核电厂和研究堆对放射性废气进行过滤、吸附、贮存衰变处理后达标排放;对放射性废液采用过滤、蒸发、离子交换等技术手段处理,实现液态流出物的达标排放,对浓缩液和废树脂实行水泥固化;对技术废物采用分拣、压缩、固定处理,废过滤器芯采用水泥固定处理。对处理形成的满足处置接收要求的废物包进行安全贮存。核燃料循环设施同样按照上述放射性废物管理方式对其产生的放射性废物实施有效管理。

第二,在实施放射性废物最小化管理方面。各运行核电厂通过培训、宣传增强全体员工和承包商的废物最小化意识;采用诸如预压缩和超级压缩减容技术,使用由可降解材料制成的纸衣、鞋套等防护用品,采用远距离操作等措施将水泥固化包装容器由水泥桶改为金属桶等减容技术。在新建核电厂设计中,积极采用新的废物处理技术和运行模式,如桶内干燥、废树脂干燥热压、高整体容器、移动式废液处理装置和集中的废物处理设施等。从2008年至2011年,国家原子能机构和国家核安全局共同组织相关研究单位、核燃料循环企业、核电企业开展了"放射性废物最小化战略与顶层设计研究"项目。项目研究了放射性废物最小化战略与政策,核燃料循环前端、核电厂以及核燃料循环后端放射性废物最小化,核技术利用和研究堆放射性废物最小化等;开发了放射性废物最小化分拣技术及装备等实用专项技术。根据相关研究成果,于2016年发布了《核设施放射性废物最小化》(HAD 401/08-2016),且相关研究成果已应用于田湾核电基地废物集中管理中心建设工程的设计与建造,徐大堡核电厂厂址废物处理设施设计,以及中核集团优先发展技术项目"核电站废物最小化技术研究项目"。

第三,在高放废物处置规划方面。2006年,国家原子能机构、科技部和原国家环境保护总局联合颁布了《高放废物地质处置研究与开发规划指南》。该指南提出我国高放废物地质处置研究的总目标是选择地质稳定、社会经济环境适宜的场址,在21世纪中叶建成国家高放固体废物地质处置设施,通过工程屏障和地质屏障的包容、阻滞,保障国土环境和公众健康在长时间内不会受到高放废物的不可接受的危害。该规划指南将研究开发和处置设施工程建设划分为三个阶段:试验室研究开发和处置设施选址阶段(2006~2020年)、地下试验阶段(2021~2040年)、原型处置设施验证与处置设施建设阶段(2041年~21世纪中叶)。2016年3月,我国发布了《中华人民共和国国民经济和社会发展第十三个五年规划纲要》,进一步明确,2016年至2020年间将建设1个高放废物处置地下实验室。此外,国家原子能机构组织开展了高放废物地质处置库选址和相关科研工作。在华东、华南、西南、内蒙古、新疆和甘肃6个预选区进行了初步的场址区域筛选,重点研究了北山预选区的场址特征。正在开展地下实验室建造的前期准备工作(见表6-2)。

表 6－2　我国乏燃料与放射性废物管理的政策与实践

放射性废物类型	长期管理政策	当前的实践/设施	计划的设施
乏燃料	后处理	贮存在 36 个核电站乏燃料贮存水池和 1 个核电站乏燃料临时干式贮存设施，以及 3 个研究堆乏燃料贮存水池	后处理设施，2 座乏燃料干式贮存设施
核燃料循环废地下实验室物（包括核电废物）	高放废物地质处置	无	一个地质处置地下实验室
	低、中放废物近地表处置	2 座低、中放废物处置场在运行	5 座近地表处置设施
核技术利用废物	衰变解控，贮存与分类处置	贮存在 31 座核技术利用放射性废物贮存库	
废旧密封源	返回制造商，送交贮存或处置，解控，再利用	31 座核技术利用放射性废物库和 1 座国家废放射源集中贮存库	

（截至 2016 年 12 月 31 日）

第四，在中、低放射性废物处置规划方面（见表 6－2）。2012 年，国务院批复了《核安全与放射性污染防治“十二五”规划及 2020 年远景目标》。该规划提出了确保核电厂运行安全，消除研究堆和核燃料循环设施安全隐患，规范核技术利用，加快早期核设施退役和废物治理等 9 项重点任务；明确了放射性污染治理、事故应急保障、监管能力建设等 5 方面的重点工程，其中包括区域废物处置场建设项目。与我国核电发展规划匹配，《中华人民共和国国民经济和社会发展第十三个五年规划纲要》进一步明确，2016 年至 2020 年将建设 5 座低、中放废物处置场。截至 2020 年 12 月 31 日，我国共有 2 座低、中放固体废物处置场（西北处置场和北龙处置场）投入运行。国家原子能机构正在福建、浙江、广东、辽宁和山东等核电集中省份组织开展低、中放固体废物处置场的选址工作。此外，我国的31个省（自治区、直辖市）均建成了核技术利用放射性废物贮存库，主要用于贮存本省（自治区、直辖市）工业、农业、医疗、教学、科研等领域产生的废旧密封源。截至2020年12月31日，各省、自治区、直辖市城市放射性废物库收贮废旧放射源56,561枚，已转运或收贮至国家废放射源集中贮存库及由生产厂家回收的废旧放射源共146,648枚，另已完成18,000余枚放射源的处置前整备。[1]

（三）我国放射性废物管理面临的挑战

我国一贯高度重视放射性废物管理安全。上述梳理说明我国在放射性废物方面有诸多良好实践，并已绘制了较为明确的路线图。然而，与我国核能快速发展的规模和放射性废物处理处置的紧迫需求相比，当前的放射性废物管理工作仍然面临不少挑战。

2014年《乏燃料管理安全和放射性废物管理安全联合公约》第五次审议会议指出中国在放射性废物管理方面主要面临5项挑战，包括：放射性废物管理法规有待完善、监管能力在内的安全能力建设有待提高、长寿命中放废物处置技术路线的制定和实施需要进一步推进、高放废物地质处置库选址和地下实验室建设有待推进以及放射性废物处置场的公众接受性有待进一步提高。[2] 2017年，我国在提交《乏燃料管理安全和放射性废物管理安全联合公约》第六次审议会议的国家报告中回应了针对上述挑战所采取的行动和工作进展。具体而言：

在放射性废物管理法律法规完善方面。我国新发布和修订了多项部门规章和安全导则，主要包括《核电站乏燃料处理处置基金项目管理办法》《核电厂内乏燃料干法贮存系统核安全监管要求（试行）》《环境保护公众参与办法》《核动力厂设计安全规定》《核设施放射性废物最

---

[1] 参见《国家核安全局2020年报》，第46页，载国家核安全局网，http://nnsa.mee.gov.cn/ztzl/haqnb/202106/P020210629665594621226.pdf。

[2] 参见《〈乏燃料管理安全和放射性废物管理安全联合公约〉第六次审议会议中华人民共和国国家报告》，2017年，第3～7页，载国际原子能机构网，https://www.iaea.org/sites/default/files/national_report_of_china_for_the_6th_review_meeting_-_chinese.pdf。

小化》等,未来将完成包括放射性废物近地表处置安全全过程系统分析和安全评价、核与辐射设施退役的安全评价、核燃料循环设施的退役、核动力厂和研究堆的退役等方面的核安全导则的制定以及推动《核安全法》(现已颁布)和《原子能法》的立法进度。

在监管能力提升方面。我国进一步规范核与辐射安全监管,完善管理制度和细化培训措施。例如,施行了《核与辐射安全监督检查人员证件管理办法》,发布了《核与辐射安全监督综合管理手册》,发布了《国家核安全局核与辐射安全监管业务培训工作指导意见》,持续开展了核与辐射安全监管人员培训,持续开展国家核与辐射安全监管技术研发基地建设工程(包括放射性废物安全管理及核设施退役安全验证能力建设、辐射环境监测技术能力建设、核与辐射安全监控和应急响应能力建设等),持续开展环境监测能力建设(包括国家级辐射移动应急监测能力建设,国家级实验室应急与分析监测能力建设,北京、内蒙古、云南和西藏等地区辐射环境自动监测站建设等)。

在提高放射性废物处置场的公众接受性方面。生态环境部(国家核安全局)发布了《核安全文化政策声明》和《环境保护公众参与办法》,明确了公众的参与方式,以便提高公众接受性,并在《核安全法》中规定了"信息公开与公众参与"的章节。此外,还在生态环境部(国家核安全局)网站,开设放射性废物处置专栏,介绍放射性废物处置场的目的、任务、废物接收流程等,并公示放射性废物处置场许可证的发放等。

这些行动和举措对完善我国放射性废物管理能力和管理体系具有重要意义,但不意味着上述挑战全部被消除。除此之外,上述我国《乏燃料管理安全和放射性废物管理安全联合公约》第六次审议会议国家报告还指出,"现阶段"我国在放射性废物管理方面还存在需要解决的问题,例如仍需加快低、中放废物处置场选址进程,还需深入开展研究堆退役技术研究等。《核安全与放射性污染防治"十三五"规划及2025年远景目标》也指出,我国早期核设施和历史遗留放射性废物风险不容忽视,乏燃料集中贮存设施不足,周边核安全形势将更加复杂,对我国核与辐射监测、应急保障能力提出了更大挑战。

上述报告和规划距今已有一段时间，其中的一些问题已有所改观，例如在法律法规方面，《核安全法》已于2017年9月1日获得通过并于2018年1月1日生效实施，但其中的很多问题仍处于解决和完善中，如在立法方面，我国《原子能法》仍未出台。换言之，我国放射性废物管理的工作仍然面临诸多挑战。

二、我国放射性废物管理法律规制的现状梳理及其不足分析

（一）我国放射性废物管理法律规范体系现状梳理

1. 我国加入的放射性废物管理相关国际公约

我国放射性废物管理的法律规范体系由我国加入的相关国际公约，全国人大常委会通过的法律，国务院制定的行政法规、规范性文件，放射性废物监管和管理相关部门制定的法规、规章、规范性文件、标准和技术规范，以及地方制定的放射性废物管理相关的地方性法规或规章构成。

在国际公约方面，我国目前已经加入了核领域大部分的国际公约，如表6-3所示。

表6-3　我国已加入的核领域主要国际公约

序号	公约名称	生效时间	对我国生效情况
1	《国际原子能机构规约》	1957年	已生效
2	《国际原子能机构特权和豁免协定》	1959年	已生效
3	《不扩散核武器条约》	1970年	已生效
4	《禁止在海床洋底及其底土安置核武器和其他大规模毁灭性武器条约》	1972年	已生效
5	《核事故或辐射紧急情况援助公约》	1986年	已生效
6	《及早通报核事故公约》	1986年	已生效
7	《核科学技术研究、发展和培训区域性合作协定》	1987年	已生效
8	《核材料实物保护公约》	1987年	已生效

续表

序号	公约名称	生效时间	对我国生效情况
9	《核安全公约》	1996 年	已生效
10	《乏燃料管理安全和放射性废物管理安全联合公约》	2001 年	已生效
11	《制止核恐怖主义行为国际公约》	2007 年	已生效
12	《核材料实物保护公约修订案》	2016 年	已生效

上述公约主要涉及核能发展合作、核安全、核安保和核不扩散等内容，在各自的领域和放射性废物管理有关联。其中，与放射性废物管理直接关联的是《乏燃料管理安全和放射性废物管理安全联合公约》。该公约于 2001 年生效，其目标在于加强乏燃料与放射性废物安全管理方面的合作、提高其安全管理水平、防止事故发生和减轻事故后果。公约适用于民用核反应堆运行产生的乏燃料和民事应用产生的放射性废物的管理安全。公约规定缔约方有义务采取适当步骤和措施，以确保在乏燃料管理与放射性废物管理的所有阶段（包括设施的选址、设计与建造、运行、退役等）充分保护个人、社会和环境免受放射危害。这些步骤和措施主要包括建立和维持一套立法和监管框架，建立独立的监管机构，构建质量保证、辐射防护、应急准备等方面的制度，明确许可证持有人的安全责任等。

2006 年 4 月 29 日，全国人民代表大会常务委员会第二十一次会议决定加入《乏燃料管理安全和放射性废物管理安全联合公约》，同时声明在中华人民共和国政府另行通知前，《乏燃料管理安全和放射性废物管理安全联合公约》暂不适用于中华人民共和国澳门特别行政区。2006 年 9 月 13 日，我国交存了加入书。2006 年 12 月 12 日，公约对我国生效。

2. 我国现行放射性废物管理相关的法律法规

在国内层面，我国放射性废物管理法律规范体系由法律、行政法规、部门规章、技术标准与导则，以及地方性法规和规章构成。

在法律层面，目前与放射性废物管理密切相关的法律主要有《核安全法》《环境保护法》《大气污染防治法》《水污染防治法》《环境影响评价法》《放射性污染防治法》。其中，《环境保护法》规定了污染防治的一般原则和制度，适用于包括放射性废物管理在内的所有类型的污染防治行为；《大气污染防治法》《水污染防治法》《海洋环境保护法》《环境影响评价法》分别在大气污染防治、水污染防治、海洋环境污染防治和环境影响评价方面对放射性废物管理作出了相应的规定；《放射性污染防治法》是针对放射性污染防治的专门法律，其第6章“放射性废物管理”对放射性废物管理的污染防治作出了具体规定；《核安全法》是我国核安全领域基础性法律，规范所有核安全相关行为，其第3章“核材料和放射性废物安全”中对放射性废物管理安全有具体规定。

在行政法规层面，我国国务院共制定了9部与核能利用相关的行政法规(见表6－4)。其中，2011年制定的《放射性废物安全管理条例》是对放射性废物管理进行专门规定的行政法规。

表6－4　我国与放射性废物管理相关的法律法规

序号	法律法规名称	实施时间
1	《民用核设施安全监督管理条例》	1986年
2	《核材料管制条例》	1987年
3	《核电厂核事故应急管理条例》	1993年
4	《放射性污染防治法》	2003年
5	《放射性同位素与射线装置安全和防护条例》	2005年
6	《核出口管制条例》	2006年
7	《核两用品及相关技术出口管制条例》	2007年
8	《民用核安全设备监督管理条例》	2008年
9	《放射性物品运输安全管理条例》	2010年
10	《放射性废物安全管理条例》	2011年

续表

序号	法律法规名称	实施时间
11	《环境保护法》	2015 年
12	《海洋环境保护法》	2017 年
13	《核安全法》	2018 年
14	《大气污染防治法》	2018 年
15	《水污染防治法》	2018 年
16	《环境影响评价法》	2018 年

在部门规章层面,与放射性废物管理相关的行政机关(包括国家核安全局、国家原子能机构、国务院公安、交通和卫生主管部门)为实施法律和行政法规分别在各自的职责范围内制定了大量的部门规章。这些规章包括通用系列、核动力厂系列、研究堆系列、非堆核燃料循环设施系列、乏燃料和放射性废物管理系列、应急系列、核材料管制系列、民用核安全设备监督管理系列、放射性物品运输管理系列、放射性同位素和射线装置监督管理系列和其他共 11 个系列。[1] 这些规章中和放射性废物管理关联比较密切的有《放射性废物安全监督管理规定》(国家核安全局,1997 年)、《核设施退役及放射性废物治理管理规定》(国家原子能机构,2010 年)、《放射性固体废物贮存和处置许可管理办法》(生态环境部,2014 年)、《核电站乏燃料处理处置基金项目管理办法》(国防科工局,2014 年)、《放射性物品运输安全监督管理办法》(生态环境部,2016 年)等。

在标准文件层面,环境保护主管部门、国务院标准主管部门、核能行业主管部门(单位)分别制定和发布了大量的国家标准和行业标准。在适用范围上,这些标准文件分为通用系列、核动力厂系列和放射性废物管理系列 3 个系列。放射性废物管理系列标准又分为基础性文件,

[1] 参见国家核安全局:《中华人民共和国核与辐射安全法规汇编》,法律出版社 2014 年版。

废物的产生、预处理、处理和排放，废物整备，废物贮存，废物处置，核设施退役与环境整治以及铀矿冶放射性废物管理 7 个类型。以废物处置为例，相关的国家标准和行业标准共有 10 项（见表 6－5）。在这些标准中，国家标准是强制适用的，而行业标准是推荐适用的。

表 6－5　放射性废物处置相关的标准文件

标准名称	制定机关	实施时间
《低、中水平放射性固体废物的近地表处置规定》（GB9132－1988）	国家环境保护局	1988 年
《低、中水平放射性固体废物的岩洞处置规定》（GB13600－1992）	国家技术监督局	1992 年
《放射性固体废物浅地层处置环境影响报告书的格式与内容》（HJ/T 5.2－1993）	国家环境保护局	1993 年
《环境保护图形标志 固体废物贮存（处置场）》（GB 15562.2－1995）	国家环境保护局	1995 年
《低、中水平放射性废物近地表处置场环境辐射监测的一般要求》（GB/T 15950－1995）	国家环境保护局	1995 年
《放射性废物近地表处置的废物接收准则》（GB16933－1997）	国家技术监督局	1997 年
《低、中水平放射性废物近地表处置设施的选址》（HJ/T 23－1998）	国家环境保护局	1998 年
《低、中水平放射性废物近地表处置设施设计规定 非岩洞型处置》（EJ/T 1109.1－1999）	中国核工业总公司	1999 年
《拟再循环、再利用或作非放射性废物处置的固体物质的放射性活度测量》（GB/T17947－2008）	国家质量监督检验检疫总局、国家标准化管理委员会	2008 年

续表

标准名称	制定机关	实施时间
《极低水平放射性废物的填埋处置》(GB/T28178－2011)	国家质量监督检验检疫总局、国家标准化管理委员会	2012 年

在技术导则方面，国家核安全局、生态环境部、卫生部、国家地震局等部门分别制定了一系列与放射性废物管理相关的指导性文件，包括通用系列、核动力厂系列、研究堆系列、非堆核燃料循环设施系列、放射性废物管理系列（见表 6－6）、民用核安全设备监督管理系列和放射性物品运输管理系列 8 个类型。这些导则属于指导性文件，不具强制约束力，在实际工作中允许采用能够符合法律法规和标准要求的不同于导则的方法和方案。

表 6－6　放射性废物管理系列技术导则

导则名称	制定机关	实施时间
《核电厂放射性排出流和废物管理》(HAD401/01)	国家核安全局	1990 年
《核电厂放射性废物管理系统的设计》(HAD401/02)	国家核安全局	1997 年
《放射性废物焚烧设施的设计与运行》(HAD401/03)	国家核安全局	1997 年
《放射性废物的分类》(HAD401/04)	国家核安全局	1998 年
《放射性废物近地表处置场选址》(HAD401/05)	国家核安全局	1998 年
《高水平放射性废物地质处置设施选》(HAD401/06)	国家核安全局	2013 年
《γ 辐照装置退役》(HAD401/07)	国家核安全局	2013 年

续表

导则名称	制定机关	实施时间
《核设施放射性废物最小化》(HAD401/08)	国家核安全局	2016 年
《城市放射性废物库安全防范系统要求》(HAD 802/01 -2017)	国家核安全局	2017 年
《放射性废物处置设施的监测和检查》(HAD 401/09 -2019)	国家核安全局	2019 年
《核设施放射性废物处置前管理》(HAD401/12 -2020)	国家核安全局	2020 年
《核技术利用放射性废物最小化》(HAD401/11 -2020)	国家核安全局	2020 年
《放射性废物地质处置设施》(HAD 401/10 -2020)	国家核安全局	2020 年

在地方性法规和规章层面,很多省市也制定了实施上述法律法规的、适用于本行政管辖区域内的法规或规章。例如《山东省辐射污染防治条例》(2014 年)、《江苏省辐射污染防治条例》(2018 年)、《广东省放射性废物管理办法》(2001 年)等。

总体而言,我国已经形成了涵盖各种效力层级规范文件、形式上相对完整的放射性废物管理法律规范体系。

(二)我国放射性废物管理的组织架构

我国放射性废物管理安全涉及的监管和管理部门包括生态环境部(国家核安全局)、国家卫生和计划生育委员会、公安部、国家安全生产监督管理总局、国家原子能机构和国家能源局。[1] (见图 6 -1 所示)

〔1〕 参见《〈乏燃料管理安全和放射性废物管理安全联合公约〉第六次审议会议中华人民共和国国家报告》,2017 年,第 41 ~48 页,载国际原子能机构网,https://www.iaea.org/sites/default/files/national_report_of_china_for_the_6th_review_meeting_-_chinese.pdf。

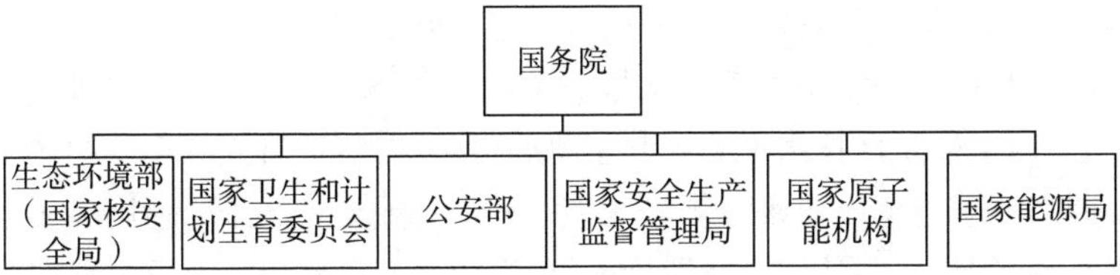

图6－1　我国放射性废物管理相关行政部门

其中,生态环境部(国家核安全局)在放射性废物管理安全方面的主要职责包括:拟定核安全、辐射安全、辐射环境保护、核与辐射事故应急有关的政策、规划、法律、行政法规、部门规章、制度、标准和规范,并组织实施;负责核设施核安全、辐射安全及辐射环境保护工作的统一监督管理;负责核技术利用项目、铀(钍)矿和伴生放射性矿的辐射安全和辐射环境保护工作的监督管理;负责辐射防护工作;负责放射性废物处理、处置的安全和辐射环境保护工作的监督管理,负责放射性污染防治的监督检查;负责放射性物品运输安全的监督管理;负责核与辐射应急响应和调查处理,参与核与辐射恐怖事件的防范与处置工作;组织开展辐射环境监测和核设施、重点辐射源的监督性监测;负责核与辐射安全相关国际公约的国内履约;指导核与辐射安全监督站相关业务工作。

国家卫生和计划生育委员会在放射性废物管理安全方面的主要职责包括:会同有关部门拟定职业病防治法律法规,组织制定、发布国家职业卫生标准;负责医疗机构放射性职业病危害控制的监督管理;负责放射损伤的诊疗管理;负责核与辐射事故的卫生应急。

公安部在放射性废物管理安全方面的主要职责包括:负责乏燃料道路运输的批准;负责指导查处放射性物品丢失、被盗案件。

国家安全生产监督管理总局在放射性废物管理安全方面的主要职责包括:按照职责分工,拟定作业场所职业卫生有关执法规章和标准;负责监督检查职责范围内新建、改建、扩建工程项目的安全设施与主体工程同时设计、同时施工、同时投产使用情况;承担职业卫生安全许可证的颁发管理工作;负责组织指挥和协调安全生产应急救援工作。

中国国家原子能机构是中国政府核工业主管部,内设发展综合司、发展计划司、系统工程司、核应急与核安全司、科技与质量司、外事司、国际合作司、协调司，以及国家核事故应急办公室、核材料管制办公室、同位素管理办公室。下设国家核应急响应技术支持中心、核技术支持中心、国家核安保技术中心。其主要职责包括：负责研究和拟定中国和平利用原子能事业的政策和法规；负责研究制定中国和平利用原子能事业的发展规划、计划和行业标准；负责中国和平利用核能重大科研项目的组织论证、立项审批，负责监督、协调科研项目的执行；负责核材料管制，以及核设施实物保护；负责核出口审查和管理；负责核领域政府间及国际组织间的交流与合作，代表中国参加 IAEA 及其活动；牵头负责国家核事故应急管理工作；负责核设施退役及放射性废物治理。

国家能源局是我国核电方面的主管部门，内设综合司、法制和体制改革司、发展规划司、能源节约和科技装备司、电力司、核电司、煤炭司、石油天然气司（国家石油储备办公室）、新能源和可再生能源司、市场监管司、电力安全监管司、国际合作司以及中国核电发展中心等部门。其在放射性废物管理方面的相关职责包括：负责核电管理，牵头拟定核电法律法规和规章；拟定核电发展规划、准入条件、技术标准并组织实施；提出核电布局和重大项目审核意见；组织协调和指导核电科研工作；组织核电厂的核事故应急管理工作；组织核电领域政府间国际合作与交流，负责政府间和平利用核能协定的对外谈判和签约工作。

（三）我国放射性废物管理的原则与主要制度措施

1. 我国放射性废物管理的基本原则

法律原则是为实现立法目标而设立的宏观规则，是法律制度立法理论和设计路径的集中体现。国务院于 2011 年制定的《放射性废物管理安全条例》首次在规范上明确了我国放射性废物管理的基本原则。该条例第 4 条规定："放射性废物的安全管理，应当坚持减量化、无害化和妥善处置、永久安全的原则。"这里的减量化、无害化和永久安全三原则后来被提升至法律层面的原则，即《核安全法》第 41 条的规定"核设施营运单位、放射性废物处理处置单位应当对放射性废物进行减量化、无害化处理、处置，确保永久安全"。

其中，减量化原则本质上要求实现放射性废物的量由多变少、体积由大变小。可以通过在放射性废物的产生和处理环节，采用先进的生产工艺和设备来实现减量化。如在放射性废物的产生环节，可以通过适当的设计措施，合理选择、利用和控制原材料以及材料的循环使用或复用，减少放射性废物的产生；在放射性废物的处理环节，可以通过采用先进的固化工艺或减容技术，在保证安全的同时，有效地缩减废物体积。[1] 对此，国家核安全局分别于 2016 年和 2020 年分别发布的《核设施放射性废物最小化》（HAD401/08）和《核技术利用放射性废物最小化》（HAD401/11－2020）的导则文件可以作为实施减量化的参考工作指南。

无害化原则，是指将放射性废物的放射性危害降低到国家法律法规标准规定的人类和环境可以接受的程度，并保持在可合理达到的尽量低水平。对于放射性废物中除放射性之外的其他危害，如生物、化学和其他危害，则应满足固体废弃物污染防治法及其相关的法规标准的要求。

永久安全原则，是指放射性废物的管理应当确保不对后代造成不可接受的放射性影响或者风险。这主要是基于放射性核素的长半衰期考虑的。该原则要求根据放射性废物的类型和特性，选择合适的处置方式，采用自然屏障与工程相结合的多重屏障措施，实现与人类环境的隔离，减缓进入人类环境的速度，从而有效地降低对人类和环境的危害，达到长期安全的目的。[2] 如对中低水平放射性废物采取近地表处置方式，处置设施通常应当位于地面以下几十米，并利用放射性废物的自身稳定性，处置容器、回填材料和覆盖等工程屏障保障放射性废物安全；对于高放废物采取深地质处置，处置设施通常位于地面以下几百米的岩体中，通过工程屏障（如包装容器、缓冲回填材料等）以实现废物与人类和环境的长期隔离。概言之，需要在放射性废物处置场址的选址、处置设施的设计和运行等方面采取严格的技术方案来贯彻永久安

[1] 参见许安标、刘华、王毅韧：《中华人民共和国核安全法释义》，中国民主法制出版社 2017 年版，第 113 页。

[2] 参见许安标、刘华 王毅韧：《中华人民共和国核安全法释义》，中国民主法制出版社 2017 年版，第 114 页。

全原则。对此,国家核安全局制定了一系列标准和导则,如《低、中水平放射性固体废物的近地表处置规定》(GB9132－1988)、《低、中水平放射性固体废物的岩洞处置规定》(GB13600－1992)、《低、中水平放射性废物近地表处置设施的选址》(HJ/T 23－1998)、《高水平放射性废物地质处置设施选》(HAD401/06)、《放射性废物地质处置设施》(HAD 401/10－2020)等。这些标准和导则可以作为实现放射性废物处置永久安全目标的技术指南。

2. 我国放射性废物管理的主要制度措施

法律制度是实现法律目标的具体手段。在上述法律原则指引下,我国构建了一系列放射性废物管理具体制度。这些制度包括本书第五章所归纳的安全许可、安全评价、环境影响评价、质量保证、辐射防护、报告制度、公众参与、事故应急、资金保障等制度类型。以下综合我国现行放射性废物管理法律法规对这些制度的主要内容展开介绍。

(1)安全许可制度

根据我国《放射性污染防治法》、《核安全法》、《放射性废物管理条例》和《放射性物品运输安全监督管理条例》等法律法规的相关规定,放射性废物管理安全许可包括以下3个类型:

第一,放射性废物处理、贮存和处置设施的选址、建造、运行和退役需要获得国务院核安全监管部门的许可。未经许可,从事放射性废物处理、贮存和处置核设施建造、运行或者退役等活动的,由国务院核安全监督管理部门责令改正,处100万元以上500万元以下的罚款;拒不改正的,责令停止建设或者停产整顿;有违法所得的,没收违法所得;造成环境污染的,责令限期采取治理措施消除污染,逾期不采取措施的,指定有能力的单位代为履行,所需费用由污染者承担;对直接负责的主管人员和其他直接责任人员,处5万元以上20万元以下的罚款。

第二,专门从事放射性废物处理、贮存、处置的单位,需要获得国务院核安全监督管理部门的许可。禁止未经许可或者不按照许可的有关规定从事贮存和处置放射性固体废物的活动,违反此规定的,由国务院核安全监督管理部门责令改正,处10万元以上50万元以下的罚款;情节严重的,处50万元以上200万元以下的罚款;造成环境污染的,责令限期采取治理措施消除污染，逾期不采取措施的，指定有能力的单位代为履行，所需费用由污染者承担。

第三，放射性废物运输包装容器的制造需要获得国务院核安全监督管理部门的许可。未取得制造许可证从事一类放射性物品运输容器制造活动的，由国务院核安全监管部门责令停止违法行为，处 50 万元以上 100 万元以下的罚款；有违法所得的，没收违法所得。

上述许可类型遵循的一般程序包括形式审查与受理、技术审评、现场核查、专家委员会咨询审议、会议审议、公示公告和发文制证步骤等（见图 6－2）。针对特定行政许可事项，所需提交的申请文件的格式与内容要求、技术审评内容和要点、审查方式、时限要求、审批流程等，由监管部门制定的相应的行政审批和许可管理工作细则具体规定。[1]

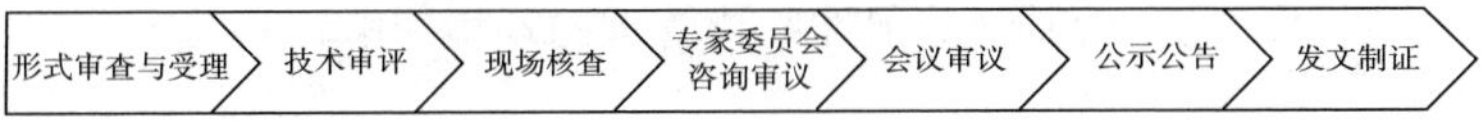

图 6－2　我国核与辐射安全许可的一般程序

（2）安全评价制度

安全评价（包括安全分析）制度主要规定在我国《核安全法》第 16、23、25、27、30、80 条中，适用于放射性废物处理、贮存和处置设施的选址、建造、运行和退役各阶段。

具体而言，放射性废物处理、贮存和处置设施营运单位应当对地质、地震、气象、水文、环境和人口分布等因素进行科学评估，在满足核安全技术评价要求的前提下，向国务院核安全监督管理部门提交核设施选址安全分析报告，经审查符合核安全要求后，取得设施场址选择审查意见书；在设施建造前，核设施营运单位应当向国务院核安全监督管理部门提出建造申请，并提交初步安全分析报告；在设施首次装投料前，核设施营运单位应当向国务院核安全监督管理部门提出运行申请，并提交最终安全分析报告；在设施退役前，核设施营运单位应当向国务

[1] 参见生态环境部：《核与辐射安全行政审批和许可管理工作指南》，2017 年 9 月 26 日，载国家核安全局网，http://nnsa.mee.gov.cn/ztzl/zghyfsaqgltx/202004/P020200428471594138299.pdf。

院核安全监督管理部门提出退役申请，并提交安全分析报告。此外，放射性废物处理、贮存和处置设施营运单位应当对核设施进行定期安全评价，并接受国务院核安全监督管理部门的审查。未对核设施进行定期安全评价的，由国务院核安全监督管理部门责令改正，给予警告；情节严重的，处50万元以上200万元以下的罚款；造成环境污染的，责令限期采取治理措施消除污染，逾期不采取措施的，指定有能力的单位代为履行，所需费用由污染者承担。

(3)环境影响评价制度

环境影响评价制度包括规划环境影响评价和建设项目环境影响评价，旨在评价放射性废物管理相关活动可能对环境造成的不利影响并采取相关措施避免这一影响。我国《环境影响评价法》《放射性污染防治法》《核安全法》分别对放射性废物管理的环境影响评价要求作出了规定。

具体而言，根据上述法律的规定，国务院核设施主管部门会同国务院环境保护行政主管部门根据地质条件和放射性固体废物处置的需要在环境影响评价的基础上编制放射性固体废物处置场所选址规划；放射性废物处理、贮存和处置设施的建设单位在办理选址审批时应当编制环境影响报告书，报国务院环境保护行政主管部门审查批准，未经批准，有关部门不得办理核设施选址批准文件；放射性废物处理、贮存和处置设施的营运单位在建造前，应当向国务院核安全监督管理部门提出建造申请，并提交环境影响评价文件；在设施退役前，放射性废物处理、贮存和处置设施的营运单位应当向国务院核安全监督管理部门提出退役申请，并提交环境影响评价文件。对于建设单位未依法报批建设项目环境影响文件，擅自开工建设处理、贮存和处置设施，由生态环境主管部门责令停止建设，根据违法情节和危害后果，处建设项目总投资额1%以上5%以下的罚款，并可以责令恢复原状；对建设单位直接负责的主管人员和其他直接责任人员，依法给予行政处分。

(4)质量保证制度

我国《核安全法》对放射性废物管理的质量保证要求进行了规定。根据《核安全法》第15、17、25、27、30、77条的规定，放射性废物处理、贮存和处置设施的营运单位以及为其提供设备、工程以及服务等的单位应当建立有满足核安全要求的质量保证制度。

具体而言，在设施建造前，营运单位应当向国务院核安全监督管理部门提出建造申请，并提交质量保证文件；在首次装投料前，设施营运单位应当向国务院核安全监督管理部门提出运行申请，并提交质量保证文件；在设施退役前，营运单位应当向国务院核安全监督管理部门提出退役申请，并提交质量保证文件。营运单位或者为其提供设备、工程以及服务等的单位未建立或者未实施质量保证体系的，由国务院核安全监督管理部门或者其他有关部门责令改正，给予警告；情节严重的，处 20 万元以上 100 万元以下的罚款；拒不改正的，责令停止建设或者停产整顿。

(5) 辐射防护制度

辐射防护是核法中一项基本制度，适用于包括放射性废物管理在内的所有核活动与设施。我国《放射性污染防治法》第 13 条规定，核设施营运单位、核技术利用单位、铀(钍)矿和伴生放射性矿开发利用单位，必须采取安全与防护措施，预防发生可能导致放射性污染的各类事故，避免放射性污染危害；《核安全法》第 18 条和第 52 条规定核设施营运单位应当严格控制辐射照射，确保有关人员免受超过国家规定剂量限值的辐射照射，确保辐射照射保持在合理、可行和尽可能低的水平；放射性废物的托运人应当在运输中采取有效的辐射防护措施。

辐射防护制度包括四个方面的基本要求：首先，采取措施将辐射照射保持在可以合理达到的尽量低的水平，放射性废物处理、贮存和处置设施的营运单位应当根据《核动力厂运行安全规定》(HAF103) 制定并实施辐射防护大纲；其次，制定辐射防护的剂量限值，放射性废物处理、贮存和处置设施的营运单位应当根据《电离辐射防护与辐射源安全基本标准》(GB 18871－2002) 的规定控制对任何工作人员的个人剂量限值和公众中有关关键人群组成员的个人剂量限值；再次，防止放射性物质无计划或非受控地释入环境，如核电厂营运单位应当根据《核电厂放射性液态流出物排放技术要求》(GB 14587－2011) 和《核电厂放射性排出流和废物管理》(HAD 401/01) 的规定和导引，采取防止放射性物质无计划或非受控地释入环境的措施；最后，向环境排放放射性废气、废液，必须符合国家放射性污染防治标准，如核动力厂运行状态下的气态和液态流出物的排放应当根据《核动力厂环境辐射防护规定》（GB 6249－2011）的标准要求来控制。[1]

（6）报告制度

报告制度是我国核安全监督管理的基本制度之一，旨在确保监管部门能够及时掌握核设施和活动的安全状态以便采取相应的监管应对措施。我国核安全监督管理部门自成立以来，就开始实行相应的报告制度，如核设施的报告制度包括定期报告（建造阶段季度报告、运行月报告和年度报告）、重要活动通知、建造和运行阶段的事件报告以及核事故应急报告等。

在放射性废物管理方面，根据《放射性污染防治法》、《核安全法》和《放射性废物安全监督管理条例》的规定，产生放射性废气、废液的单位向环境排放符合国家放射性污染防治标准的放射性废气、废液，应当向审批环境影响评价文件的环境保护行政主管部门申请放射性核素排放量，并定期报告排放计量结果；放射性固体废物贮存单位应当如实记录监测数据，发现安全隐患或者周围环境中放射性核素超过国家规定的标准的，应当立即查找原因，采取相应的防范措施，并向所在地省、自治区、直辖市人民政府环境保护主管部门报告；出现核事故应急状态时，核设施营运单位必须立即采取有效的应急措施控制事故，并向核设施主管部门和环境保护行政主管部门、卫生行政部门、公安部门以及其他有关部门报告。核设施营运单位未对核设施周围环境中所含的放射性核素的种类、浓度或者核设施流出物中的放射性核素总量实施监测，或者未按照规定报告监测结果的，由国务院环境保护主管部门或者所在地省、自治区、直辖市人民政府环境保护主管部门责令改正，处 10 万

---

〔1〕 参见《〈乏燃料管理安全和放射性废物管理安全联合公约〉第六次审议会议中华人民共和国国家报告》，2017 年，第 66～72 页，载国际原子能机构网，https://www.iaea.org/sites/default/files/national_report_of_china_for_the_6th_review_meeting_－_chinese.pdf。

元以上50万元以下的罚款。

(7)公众参与制度

放射性废物的管理可能会影响公众的环境权益和人身财产权益，保障公众参与放射性废物管理决策过程有助于促进放射性废物管理决策的民主性，保障公众的合法权益。建立公众参与制度是贯彻核法中的透明原则的重要制度安排。[1] 由于公众参与的一个重要前提是对参与事项的知情，因此广义的公众参与制度还包括保障公众知情权所对应的政府和有关主体的信息公开义务。我国《核安全法》第1章总则部分和第5章规定了核安全领域的信息公开和公众参与要求，从逻辑上来看，这些规定也适用于放射性废物管理。其主要内容可以归纳为以下三个方面：

首先，关于公众的知情权。根据《核安全法》第11条和第65条的规定，公民、法人和其他组织依法享有获取核安全信息的权利，可以依法向国务院核安全监督管理部门和核设施所在地省、自治区、直辖市人民政府指定的部门申请获取核安全相关信息。

其次，关于信息公开义务。根据《核安全法》第63条和第64条的规定，国务院有关部门及核设施所在地省、自治区、直辖市人民政府指定的部门应当在各自职责范围内依法公开核安全相关信息；国务院核安全监督管理部门应当依法公开与核安全有关的行政许可，以及核安全有关活动的安全监督检查报告、总体安全状况、辐射环境质量和核事故等信息；核设施营运单位应当公开本单位核安全管理制度和相关文件、核设施安全状况、流出物和周围环境辐射监测数据、年度核安全报告等信息。2020年9月，生态环境部发布了《核安全信息公开办法》，细化了作为国务院核安全监督管理部门的生态环境部(国家核安全局)的核安全信息公开义务。

最后，关于公众参与的要求。根据《核安全法》第66条的规定，核设施营运单位应当就涉及公众利益的重大核安全事项通过问卷调查、听证会、论证会、座谈会，或者采取其他形式征求利益相关方的意见，并

---

[1] 参见汪劲主编：《核法概论》，北京大学出版社2021年版，第44页。

以适当形式反馈；核设施所在地省、自治区、直辖市人民政府应当就影响公众利益的重大核安全事项举行听证会、论证会、座谈会，或者采取其他形式征求利益相关方的意见，并以适当形式反馈。根据《环境影响评价法》（2018 年）和生态环境部于 2018 年 7 月发布的《环境影响评价公众参与办法》的规定，包括放射性废物贮存、处理和处置设施在内的其他核设施和铀矿冶设施的建设单位在编制环境影响评价报告书中应当根据环境影响评价的具体情况，在一定范围内听取公民、法人和其他组织的意见；生态环境部在受理和对核设施的环境影响报告书作出审批决定前，均应当通过其网站或者其他方式向社会公开相关信息和公众提出意见的方式和途径。

（8）事故应急制度

放射性废物管理潜在发生核与辐射事故的风险，因而需要建立应急制度以预防、控制、减轻核与辐射事故可能造成的人身伤害、财产损失及环境破坏。我国《核安全法》《放射性污染防治法》对核事故应急制度作出了明确规定，其主要内容包括国家层面、地方层面和核设施营运单位的应急体系、应急计划应急演练和应急响应等。具体而言：

在国家层面，国家设立核事故应急协调委员会，组织、协调全国的核事故应急管理工作。国务院核工业主管部门承担国家核事故应急协调委员会日常工作，牵头制定国家核事故应急预案，经国务院批准后组织实施。国家核事故应急协调委员会成员单位根据国家核事故应急预案部署，制定本单位核事故应急预案，报国务院核工业主管部门备案。

在地方政府层面，省、自治区、直辖市人民政府根据实际需要设立核事故应急协调委员会，组织、协调本行政区域内的核事故应急管理工作。省、自治区、直辖市人民政府指定的部门承担核事故应急协调委员会的日常工作，负责制定本行政区域内场外核事故应急预案，报国家核事故应急协调委员会审批后组织实施。核设施所在地省、自治区、直辖市人民政府指定的部门，应当开展核事故应急知识普及活动，按照应急预案组织有关企业、事业单位和社区开展核事故应急演练。

在核设施（包括放射性废物贮存、处理和处置设施）营运单位层面，核设施营运单位负责制定本单位场内核事故应急预案，报国务院核工业主管部门、能源主管部门和省、自治区、直辖市人民政府指定的部门备案，并应当按照应急预案，配备应急设备，开展应急工作人员培训和演练，做好应急准备。

在发生核事故时，核设施营运单位应当按照应急预案的要求开展应急响应，减轻事故后果，并立即向国务院核工业主管部门、核安全监督管理部门和省、自治区、直辖市人民政府指定的部门报告核设施状况，根据需要提出场外应急响应行动建议。国家核事故应急协调委员会按照国家核事故应急预案部署，组织协调国务院有关部门、地方人民政府、核设施营运单位实施核事故应急救援工作。中国人民解放军和中国人民武装警察部队按照国务院、中央军事委员会的规定，实施核事故应急救援工作。核设施营运单位应当按照核事故应急救援工作的要求，实施应急响应支援。

此外，放射性废物运输的应急应当纳入所经省、自治区、直辖市场外核事故应急预案或者辐射应急预案。发生核事故时，由事故发生地省、自治区、直辖市人民政府负责应急响应。

(9)资金保障制度

放射性废物管理的资金用于2个方面：一是用于支持放射性废物管理设施在运行寿期内和退役期间的安全管理；二是用于保障放射性废物处置设施关闭后的控制措施和监督工作得以继续进行。

我国《核安全法》第46条和第47条对放射性废物管理相关的费用问题作出了规定。根据该条的规定，核设施营运单位应当预提放射性废物处置费用，列入投资概算、生产成本，专门用放射性废物处置。具体办法由国务院财政部门、价格主管部门会同国务院核安全监督管理部门、核工业主管部门和能源主管部门制定；放射性废物处置设施关闭前，放射性废物处置单位应当编制包含安全监护费用内容的放射性废物处置设施关闭安全监护计划。

在《核安全法》出台之前，财政部、国家发展改革委、工业和信息化部于2010年7月联合发布了《核电站乏燃料处理处置基金征收使用管理暂行办法》。该办法规定乏燃料处理处置基金按照核电厂已投入商业运行5年以上压水堆核电机组的实际上网销售电量征收，征收标准为0.026元/千瓦时。财政部将会同国家发展改革委、工业和信息化部、国家能源局、国防科工局等部门根据核电发展规模及乏燃料处理处置资金需求的变化,适时调整征收标准。该基金用于乏燃料的运输、离堆贮存与后处理,后处理厂的建设、运行、改造和退役,以及乏燃料后处理所产生的高放废物的处理处置等。之后,国防科工局依据该办法于2014年制定了《核电站乏燃料处理处置基金项目管理办法》,明确了核电站乏燃料处理处置基金项目的具体管理规则。

（四）我国放射性废物管理制度体系存在的不足分析

综上可知,我国在放射性废物管理方面已经建立了一套具有中国特色的立法和监管制度体系。这套体系已基本上涵盖了本书考察的代表性核能国家的放射性废物管理立法和制度体系的共性要素,但在表现形式和具体制度内容方面存在差异。本书认为,由于各国的立法背景、立法习惯和历史文化等不同,放射性废物管理方面的立法和监管制度体系在具体内容上存在差异是必然的,这种差异不能作为评判制度优劣的标准,而应当作为分析问题的参考视角,只要能保障放射性废物得以妥善管理,对各国而言符合各自国情的不同的制度都是可取的。换言之,本书域外考察的目标不是对中外放射性废物管理法律制度质量的好与坏进行比较,而是客观展示其共性与差异,为思考和分析从哪些方面推进我国放射性废物管理法律制度体系现代化提供可能的"灵感"或启发。

基于上述考虑,结合我国放射性废物管理的实践和面临的挑战,以保障放射性废物得以妥善管理为目标,本书认为我国的放射性废物管理在立法、管理体制、放射性废物执行主体、公众参与、资金保障、协调机制等方面还存在一些不足。

1.放射性废物管理立法方面的不足

《乏燃料管理安全和放射性废物管理安全联合公约》要求各缔约方建立立法和监管框架。为履行这一公约义务,美国、加拿大、英国、法国、德国、韩国、日本和俄罗斯都制定了一部或多部放射性废物管理的专门法律。这在一定程度上反映出放射性废物管理问题的特殊性,因而有必要对其专门立法。

本书认为,放射性废物管理的特殊性在于,放射性废物管理同时关乎核能的可持续发展和社会公众安全与环境安全的保障,亦即放射性废物管理立法是包括核能发展问题立法、核安全问题立法和环境保护问题立法在内的综合问题立法。从目标协同、利益协调和制度衔接的角度来看,采用专门立法的模式整体处理这些问题要比采用分散立法的模式在多部法律中分别处理这些问题要效果更好。

我国现行放射性废物管理相关的法律主要是《放射性污染防治法》和《核安全法》,这两部法律分别从环境保护和核安全的主视角来规范放射性废物管理活动。因此,从形式上看,我国放射性废物管理方面的立法还存在 2 个方面的不足:其一,环境保护和核安全的立法视角缺乏有效统筹;其二,保障核能产业发展的立法视角缺失,这一立法视角本可以通过《原子能法》来展开,但该法至今仍未出台。[1] 换言之,我国还缺乏融合放射性废物管理各方面、体现综合视角的放射性废物管理专门性法律。

2. 放射性废物管理体制方面的不足

综合《乏燃料管理安全和放射性废物管理安全联合公约》关于放射性废物管理监管框架的要求和各国关于放射性废物管理组织架构的设计经验,可以总结出放射性废物管理监管体制设计的要点包括保持监管部门的独立性、保持安全监管部门和其他相关部门的协同性,以及明确中央和地方层面的分工与协作关系。

在监管部门的独立性方面,最主要的要求是将放射性废物管理的安全监管部门的职能和核能发展促进部门的职能进行分离。我国《核安全法》已将放射性废物的安全监管纳入核安全监管的范围,并明确规定核安全工作必须坚持独立监管的原则(第 3 条)。我国国务院院核安全监督管理部门——生态环境部(国家核安全局)是放射性废物管理安全的监管部门,结合上文关于我国放射性废物管理组织架构的梳

---

〔1〕 我国司法部于 2018 年公布了《原子能法(征求意见稿)》,之后《原子能法》被纳入全国人大常委会《2021 年立法工作计划》,http://www.npc.gov.cn/npc/c30834/202104/1968af4c85c246069ef3e8ab36f58d0c.shtml。

理可以看出，其组织地位和职能配置已符合独立监管原则的要求。

在安全监管部门和其他相关部门的协同性方面，从上文关于我国放射性废物管理组织架构的梳理可以看出，生态环境部（国家核安全局）在实施放射性废物监管时需要与国家卫生和计划生育委员会、公安部、国家安全生产监督管理局、国家原子能机构和国家能源局进行协调。《核安全法》规定国务院核安全监督管理部门负责核安全的监督管理，国务院核工业主管部门、能源主管部门和其他有关部门在各自职责范围内负责有关的核安全管理工作，并规定国家建立核安全工作协调机制，统筹协调有关部门推进相关工作（第6条）。但是，目前尚未从公开渠道看到这一协调机制，亦不清楚这一核安全工作协调机制是否包括放射性废物管理方面的协调以及如果包括具体涉及哪些部门之间的协调。

在中央和地方层面的分工与协作关系方面，放射性废物贮存、处理和处置设施的场址选择需要中央政府层面的规划（支持）和地方层面的支持，放射性废物处置设施关闭后的长期安全也需要由地方政府来实施。这是因为，不同于核电厂的建设能够给地方政府带来经济与能源方面的巨大获益，放射性废物贮存、处理和处置设施往往属于不受当地社会公众欢迎的典型“邻避设施”。对我国而言，地方建核电站都有积极性，但对放射性废物的处理处置问题上，建设放射性废物处置设施都不是太积极。[1] 克服邻避困境同时需要中央政府层面的支持和地方政府层面的协调与配合。在代表性核能国家中，有些国家通过协议授权的方式赋予地方政府特定放射性废物管理的权力，如美国的协议州模式；有的国家则直接通过法律规定地方政府层面的放射性废物管理职能，如德国各州根据应根职能据德国《原子能法》的规定建立州存储设施；还有一些国家并没有明确地方放射性废物管理的相关职能。根据我国《放射性污染防治法》第11条和第44条的规定，国务院环境

---

〔1〕 参见《〈中华人民共和国核安全法〉出炉 如何构建“绝对安全”防线》，2017年9月2日，载央广网，http://china.cnr.cn/yaowen/20170902/t20170902_523930695.shtml。

保护行政主管部门和国务院其他有关部门按照职责分工,对核设施、铀(钍)矿开发利用中的放射性污染防治进行监督检查;县级以上地方人民政府环境保护行政主管部门和同级其他有关部门按照职责分工对本行政区域内核技术利用、伴生放射性矿开发利用中的放射性污染防治进行监督检查;有关地方人民政府应当根据放射性固体废物处置场所选址规划,提供放射性固体废物处置场所的建设用地,并采取有效措施支持放射性固体废物的处置。根据《核安全法》第42、47条,第4章以及第5章的规定,国务院核工业主管部门会同国务院有关部门和省、自治区、直辖市人民政府编制低、中水平放射性废物处置场所的选址规划;省、自治区、直辖市人民政府在放射性废物管理方面的职责主要包括放射性废物处置设施关闭后的监护管理,组织、协调本行政区域内的核事故应急管理工作、在各自职责范围内依法公开核安全相关信息以及就影响公众利益的重大核安全事项举行听证会、论证会、座谈会,或者采取其他形式征求利益相关方的意见。从上可以看出,我国在放射性废物管理方面,中央和地方层面的分工大致明确,但是仍然存在2方面的不足:一是未明确地方政府在高水平放射性废物处置场所选址规划编制过程中的权利或角色,可能导致中央层面的规划在实施时因为当地的公众反对而落空;二是在中央政府部门和地方政府之间未建立相关的区域协调机制,从而导致放射性废物的管理(尤其是中低水平放射性废物的处置)“各自为政”,从而不利于放射性废物的集中有效处置。

3. 放射性废物处置执行主体方面的不足

放射性废物管理涉及众多的主体,包括放射性废物的产生者、放射性废物的运输者(托运人和承运人)、放射性废物的贮存、处理和处置者、放射性废物管理安全的监管部门,放射性废物管理活动的行业主管部门以及地方政府等。明确各主体及其责任是保证放射性废物管理有序进行的基础。我国《核安全法》和《放射性废物污染防治法》已基本明确了这些主体中大部分主体的相关职责和义务,但是在放射性废物处置的执行主体(放射性处置活动的具体实施者)方面尚存在不明确之处。

具体来说，根据《放射性污染防治法》第43条、第45条、第46条和《核安全法》第40～45条的规定：低、中水平放射性固体废物在符合国家规定的区域实行近地表处置，高水平放射性固体废物实行集中的深地质处置；产生放射性固体废物的单位，应当按照国务院环境保护行政主管部门的规定，对其产生的放射性固体废物进行处理后，送交放射性固体废物处置单位处置；专门从事放射性废物处理、贮存、处置的单位，应当向国务院核安全监督管理部门申请许可，核设施营运单位利用与核设施配套建设的处理、贮存设施，处理、贮存本单位产生的放射性废物的，无须申请许可；高水平放射性废物实行集中深地质处置，由国务院指定的单位专营。从中可以看出，法律并没有对专门的放射性废物的处置单位进行明确规定。如中、低水平放射性废物的处置是否可以市场化运营，高放废物处置的专营单位是哪个（哪些）单位，应当具备何种条件，承担什么责任等均无明确的法律规定。

4. 放射性废物管理公众参与制度的不足

公众参与制度是提高放射性废物问题社会接受性的一项重要制度安排。上文已述我国通过《核安全法》建立了核安全领域公众参与的基本制度框架，包括公众知情权（信息公开制度）、公众参与的权利主体、组织公众参与的主体、公众参与的事项和方式等要素。然而，具体到放射性废物管理领域，现行法律规定仍然存在一些需要明确和完善的地方。

其一，在信息公开的主体方面，法律没有明确规定放射性废物管理活动的行业主管部门的信息公开职责。《核安全法》第63条明确规定国务院核安全监督管理部门的核安全信息公开职责，同时还规定"国务院有关部门及核设施所在地省、自治区、直辖市人民政府指定的部门应当在各自职责范围内依法公开核安全相关信息"，但这里的国务院有关部门指代不明。

其二，在信息公开的内容方面，现行法律缺乏对放射性废物管理相关信息公开的直接和明确的规定。例如，《核安全法》规定的国务院核安全监督管理部门应当公开的信息包括与核安全有关的行政许可、安全监督检查报告、总体安全状况、辐射环境质量和核事故等信息中未明确涉及放射性废物的管理,而生态环境部发布的《核安全信息公开办法》仅规定了生态环境部(国家核安全局)公开《乏燃料管理和放射性废物管理安全联合公约》履约国家报告。此外,关于放射性废物的运输等相关信息应否公开、由哪一(哪些)主体公开则无规定。

其三,关于公众参与的事项环节方面,现行法律规定存在局限。现行法律和部门规章明确规定放射性废物管理相关的环境影响评价程序尤其是环评审批决定(行政决策)前应当吸纳公众参与,但并没有对于环境影响评价之外的事项的公众参与作出类似的规定。具体而言:《核安全法》第65条规定核设施营运单位和核设施所在地省、自治区、直辖市人民政府应当就涉及公众利益的重大核安全问题举行听证会、论证会、座谈会,或者采取其他形式征求利益相关方的意见。该条将举行听证会(论证会、座谈会等)的义务主体限于核设施营运单位和核设施所在地省、自治区、直辖市人民政府,在一定程度上偏离了公众参与决策过程之功能定位,因为包括放射性废物贮存、处理和处置设施在内的核设施的安全许可的审批机关不是核设施营运单位和核设施所在地省级人民政府,而是国务院核安全监督管理部门。

5. 放射性废物管理资金保障制度的不足

资金支持不足将会影响放射性废物处置工作的进展和持续性。《核安全法》和《放射性污染防治法》虽明确了产生固体放射性废物的单位承担处置费用的原则,规定了核设施营运单位预提放射性废物处置费用的义务,并授权国务院财政部门、价格主管部门会同国务院核安全监督管理部门、核工业主管部门和能源主管部门制定具体办法。然而,目前除了财政部、国家发展改革委、工业和信息化部于2010年7月联合发布的《核电站乏燃料处理处置基金征收使用管理暂行办法》将乏燃料后处理产生的高放废物处置费用纳入乏燃料处理处置基金外,相关部门并未出台其他放射性废物管理费用的具体办法。关于放射性废物管理资金的来源、管理和使用等问题,我国现行法律规定还存在较大完善空间。

6. 放射性废物管理与核能发展协调机制的缺失

放射性废物的管理与核能发展密切相关。放射性废物若不能得到妥善处置，必然会增加环境和安全风险，进而影响社会公众对核能发展的态度，降低其社会接受度。习近平总书记在其阐述的中国核安全观中强调，发展和安全并重，以确保安全为前提发展核能事业，任何以牺牲安全为代价的核能发展，都难以持续，都不是真正的发展。[1] 放射性废物管理是协调核能发展与安全关系的重要领域，需要通过具体的法律机制设计来体现。在我国《核安全法》的立法过程中，立法者已经意识到这一问题，并在《核安全法》第 42 条第 3 款中规定"放射性废物处置场所的建设应当与核能发展的要求相适应"。然而，《核安全法》对此规定并没有具体展开，其他法律法规也未对此问题进行规定。换言之，我国尚未建立起放射性废物管理和核能发展协调的具体法律机制。

三、我国放射性废物管理专门立法的必要性及初步构想

上述我国放射性废物管理法律制度存在的不足需要通过立法予以完善。立法路径在理论上可以考虑修订现有的《核安全法》《放射性污染防治法》等相关法律并制定配套的法规，还可以像上述代表性核能国家的做法一样制定专门的放射性废物管理法律。比较而言，本书认为我国有必要采取后一种立法路径。以下就这一必要性展开说明并提出一个初步的立法构想。

（一）我国放射性废物管理专门立法的必要性

1. 我国放射性废物管理制度完善的现实需要

我国放射性废物管理制度存在的问题或不足可以归为 2 类：一类是现行法律对此没有规定，例如放射性废物管理区域协调机制、放射性废物管理安全许可中的公众参与、乏燃料后处理产生的高放废物以外的放射性废物管理的资金保障、放射性废物管理的长期责任、放射性废物管理与核能发展协调等方面；另一类是现行法律虽然有所规定但规定不明确或者不具体，例如，放射性废物管理的执行主体、放射性废物

---

〔1〕《习近平首次阐述中国核安全观 推动实现持久核安全》，2014 年 3 月 25 日，载中国共产党新闻网，http://theory.people.com.cn/n/2014/0325/c136457-24726054.html。

管理相关的信息公开的主体和内容等方面。

对于第一类问题,通过制定法律进行制度构建,可为健全放射性废物管理的体制机制,强化公众权利保障和明确放射性废物尤其是高放废物管理的长期责任以及资金保障提供明确的法律规范依据。对于第二类问题,通过制定法律来明确和具体化放射性废物管理的执行主体、信息公开的主体与内容要比通过制定行政法规或部门规章来明确和具体化的效力更高。

应当指出的是,对于上述2类问题需要通过制定法律而不宜通过制定行政法规或部门规章来完善的主要原因还在于,这里涉及管理体制和公众权利的保障问题。其中,管理体制问题是我国核能领域立法和制度完善的难点问题,[1]最好通过超越部门利益的最高效力层级的法律来进行调整或设计,为放射性废物管理提供一个相对稳定的组织框架。而公众权利保障问题是影响放射性废物管理的社会接受性的重要方面,通过立法过程进行充分的讨论和论证,并将相关共识以法律条文的形式体现出来,可以有效回应放射性废物管理所引发的社会关切,并促进法律制度生效后得以有效实施。

2. 放射性废物管理利益平衡与制度融合的立法技术要求

上文已述,放射性废物管理关涉核能产业可持续发展、生态环境保护和公众生命与健康保护(核安全)等多重利益。不同利益视角对应着不同的制度设计要求。

从核能产业发展的视角来看,放射性废物管理处于核能产业链的末端,如果放射性废物不能得到妥善处理处置,势必会影响核能发展的社会可接受性;而如果放射性废物的处理处置的技术要求和成本过高,势必也会削弱核能相对其他能源的优势,进而影响相关主体投资发展核能的积极性。实践中,放射性废物尤其是高放废物无处可去已成为德国等一些国家核能发展受阻的重要因素。[2] 因此,为促进核能产业

---

〔1〕 参见郑玉辉:《〈原子能法〉立法30年》,载《中国核工业》2014年第5期。

〔2〕 参见孙庆红:《放射性废物管理的进展、存在问题和管理策略——国际放射性废物技术委员会第三次会议介绍》,载《辐射防护通讯》2003年第6期。

可持续发展，放射性废物管理立法应当明确规定放射性废物的处理处置政策方向和目标，确保放射性废物的处理处置能力与核能产业的规模相匹配，鼓励和支持放射性废物处理处置的技术研发，建立多元化的放射性废物资金保障渠道以减轻放射性废物产生者（尤其是核电企业）的经济负担等。

从生态环境保护的视角来看，放射性废物属于重点风险源，防治放射性废物对生态环境造成损害应当遵循环境法的一般原则。具体而言，放射性废物的管理应当遵循我国《环境保护法》第5条规定的"坚持保护优先、预防为主、综合治理、公众参与、损害担责的原则"。其对应的制度设计要求包括：减少放射性废物的产生，防止放射性废物污染大气、水、海洋、土地、矿藏、森林、草原、湿地、野生生物、自然遗迹、人文遗迹、自然保护区、风景名胜区、城市和乡村等环境要素，建立环境影响评价制度，建立放射性废物管理公众参与制度，明确放射性废物产生者的资金保障义务，建立因放射性废物处理处置厂址所在地的生态补偿制度等。此外，与其他类型的污染源治理不同的是，由于放射性废物所含放射性核素的长半衰期特征，放射性废物的环境管理还涉及长期责任问题或代际公平问题。[1]

从核安全的视角来看，放射性废物管理的首要目标是防止核事故的发生以及在一旦发生事故时缓解事故后果。[2] 放射性废物管理立法应当遵循《核安全法》第4条规定的基本原则，即"核安全工作必须坚持安全第一、预防为主、责任明确、严格管理、纵深防御、独立监管、全面保障的原则。"在这些原则指导下，放射性废物管理对应的制度设计要求包括：建立放射性废物相关的多重防御屏障体系，建立安全许可制度并明确许可证持有人的安全责任，建立与核能发展部门相分离的安全监管部门，建立安全评价、辐射防护、质量保证和核应急制度等。

---

〔1〕 See Christian Streffer et al., *Radioactive Waste: Technical and Normative Aspects of its Disposal*, Springer-Verlag Berlin Heidelberg, 2011, p. 75.

〔2〕 See IAEA, *IAEA Safety Glossary Terminology Used in Nuclear Safety and Radiation Protection* (2018 Edition), IAEA, 2019, p. 155.

可以看出,上述放射性废物管理涉及的主要利益视角下的制度设计要求在很大程度上相互耦合,但也存在抵牾之处。例如,基于支持核能产业发展的视角要求放射性废物管理的资金来源多元化,而基于环境保护的视角责任要求污染者付费;又如,基于核能产业发展和环境保护的视角均需要多部门协同监督或管理,而基于核安全的视角则要求监管机关保持独立性;再如,基于环境保护的视角,放射性废物的运输活动应当实施信息公开,但是基于核安全中的安保要求,则可能需要适当采取保密措施,等等。

以上利益视角及其制度要求都是放射性废物管理立法必须要考虑的问题,我国放射性废物管理相关的法律未能充分体现核能产业发展的视角,而环境保护视角和核安全视角未得以整体考虑。为此,通过采用专门立法模式,可以综合上述视角,对放射性废物管理涉及的利益关系进行通盘考虑和协调,对各项制度进行体系化设计,增强制度之间的协同效应。

一个需要回应的问题是,我国正在制定《原子能法》,能否在《原子能法》中对放射性废物管理问题进行规定?笔者认为,《原子能法》作为我国核领域的基础性法律只能对放射性废物管理问题进行原则性或框架性规定,不太可能对放射性废物管理所有的制度进行全面而详细的规定。实际上,之前的《原子能法》起草者已采用了这种模式,如我国司法部于2018年公布的《原子能法(征求意见稿)》第23条的规定“从事原子能研究、开发和利用的单位,应当尽可能减少放射性废物的产生量,严格按照有关法律、法规和标准的要求,对放射性废物实行分类管理和安全处理处置”。从这一规定中可以看出,放射性废物的管理还需要依照“有关法律”。这里的“有关法律”也为放射性废物管理专门立法提供了接口。

3. 履行国际义务和进一步提升负责任核大国形象的需要

我国已成为令各国瞩目的核电大国,核电“走出去”战略也在逐步展开。由于全球核能行业属于命运共同体,全球核安全亦属于命运共同体,任何国家核能方面的“风吹草动”都可能会引起其他国家对我国或者我国国内民众对我国核能发展与安全问题的关切。例如,2011年日本福岛核事故发生后，国外一些媒体开始关注我国核电厂的安全问题，我国社会公众也开始关注我国内陆建造核电厂的问题等。回应针对我国核能发展和核安全问题的关切和质疑的一个有效途径就是立法。事实上，2011 年日本福岛核事故发生后，我国加快核安全立法的一个重要推动因素就是回应国内外的各种关切和质疑，2017 年《核安全法》的出台有利于树立我国良好的国际形象，坚定国际社会对我国核安全的信心。〔1〕

类似地，放射性废物管理的安全和环保问题也是国际社会关注的议题。例如，2021 年 4 月日本政府宣布向海洋排放福岛核废水的决定在全球范围内引发了争议，如何安全处置核能利用产生的放射性废物再次成为国际热点问题。这其中也不乏针对我国核电厂正常运行产生的核废水和其他放射性废物处理处置问题的关切。为此，制定一部放射性废物管理方面的专门法律——"放射性废物管理法"，将我国放射性废物管理的政策和良好实践通过制度化的形式集中展现出来，可以有效地化解各种质疑，提升国际社会和国内民众对我国放射性废物管理的信心。我国是《乏燃料管理安全和放射性废物管理安全联合公约》的缔约方，制定"放射性废物管理法"也有利于我国更好地履行国际法的义务，并为"共同推进全球核安全治理，打造核安全命运共同体"〔2〕提供中国方案。

(二)我国制定"放射性废物管理法"的初步构想

1. 立法目的与基本原则定位

立法目的是立法者欲通过法律达到的预期目标，一般而言都是对某些重要价值或法益的保护，是法律制度设计和实施的根本落脚点；基本原则是确保法律目的得以实现的宏观规则，是法律制度设计和实施的指引和规则。立法目的和基本原则通常反映了一部法律的基本定

---

〔1〕 张云川：《关于〈中华人民共和国核安全法（草案）〉的说明——2016 年 10 月 31 日在第十二届全国人民代表大会常委委员会第二十四次会议上》，http://www.npc.gov.cn/zgrdw/npc/xinwen/2017－09/04/content_2028302.htm。

〔2〕 《中国的核安全》（白皮书），2019 年 9 月，载国务院新闻办公室网，http://www.scio.gov.cn/ztk/dtzt/39912/41587/index.htm。

位。制定“放射性废物管理法”首先应当对这两方面的问题予以明确。

在立法目的方面，如前文所述，放射性废物管理立法主要涉及核能发展、环境保护和核安全等方面的相关利益的保护，立法需要对这些方面的利益进行协调和整合，并以妥当的方式表达出来。例如，日本《特定放射性废物最终处置法》第 1 条规定：“为了促进与发电有关的核能的合理使用，该法律系统地规定了通过采取必要的措施等，对由反应堆运行产生的使用完的燃料进行处理后所产生的特定放射性废物的最终处置，目的是改善与核电相关的环境，并为国民经济的健康发展和人民生活的稳定做出贡献。”又如，韩国《放射性废物管理法》第 1 条规定：“该法的目的是通过提供安全和有效管理放射性废物的必要事项，防止放射性废物引起的危害，并为公共安全和环境保护做出贡献。”

本书认为，在我国，核能发展、环境保护和核安全可以统一到国家安全层面来考虑。其中，核能发展可对应着资源（能源）安全，环境保护对应着生态安全，核安全（nuclear safety）亦属于国家安全中涵盖核安全（nuclear safety）、核安保和核不扩散内容在内的大的核安全范畴。这些不同类型的国家安全要素之间的协同整合应坚持习近平总书记提出的总体国家安全观，将发展问题和安全问题有机统筹起来。[1]

关于核领域安全与发展的关系，习近平总书记 2014 年 3 月 24 日在荷兰海牙第三届核安全峰会上阐述的“理性、协调、并进”的中国核安全观中有更为具体的论述，即“发展和安全并重，以确保安全为前提发展核能事业。发展是安全的基础，安全是发展的条件。发展和安全是人类和平利用核能的基本诉求，犹如车之两轮、鸟之双翼，相辅相成、缺一不可。应秉持为发展求安全、以安全促发展的理念，让发展和安全两个目标有机融合、相互促进。只有实现更好发展，才能真正管控安全风险；只有实现安全保障，核能才能持续发展。”[2]

---

〔1〕参见中共中央党史和文献研究院编：《习近平关于总体国家安全观论述摘编》，中央文献出版社 2020 年版。

〔2〕《习近平首次阐述中国核安全观 推动实现持久核安全》，2014 年 3 月 25 日，载中国共产党新闻网，http://theory. people. com. cn/n/2014/0325/c136457 - 24726054. html。

为此,“放射性废物管理法”的立法目的应当包括保护人的安全与健康、保护生态环境和保障核能产业可持续发展这三个具体方面。其中,保护人(包括公众和放射性废物管理从业人员)的安全与健康属于核安全维度,是首要目标;保护生态环境属于生态安全维度,是相对次要目标;保障核能产业可持续发展是相对间接的目标。换言之,《放射性废物管理法》在立法目的条款设计时应当考虑“人—环境—核能产业”的法益保护顺位。这些目标的实现依赖于对放射性废物的妥善管理,参考我国《核安全法》《环境保护法》《放射性污染防治法》等法律的立法目的条款表述方式,可以将“放射性废物管理法”的立法目的条款表述为:“为妥善管理放射性废物,保障公众和工作人员的安全与健康,保护生态环境,保障核能产业的可持续发展,制定本法。”

在基本原则方面,原则的设计应当围绕立法目的展开。例如,法国《2006年放射性物质与废物可持续管理规划法》第2条规定,“无论什么性质的放射性物质和废物,都必须为了保护个人健康、安全和环境而进行可持续管理;为避免或限制对后代人造成过重负担,应当研究采取必要的措施确保放射性废物的安全;乏燃料和放射性废物的产生者要对这些物质承担责任”。结合上述我国“放射性废物管理法”的立法目的定位,本书认为,放射性废物管理需要坚持安全优先,预防为主,责任明确,公开透明和统筹协调的原则。具体而言:

安全优先,是指放射性废物的管理全过程都必须优先保障不对公众和工作人员的生命与健康以及生态环境造成不可接受的辐射风险。其在内涵上和我国《核安全法》第4条所规定的“安全第一”原则具有相似性,区别在于,对放射性废物管理而言,这里的“安全”需要突出长久安全或永久安全的考虑,正如《核安全法》第41条之规定。安全优先的原则是由“放射性废物管理法”的核安全法属性所决定的。

预防为主,是在贯彻安全优先原则的手段设计方面应当坚持事前预防优于事后控制与救济的理念,其在内容上包括我国《环境保护法》《放射性污染防治法》《核安全法》所分别规定的“预防为主”和“纵深防御”原则。预防为主原则是由“放射性废物管理法”的环境法和核安全法的共同属性所决定的。

责任明确,是指应当明确放射性废物管理所涉政府及其相关部门和放射性废物产生、运输、贮存、处理、处置各单位的监督与管理职责、义务与责任,确保放射性废物管理工作有序进行。这一原则与《核安全法》第4条规定的"责任明确"原则在内涵上具有相似性。贯彻这一原则重点需要明确从事放射性废物管理相关活动的许可证持有人的主要安全责任和经济责任,还需要明确国家或政府对放射性废物处置的兜底责任。

公开透明,是指放射性废物管理的决策过程和实施过程应当以公开的方式进行并确保社会公众能够知晓或参与。该原则是核法中的一项基本原则,有利于淡化涉核问题的神秘色彩,凝聚共识,亦适用于放射性废物的管理。[1] 但需要注意的是,公开透明并不意味着没有例外情形,立法还需规定放射性废物管理方面涉及的国家秘密、商业机密和个人隐私的保密要求。

统筹协调,是指放射性废物处理处置问题需要和核能发展问题统筹考虑,放射性废物管理的实施需要政府部门之间相互协调(包括央地协调和区域协调),放射性废物产生、运输、贮存、处理和处置各相关单位需要相互协作。统筹协调是贯彻总体国家安全观的必然要求,也是对放射性废物管理责任明确原则的必要补充。

2. 管理体制机制的设计与优化

体制机制的设计和优化是我国放射性废物管理法律制度完善的重要方面。结合《乏燃料管理安全和放射性废物管理安全联合公约》关于监管框架的设计要求,适当参考代表性核能国家放射性废物管理的组织架构设计的经验,针对我国放射性废物在体制机制方面存在的短板,本书认为,我国"放射性废物管理法"应当从以下三个方面来展开体制机制的设计与优化。

首先,与《核安全法》第6条关于核安全监管体制的规定进行衔接和协调。明确国务院核安全监督管理部门为放射性废物管理安全的监管部门,明确国务院核工业主管部门为放射性废物管理的行业主管部

〔1〕 参见汪劲主编:《核法概论》,北京大学出版社2021年版,第42页。

门,规定其他相关部门在各自职责范围内对放射性废物管理的其他方面实施相应的监督和管理,细化《核安全法》所规定的核安全工作协调机制(侧重放射性废物管理方面),并明确地方政府在放射性废物管理方面的职责(如参与放射性废物处置规划制定、对关闭后的放射性废物处置设施实施安全监护)。这是责任明确原则和统筹协调原则的共同要求。

其次,建立放射性废物管理的区域协调机制。在地方层面,放射性废物的产生量和核能利用活动(主要是核动力设施)的分布情况有关,核动力设施(如核电厂)越多,产生的放射性废物越多,放射性废物处理处置的需求越大,而由于社会接受度、资源、技术、厂址条件等因素的限制,不同地方建设放射性废物处理处置设施的适宜性和意愿也不一致。为此,有必要在国家层面统筹协调的基础上,建立相对灵活的区域协调机制,促进放射性废物管理的区域共治,降低放射性废物管理的成本。该协调机制在协调事项上包括放射性废物跨区运输的支持、放射性废物集中贮存和处置的相互支持、放射性废物应急工作的互助等。这也是统筹协调原则的要求。在立法技术上,对于这一问题我国《长江保护法》(2020 年)第 6 条的规定"长江流域相关地方根据需要在地方性法规和政府规章制定、规划编制、监督执法等方面建立协作机制,协同推进长江流域生态环境保护和修复"可以作为参考立法例。

最后,明确放射性废物管理实施主体。放射性废物管理的实施主体是除政府部门之外的具体从事放射性废物的运输、贮存、处理和处置的单位。立法关于放射性废管理实施主体的规定需要遵循安全优先原则和责任明确原则。结合上文对我国放射性废物管理执行主体的现状和问题分析,"放射性废物管理法"需要在《放射性污染防治法》和《核安全法》对放射性废物处理、贮存和处置实施许可的规定的基础上,明确放射性废物处理、贮存和处置单位的资质或者许可条件。考虑到放射性废物处理、贮存尤其是处置工作的长期性,为保证放射性废物管理工作的稳定性,可以考虑参考上述代表性核能国家(如韩国、德国、俄罗斯等)的规定,由具备条件的国有企业来专门从事放射性废物的处理、贮存和处置活动。

3. 主要制度的构建与完善

我国现行放射性废物管理相关的法律法规在内容上基本涵盖了上述代表性核能国家放射性废物管理所涉主要法律制度要素，“放射性废物管理法”的制度设计应当包括三方面的工作：一是对现行行之有效的法律制度予以认可和整合；二是对现行制度存在的不足进行完善；三是对重要的制度缺失进行弥补或构建。具体来说：

在制度认可与整合方面，我国《核安全法》《放射性污染防治法》《环境影响评价法》等法律和相关的行政法规已经规定的安全许可制度、安全评价制度、环境影响评价制度、质量保证制度、报告制度和事故应急制度已相对完善，“放射性废物管理法”起草时需要将这些分散的法律条文进行体系化梳理，在“重述”的基础上做好衔接，并根据需要进行细化规定。

在制度完善方面，重点需要完善公众参与制度和资金保障制度。前者是克服“邻避困境”、提升放射性废物管理社会接受性的重要手段。“放射性废物管理法”起草时应当贯彻公开透明原则，在《核安全法》《环境影响评价法》现有规定的基础上，重点明确放射性废物安全监管部门、放射性废物管理行业主管部门、地方政府及其相关职能部门和放射性废物的产生、处理、贮存、运输和处置单位的信息公开职责、信息公开的事项范围和信息公开的方式以及信息公开的例外情形，明确放射性废物管理安全监管部门、放射性废物管理行业主管部门在安全许可审批、规划起草等重要事项方面组织公众参与（征求公众意见）的职责。后者是放射性废物管理有序开展和长久安全的基本条件保障。在本书考察的国家中，资金问题是该国放射性废物管理法的重要内容，或设专章（如法国《2006 年放射性物质及废物可持续管理规划法》第 2 章）进行规定，或单行立法（如德国《核废物管理基金法》）进行规定。对于我国来说，起草“放射性废物管理法”时，应当在综合采纳《核安全法》、《放射性污染防治法》和《核电站乏燃料处理处置基金征收使用管理暂行办法》的相关规定的基础上，对所有类型的放射性废物管理的费用问题进行体系化设计，可以考虑综合采用污染者付费和受益者负担原则，建立以放射性废物产生承担费用为主，国家（政府）财政补贴、地方横向生态补偿等方式为补充的多元化来源的放射性废物管理专项资金,为放射性废物的长期管理提供充足的经费保障,同时明确这一专项资金的管理模式(如基金模式)和使用范围。

在制度构建方面,针对上文梳理的问题,“放射性废物管理法”起草时应当重点考虑建立放射性废物管理与核能发展协调机制,将放射性废物管理纳入核能发展的决策过程,贯彻预防为主的原则,摒弃先发展后治理的管理思路。该协调机制可以从两个环节“嵌入”:一是在规划环节,建立能源发展规划(如核电发展规划)、行业发展规划(如核工业发展规划)、核安全规划和放射性废物选址规划编制的协调机制,实现协同规划,保证放射性废物管理在宏观决策中得到妥善考虑;二是项目审批环节,建立核能项目立项审批、核安全许可审批和环境影响评价审批等行政许可审批协调机制,将放射性废物管理方案作为行政许可申请的条件,确保放射性废物管理在具体决策层面得以妥善安排。

附录　代表性核能国家放射性废物管理法律框架条目(条旨)编译

一、美国放射性废物管理主要法律

(一)《1982年核废物政策法》(经修订)

第1节　简称和目录

第2节　定义

第3节　可分割性

第4节　领域和拥有

第5节　海洋处置

第6节　支出授权的限制

第7节　机密国家安全信息的保护

第8节　适用性

第9节　运输法的适用性

标题Ⅰ　高放废物、乏燃料和低放废物的处置和储存

第101节　州和受影响的印第安部落参与国防废物拟议储存库的开发

副标题A　处置高放废物和乏燃料的储存库

第111节　调查结果和目的

第112节　推荐候选场址的场址特征

第113节　场址特征

第114节　场址批准和建造授权

第115节　储存库选址的审查

第116节　州的参与

第117节　与各州和受影响的印第安人的磋商

第118节　印第安部落的参与

第119节　联邦机构行为的司法审查

第120节　加急授权

第 121 节 特种规格和标准
第 122 节 乏燃料的处置
第 123 节 材料的名称
第 124 节 关于获得水权后的影响的考虑
第 125 节 特定条款的终止
副标题 B 临时储存库项目
第 131 节 调查结果和目的
第 132 节 乏燃料临时储存的可用容量
第 133 节 临时在堆储存
第 134 节 设施扩建和转移的许可证颁发
第 135 节 乏燃料储存库
第 136 节 临时储存基金
第 137 节 运输
副标题 C 可取回储存的监控
第 141 节 可取回储存的监控
第 142 节 对可取回储存的监控的授权
第 143 节 可取回储存监控委员会
第 144 节 调查
第 145 节 选址
第 146 节 不批准的通知
第 147 节 福利协议
第 148 节 建造授权
第 149 节 财政援助
副标题 D 低放废物
第 151 节 低放废物场址关闭的财政安排
副标题 E 核废物计划的重新定向
第 160 节 尤卡山场址的选择
第 161 节 选择第二个储藏库
副标题 F 福利
第 170 节 福利协议
第 171 节 协议内容
第 172 节 审查小组

第 173 节　终止

副标题 G　其他福利

第 174 节　关于选址设施的考虑

第 175 节　报告

副标题 H　运输

第 180 节　运输

标题Ⅱ　高放废物和乏燃料处置的研究、发展与示范

第 211 节　目的

第 212 节　适用性

第 213 节　场址的识别

第 214 节　选址研究及相关活动

第 215 节　测试和评估设施选址的审查和报告

第 216 节　联邦机构行为

第 217 节　高放废物处置的研究与开发

第 218 节　乏燃料处置的研究与开发

第 219 节　对州和受影响印第安部落的支付

第 220 节　受监控的可取回储存方案的研究与开发需求

第 221 节　司法审查

第 222 节　关于永久处置高放废物的替代性方案的研究

第 223 节　在乏燃料处置和储存领域里对无核武器国家的技术援助

第 224 节　海底处置

标题Ⅲ　有关放射性废物的其他规定

第 301 节　任务计划

第 302 节　核废物基金

第 303 节　替代性资金方式

第 304 节　民用放射性废物管理办公室

第 305 节　测试和评估设施的地点

第 306 节　美国核监管委员会的培训授权

标题Ⅳ　核废物谈判员

第 401 节　定义

第 402 节　核废物谈判员办公室

第 403 节　谈判员的职责

第 404 节　场址的环境评价

第 405 节　场址特征和许可

第 406 节　可取回储存的监控

第 407 节　环境影响声明

第 408 节　谈判者的行政权力

第 409 节　其他部门和机构的合作

第 410 节　办公室的终止

第 411 节　拨款的授权

标题Ⅴ　核废物技术审查委员会

第 501 节　定义

第 502 节　核废物技术审核委员会

第 503 节　职能

第 504 节　调查权

第 505 节　对成员的补偿

第 506 节　工作人员

第 507 节　支持服务

第 508 节　报告

第 509 节　拨款的授权

第 510 节　委员会的终止

（二）《1985 年低放废物政策法》（经修订）

标题Ⅰ　《1985 年低放废物政策修正法》

第 101 节　简称

第 102 节　对低放废物政策法的修正

第 1 节　简称

第 2 节　定义

第 3 节　处置低放废物的责任

第 4 节　处置低放废物的区域协议

第 5 节　在过渡期和许可证发放期间某些区域处置设施的有限可用性

第 6 节　紧急准入

第 7 节　能源部的责任

第 8 节　替代性处置方法

第 9 节　许可证审查和批准

第10节　低于监管标准的放射性废物

标题Ⅱ　《综合低放废物州际协议同意法》

第201节　简称

副标题A　一般规定

第211节　国会调查

第212节　协议同意的条件

第213节　国会审查

副标题B　国会对协议的同意

第221节　西北地区低放废物管理州际协议

第1条　政策和目的

第2条　定义

第3条　监管实践

第4条　区域性设施

第5条　西北低放废物协议委员会

第6条　有资格的缔约方和生效日期

第7条　可分割性

第222节　中部洲际低放废物协议

第1条　政策和目的

第2条　定义

第3条　权利和义务

第4条　中部洲际低放废物协议委员会

第5条　区域设施的开发和运营

第6条　其他法律和法规

第7条　有资格的缔约方、退出、撤销、生效和终止

第8条　惩罚

第9条　可分割性和构造

第223节　东南州际低放废物管理协议

第1条　政策和目的

第2条　定义

第3条　权利和义务

第4条　东南州际低放废物管理协议委员会

第5条　设施的开发和运营

第 6 条　其他法律和法规
第 7 条　有资格的缔约方;退出;撤销;生效;终止
第 8 条　惩罚
第 9 条　可分割性和构造
第 224 节　中西部州际低放废物协议
第 1 条　政策和目的
第 2 条　定义
第 3 条　中西部州际低放废物协议委员会
第 4 条　区域管理计划
第 5 条　缔约州的权利和义务
第 6 条　设施的开发和运营
第 7 条　其他法律和法规
第 8 条　有资格的缔约方、退出、撤销、生效、终止
第 9 条　惩罚
第 10 条　可分割性和构造
第 225 节　中西部州际低放废物管理协议
第 1 条　政策和目的
第 2 条　定义
第 3 条　中西部州际低放废物管理协议委员会
第 4 条　区域管理计划
第 5 条　协议州的权利和义务
第 6 条　设施的开发和运营
第 7 条　其他法律和法规
第 8 条　有资格的缔约方、退出、撤销、生效、终止
第 9 条　惩罚
第 10 条　可分割性和构造
第 226 节　洛基山低放废物协议
第 1 条　调查结果和目的
第 2 条　定义
第 3 条　权利、责任和义务
第 4 条　洛基山低放废物协议委员会对区域设施的批准
第 5 条　附加费用

第 6 条　洛基山低放废物协议委员会

第 7 条　禁止行为和处罚

第 8 条　资格、生效、国会同意、退出、排除

第 9 条　可分割性和构造

第 227 节　东北部州际低放废物管理协议

第 1 条　政策和目的

第 2 条　定义

第 3 条　权利和义务

第 4 条　东北部州际低放废物管理协议委员会

第 5 条　东道州的选择和区域设施的开发与运营

第 6 条　其他法律和法规

第 7 条　有资格的缔约方、退出、撤销、生效、终止

第 8 条　惩罚

第 9 条　赔偿条款

第 10 条　可分割性和构造

二、加拿大《核燃料废物法》(2002 年)

第 1 章　简称

第 1 条　简称

第 2 章　解释

第 2 条　定义

第 3 章　立法目的

第 3 条　立法目的

第 4 章　法的适用

第 4 条　约束女王陛下

第 5 条　适用于核能公司与加拿大原子能有限公司

第 5 章　废物管理组织

第 6 条　废物管理组织的设立与宗旨

第 7 条　对其他核燃料废物所有者的责任

第 8 条　咨询委员会

第 6 章　资金

第 9 条　信托基金

第10条 向信托基金存款
第11条 从信托基金中提款
第7章 废物管理组织的研究
第12条 提交三年期研究报告
第13条 财务方面
第14条 咨询公众意见
第15条 总督决定
第8章 废物管理组织的报告义务
第16条 提交年度报告的义务
第17条 存款义务
第18条 提交三年期报告
第19条 部长声明
第9章 方法的改变
第20条 新方法——技术困难
第10章 受益人提款
第21条 从信托基金中提款
第11章 记录、账簿和财务报表
第22条 需要保存的记录和账簿
第23条 财务报表
第12章 文件公开
第24条 文件公开
第13章 记录和报表的检查
第25条 审计员
第26条 协助审计员义务
第14章 违法和惩罚
第27条 未履行存款义务
第28条 未提交研究报告
第29条 雇员或代理人违法
第30条 尽职免责
第31条 诉讼时效
第15章 生效
第32条 生效

三、英国《1993 年放射性物质法》

第 1 章　前言

第 1 条　“放射性物质”的含义

第 1A 条　“放射性物质”和“放射性废物”的含义

第 1B 条　涉及天然陆地或宇宙来源放射性核素的工业活动

第 1C 条　经加工的天然陆地或宇宙来源放射性核素

第 1D 条　非天然陆地或宇宙来源的放射性核素

第 1DA 条　稀释以降低放射性的浓度:北爱尔兰

第 1E 条　半衰期短的放射性核素

第 1F 条　本底放射性中不属于天然陆地或宇宙来源的放射性核素

第 1G 条　受污染物质或物品

第 1GA 条　历史上的镭污染:北爱尔兰

第 1H 条　处置后的物质或物品

第 1J 条　附表 1A 的变动

第 2 条　“放射性废物”的含义

第 3 条　“移动放射性装置”的含义

第 2 章　检查员和首席检查员

第 4 条　国务大臣任命的检查员和首席检查员

第 5 条　农业、渔业和食品部部长任命的检查员

第 3 章　与使用放射性物质和移动放射装置有关的登记

第 6 条　禁止未经登记使用放射性物质

第 7 条　放射性物质使用者的登记

第 8 条　第 7 条豁免登记的情形

第 9 条　禁止未经登记使用移动放射性装置

第 10 条　移动放射性装置的登记

第 11 条　第 10 条豁免登记的情形

第 12 条　登记的注销和变更

第 4 章　处置和累积放射性废物的授权

第 13 条　放射性废物的处置

第 14 条　放射性废物的累积

第 14A 条　放射性废物:对被授权处置和累积放射性废物者的要求:北爱尔兰

第 15 条　第 13 条和第 14 条的豁免情形
第 16 条　授权的颁发
第 16A 条　授权的转让
第 17 条　撤销和更改授权
第 17A 条　对授权的审查和对本法中授权的场所的检查
第 18 条　公共和地方当局在第 13 条规定的授权方面的职能

第 5 章　与登记或授权有关的进一步义务

第 19 条　披露文件的义务
第 20 条　现场或处置记录的保留和制作

第 6 章　执行通知和禁止通知

第 21 条　执行通知
第 22 条　禁止通知

第 7 章　国务大臣在申请等方面的权力

第 23 条　国务大臣向首席督察发出指示的权力
第 24 条　国务大臣要求对特定申请做出决定的权力
第 25 条　国务大臣限制了解申请的权力

第 8 章　上诉

第 26 条　注册、授权和通知：对首席检查员的决定提出上诉
第 27 条　第 26 条规定下的上诉程序
第 28 条　涉及相应部长的与授权和通知有关的申述

第 9 章　国务大臣在放射性废物方面的其他权力

第 29 条　提供处置或累积放射性废物的设施
第 30 条　国务大臣处置放射性废物的权力
第 30A 条　“孤儿源”的回收和处置

第 10 章　进入权

第 31 条　进入和检查的权利

第 11 章　违反情形

第 32 条　与登记或授权有关的违反
第 33 条　与第 19 条和第 20 条有关的违反
第 34 条　商业秘密的披露
第 34A 条　做出虚假或误导性陈述或非法进入的违反
第 35 条　阻挠

第 36 条　法人团体的违反
第 37 条　他人过错而导致的违反
第 38 条　对起诉的限制
第 12 章　公众对文件和记录的获取
第 39 条　公众对文件和记录的获取
第 13 章　其他法律规定的实施
第 40 条　为特定法律规定目的而不考虑放射性
第 14 章　一般性规定
第 41 条　文件服务
第 42 条　本法对王室的适用
第 43 条　费用和收费
第 44 条　法规和命令:大不列颠
第 45 条　法规和命令:北爱尔兰
第 46 条　本法对其他权利和义务的影响
第 47 条　一般解释条款
第 48 条　定义索引
第 49 条　相应的修正案和过渡性及暂时性条款
第 50 条　废止
第 51 条　简称、生效和范围

四、法国《2006 年放射性物质与废物可持续管理规划法》

第 1 章　国家放射性物质和废物管理政策
第 1 条　标题规定
第 2 条　基本原则
第 3 条　研究方向
第 4 条　研究目标
第 5 条　定义
第 6 条　国家计划
第 7 条　中级长寿命废物处理期限
第 8 条　在法国处置国外放射性废物的禁止
第 9 条　国家委员会
第 10 条　核安全透明和信息高级委员会

第2章　放射性物质和废物管理的组织和资金

第11条　条文修改

第12条　建造处置中心的授权程序

第13条　地方公益组织

第14条　放射性废物管理的具体要求

第15条　放射性废物储存和深地质处置的资金

第16条　放射性废物储存或处置设施建造、运行、最终关闭、维护和监测的资金

第17条　国家对参与第3条规定的研究的补贴

第18条　地方信息委员会

第19条　《环境法典》中不适用于放射性废物处置的规定

第20条　基础核设施营运者承担放射性废物管理费用的义务

第21条　基础核设施附加税

第3章　控制和制裁

第22条　信息提供义务

第23条　处罚措施

五、德国放射性废物管理主要法律

(一)《核废物管理基金法》(2017年)

第1条　设立、目的和所在地

第2条　定义

第3条　基金会

第4条　董事会

第5条　董事

第6条　公司章程

第7条　基金资产

第8条　提前还款和额外付款的义务

第9条　资金投资

第10条　资金使用

第11条　财务和经济规划

第12条　会计

第13条　监督

第 14 条　解散
第 15 条　授权发布条例

(二)《放射性废物管理转移法》(2017 年)

第 1 条　放射性废物管理融资义务的过渡
第 2 条　为处置放射性废物采取行动义务的过渡
第 3 条　临时储存设施、授权发布条例
第 4 条　根据第 2 条报销第三方费用

(三)《关于核电站退役和拆除成本以及放射性废物包装费用的透明度法》(2017 年)

第 1 条　信息提供义务
第 2 条　拆除义务的规定清单
第 3 条　责任范围
第 4 条　关于拆除义务的单独报告
第 5 条　联邦经济和出口管制办公室的通知义务
第 6 条　数据的使用和传输
第 7 条　联邦政府报告
第 8 条　罚款规定
第 9 条　授权发布条例

(四)《选址法》(2017 年)

第 1 章　总则

第 1 条　目的
第 2 条　定义
第 3 条　责任主体
第 4 条　联邦核废物管理办公室

第 2 章　参与程序

第 5 条　公众参与原则
第 6 条　信息平台
第 7 条　意见程序、会议
第 8 条　国家咨询委员会
第 9 条　专家会议
第 10 条　区域会议
第 11 条　地区委员会会议

第3章　选址过程

第1节　一般规定

第12条　地区规划

第2节　选址过程的顺序

第13条　区域确定

第14条　勘探选址区域的确定

第15条　勘探计划的确定

第16条　勘探方案

第17条　地下勘探和勘探方案的决定

第18条　地下勘探

第19条　最终选址区域的比较和建议

第20条　最终选址区域的决定

第21条　安全条例

第3节　选址的标准和要求

第22条　排除标准

第23条　最低要求

第24条　地球科学标准

第25条　规划科学标准

第26条　安全要求

第27条　初步安全调查

第4章　选址成本

第28条　征收款

第29条　征收款义务与征收款金额

第30条　实施选址调查和确定可分配成本的年度账目

第31条　征收款金额的确定

第32条　征收款要求、决定和到期日

第33条　预付款

第34条　征收款金额与预付款的差额

第35条　逾期付款罚款

第35a条　成本总额

第5章　最后条款

第36条　戈勒本盐丘

第6章　过渡条款

第37条　过渡性规定

第7章　授权条款

第38条　文件、发布条例的授权

六、日本《特定放射性废物最终处置法》(2000年)

第1章　总则

第1条　立法目的

第2条　定义

第2章　基本方针

第3条　基本方针

第4条　最终处置的计划

第5条　实施计划

第3章　大致调查地区的选定

第6条　选定大致调查地区

第7条　精密调查地区的选定

第8条　最终处置设施建设地的选定

第9条　设置最终处置设施

第10条　委任省令

第4章　最终处置的实施等

第1节　筹款

第11条　处置金

第12条　机构名称等的申报

第13条　变更手续

第14条　缴款

第15条　督促及滞纳处分

第2节　最终处置的实施

第16条　最终处置实施

第17条　最终处置设施的关闭

第18条　公开处置设施信息

第19条　委任省令

第20条　确保安全的规定

第 3 节　最终处置设施的保护
第 21 条　最终处置设施的保护
第 22 条　中止命令等
第 23 条　报告及进入检查等
第 24 条　有关国家机关等的特例
第 25 条　实地调查
第 26 条　公害等调整委员会的裁定
第 27 条　《采矿法》的适用
第 28 条　赔偿损失
第 29 条　赔偿损失争议的裁定
第 30 条　赔偿损失争议的诉讼
第 31 条　矿区所适用的补偿
第 32 条　因实地调查所致损害的赔偿
第 33 条　因实地调查所致损害赔偿争议的诉讼

第 5 章　核废物管理组织

第 1 节　总则

第 34 条　设立目的
第 35 条　法人资格
第 36 条　组织名称
第 37 条　登记
第 38 条　一般社团法人及一般财团法人相关法律的适用

第 2 节　设立

第 39 条　发起人
第 40 条　设立许可
第 41 条　审查事项
第 42 条　事务交接
第 43 条　设立登记

第 3 节　管理

第 44 条　章程记载事项
第 45 条　董事
第 46 条　董事职务及权限
第 47 条　董事的空缺条款

第 48 条 董事解除
第 49 条 董事的选任及解聘
第 50 条 禁止兼任董事
第 51 条 禁止兼任监事
第 52 条 代表权的限制
第 53 条 评议员会
第 54 条 职员的任命
第 55 条 干部及职员的公务员性质
第 4 节 业务
第 56 条 执行业务
第 57 条 委托业务
第 58 条 最终处置储备基金
第 59 条 最终处置储备基金的使用
第 60 条 业务运营
第 61 条 业务方法书
第 62 条 提交资料的请求
第 5 节 财务和会计
第 63 条 业务年度
第 64 条 预算等的认可
第 65 条 财务报表
第 66 条 会计分类
第 67 条 借款
第 68 条 委任省令
第 6 节 监督
第 69 条 监督命令
第 70 条 报告和进入检查
第 7 节 其他规定
第 71 条 解散
第 72 条 审查请求
第 73 条 (已删除)
第 74 条 业务困难时的措施

第 6 章　指定法人

第 75 条　指定等

第 76 条　资金管理业务规程

第 77 条　事业计划等

第 78 条　业务停止废止

第 79 条　最终处置储备基金的运营

第 80 条　账簿

第 81 条　解除职务命令

第 82 条　监督命令

第 83 条　指定的取消等

第 7 章　其他规定

第 84 条　报告及现场检查

第 85 条　委任省令

第 86 条　经过措施

第 8 章　罚则

第 87 ~ 94 条　罚则

七、韩国《放射性废物管理法》(2017 年)

第 1 条　目的

第 2 条　定义

第 3 条　与其他法律的关系

第 4 条　州和地方政府的责任

第 5 条　管理机构和放射性废物产生者的职责

第 6 条　放射性废物管理基本计划

第 6 - 2 条　征求公众意见

第 7 条　放射性废物管理实施计划

第 8 条　放射性废物的调查等

第 9 条　放射性废物管理服务

第 10 条　放射性废物管理机构

第 11 条　放射性废物管理设施运行指南

第 12 条　信息公开

第 13 条　放射性废物的转移

第 14 条　放射性废物管理费用

第 15 条　核废燃料管理费

第 16 条　预支管理费和收费

第 17 条　核电厂退役费用准备金等

第 18 条　韩国放射性废物管理机构的设立

第 19 条　执行人员

第 20 条　业务

第 21 条　经费来源

第 22 条　资金借用

第 23 条　无偿出租国有财产

第 24 条　预算等

第 25 条　事务委托

第 26 条　民法的适用

第 27 条　经营指导和监督

第 28 条　放射性废物管理基金的设立

第 29 条　募集资金

第 30 条　资金使用等

第 31 条　基金的管理和运作

第 32 条　基金核算机关

第 33 条　基金损益的处置

第 34 条　报告和检查等

第 35 条　发布给放射性废物产生者等的措施令

第 36 条　替代执行

第 37 条　授权委托

第 38 条　法定公职人员适用刑罚的规定

第 39 条　(关于破坏或不当操作放射性废物管理设施的)处罚规定

第 40 条　(关于干扰放射性废物管理设施的)处罚规定

第 41 条　(关于违法运营放射性废物管理设施的)处罚规定

第 42 条　(关于未经批准实施放射性废物管理计划的)处罚规定

第 43 条　(关于违法实施未经修改批准的放射性废物管理计划的)处罚规定

第 44 条　(关于雇主和雇员的)共同处罚规定

第 45 条　行政罚款

八、俄罗斯《2011 年联邦放射性废物管理法》

第 1 章　总则

第 1 条　本法的适用范围

第 2 条　放射性废物管理领域关系的法律规定

第 3 条　本法使用的基本概念

第 4 条　放射性废物的分类

第 5 条　俄罗斯联邦政府在放射性废物管理领域的权力

第 6 条　联邦行政当局在放射性废物管理领域的权力

第 7 条　俄罗斯联邦各组成实体的国家当局权力和地方行政机关在放射性废物管理领域的权力

第 8 条　放射性废物管理的联邦法规和规章

第 9 条　放射性废物及其储存设施的所有权

第 2 章　国家统一的放射性废物管理制度

第 10 条　国家统一的放射性废物管理制度的目的、原则和结构

第 11 条　建立国家统一的放射性废物管理制度

第 12 条　放射性废物处置的要求

第 13 条　放射性废物处置设施的安全要求

第 14 条　对放射性废物管理组织的要求

第 15 条　放射性废物的国家核算与控制

第 16 条　放射性废物和储存设施清单的要求

第 17 条　放射性废物管理中的放射性监测

第 3 章　放射性废物管理的行政和法律框架

第 18 条　管理放射性废物的国家机构的权力和职能

第 19 条　国家安全管理部门对放射性废物安全管理的职权

第 20 条　国家放射性废物管理机构

第 21 条　对产生放射性废物的组织的一般要求

第 22 条　放射性废物管理活动的财政支持

第 4 章　本联邦法律生效前的放射性废物管理

第 23 条　放射性废物的初步清查和废物地址的确定

第 24 条　对累积放射性废物和废物储存设施的管理要求

第5章　特殊类型放射性废物的管理及其管理活动要求

第25条　可取回放射性废物的管理

第26条　特殊放射性废物的管理及其贮存设施的要求

第27条　铀矿开采和加工过程中产生的放射性废物和极低放射性废物的管理

第28条　对天然放射性核素含量高的矿物和有机原料的非核开采和加工过程中所产生的天然放射性核素含量高的材料的管理

第29条　密封放射源管理

第30条　液体和气体放射性废物的管理

第31条　俄罗斯联邦进出口放射性废物的特点

第6章　违反放射性废物管理要求的责任

第32条　违反废物管理要求的责任类型和理由

第33条　违反废物管理要求的赔偿

第7章　俄罗斯联邦的一些法律修正案

第34条　对《联邦自然垄断法》的修改

第35条　对《1995年联邦原子能利用法》的修改

第36条　对《2002年联邦环境保护法》的修改

第37条　对《联邦城市发展法典》的修改

第38条　对《联邦水法》的修改

第39条　对《2007年关于国家原子能公司法》的修改

第8章　最后条款

第40条　放射性废物处置设施所有权转让

第41条　本法生效前通过的俄罗斯联邦法规的有效性以及本法生效前颁发的许可证的有效性

第42条　本法的生效

参考文献

1. [德]乌尔里希·贝克:《风险社会》,何博闻译,译林出版社2004年版。
2.《〈乏燃料管理安全和放射性废物管理安全联合公约〉第六次审议会议中华人民共和国国家报告》,2017年。
3. 蔡先凤:《核电安全的法律规制》,北京大学出版社2020年版。
4. 蔡先凤:《核损害民事责任研究》,中国原子能出版社2006年版。
5. 陈春生:《核能与法之规制》,台北,月旦出版股份有限公司1995年版。
6. 陈刚:《国际原子能法》,中国原子能出版社2012年版。
7. 陈俊:《我国核法律制度研究基本问题初探》,载《中国法学》1998年第6期。
8. 伏创宇:《基于不确定法律概念的行政功能保留研究——以德国核能法为例》,北京大学2012年博士学位论文。
9. 傅济熙:《核损害的民事责任和赔偿》,原子能出版社2003年版。
10. 甘露茜:《核能行业放射性废物安全管理法律制度研究》,重庆大学2019年博士学位论文。
11. 高宁:《国际原子能机构与核能利用的国际法律控制》,中国政法大学出版社2009年版。
12. 国际原子能机构:《放射性废物处置》,国际原子能机构2011年版。
13. 国际原子能机构:《放射性物质安全运输条例》,国际原子能机构2018年版。
14. 核安全立法知识读本编委会编:《核安全立法知识读本》,人民交通出版社2015年版。
15. 胡帮达:《核安全独立监管的路径选择》,载《科技与法律》2014年第2期。
16. 胡帮达:《核法中的安全原则研究》,法律出版社2019年版。
17. 胡德胜主编:《能源法学》,北京大学出版社2017年版。
18. 环境保护部核与辐射安全监管二司、环境保护部核与辐射安全中心编著:《日本福岛核事故》,中国原子能出版社2014年版。

19. 孔庆军、李峰、朱杰、赵弥:《俄罗斯放射性废物管理现状》,载《辐射防护通讯》2016 年第 4 期。
20. 李鹏:《起步到发展:李鹏核电日记》(上、下),新华出版社 2004 年版。
21. 刘久:《论〈核安全法〉背景下我国公众核安全权利的实现》,载《苏州大学学报(哲学社会科学版)》2020 年第 3 期。
22. 陆浩主编:《中华人民共和国核安全法解读》,中国法制出版社 2018 年版。
23. 孙庆红:《放射性废物管理的进展、存在问题和管理策略——国际放射性废物技术委员会第三次会议介绍》,载《辐射防护通讯》2003 年第 6 期。
24. 汪劲:《环境法学》,北京大学出版社 2019 年版。
25. 汪劲:《论〈核安全法〉与〈原子能法〉的关系》,载《科技与法律》2014 年第 2 期。
26. 汪劲主编:《核法概论》,北京大学出版社 2021 年版。
27. 王俊峰:《放射性废物处理与处置》,中国原子能出版社 2012 年版。
28. 王社坤、刘文斌:《我国核安全许可制度的体系梳理与完善》,载《科技与法律》2014 年第 2 期。
29. 吴宜灿、赵永康、马成辉等:《国际放射性废物处置政策及经验启示》,载《中国科学院院刊》2020 年第 1 期。
30. 徐原总译审:《世界原子能法律解析与编译》,法律出版社 2011 年版。
31. 许安标、刘华、王毅韧主编:《中华人民共和国核安全法释义》,中国民主法制出版社 2017 年版。
32. 阎政:《美国核法律与国家能源政策》,北京大学出版社 2006 年版。
33. 杨丽丽、张巧娥、樊赞、刘婷、高思旖:《我国〈放射性废物安全管理条例〉与〈俄罗斯放射性废物管理联邦法律〉的比较分析》,载《核安全》2012 年第 4 期。
34. 杨尚东:《高科技风险决策过程的法律规制:以核电的开发应用为分析对象》,中国法制出版社 2022 年版。
35. 叶奇蓁、张志银:《我国核电厂放射性废物管理进展及挑战》,载《中国核电》2010 年第 3 期。
36. 岳树梅:《中国民用核能安全保障法律制度的困境与重构》,载《现代法学》2012 年第 6 期。
37. 赵威:《我国原子能立法研究》,载《法学杂志》2011 年第 10 期。
38. 郑玉辉:《〈原子能法〉立法 30 年》,载《中国核工业》2014 年第 5 期。

39. 中共中央党史和文献研究院编:《习近平关于总体国家安全观论述摘编》,中央文献出版社 2020 年版。

40. 朱翁爱:《德国核设施退役治理市场探析》,载《现代工业经济和信息化》2020 年第 7 期。

41. Achim Brunnengräber, Maria Rosaria Di, Nucci, Ana María Isidoro Losada, et al., *Challenges of Nuclear Waste Governance: An International Comparison*, VS Verlag für Sozialwissenschaften, 2018.

42. C. Stoiber, A. Baer, N. Pelzer, et al., *Handbook on Nuclear Law*, International Atomic Energy Agency, 2003.

43. Canadian Nuclear Safety Commission, *Canadian National Report for the Convention on Nuclear Safety – Eighth Report*, IAEA, 2019.

44. CarltonStoiber, Alec Baer, et al., *Handbook on Nuclear Law: Implemenation*, International Atomic Energy Agency, 2010.

45. Department for Business, Energy and Industrial Strategy, *The United Kingdom's Sixth National Report on Compliance with the Obligations of the Joint Convention on the Safety of Spent Fuel and Radioactive Waste Management*, IAEA, 2017.

46. Federal Ministry for the Environment, Nature Conservation and Nuclear Safety, *Report of the Federal Government for the Seventh Review Meeting in May* 2021 *on the fulfilment of the obligations of the Joint Convention on the Safety of Spent Fuel Management and on the Safety of Radioactive Waste Management*, Federal Ministry for the Environment, Nature Conservation and Nuclear Safety, 2020.

47. Helen Cook, *The law of Nuclear Energy*, Sweet & Maxwell, 2018.

48. IAEA, *IAEA Safety Glossary Terminology Used in Nuclear Safety and Radiation Protection* 2018 *Edition*, IAEA, 2019.

49. IAEA, *The Fukushima Daiichi Accident*, Report by the Director General, 2015.

50. IAEA, Classification of Radioactive Waste, IAEA, 2009.

51. IAEA, The Management System for the Disposal of Radioactive Waste, IAEA, 2008.

52. IAEA, The Management System for the Processing, Handling and Storage of Radioactive Waste, IAEA, 2008.

53. IAEA, Nuclear Law: The Global Debate, IAEA, 2022.

54. J. Samuel Walker and Thomas R. Wellock, *A Short History of Nuclear Regulation*: 1946 - 2009, U. S. Nuclear Regulatory Commission, 2010.

55. Kim W. S, Choi K. S., Choi Y. S., Kim H. J., Park D. K., *Nuclear Safety Policy Statement in Korea*, Korea Institute of Nuclear Safety, Daejeon, Republic of Korea, 2006.

56. Masahiko Aoki, Geoffrey Rothwell, *A Comparative Institutional Analysis of the Fukushima Nuclear Disaster: Lessons and Policy Implications*, *Energy Policy*, Iss. 53, 2013.

57. Miller B. Spangler, *A Summary Perspective on NRC's Implicit and Explicit Use of De Minimis Risk Concepts in Regulating for Radiological Protection in the Nuclear Fuel Cycle*, Contemporary Issues in Risk Analysis, Vol. 2, 1987.

58. Natural Resources Canada, Inventory of Radioactive Waste in Canada Review, 2016.

59. Nuclear Regulation Authority, *National Report of JAPAN for the Sixth Review Meeting*, IAEA, 2017.

60. Nuclear Safety and Security Commission, *Korean Sixth National Report under the Joint Convention on the Safety of Spent Fuel Management and on the Safety of Radioactive Waste Management*, IAEA, 2017.

61. Nuclear Safety Authority, *France sixth National Report on Compliance with the Joint Convention Obligations*, IAEA, 2017.

62. OECD - NEA, *International Nuclear Law: History, Evolution and Outlook*, OECD, 2010.

63. OECD - NEA, *Nuclear Legislation in OECD and NEA Countries*: Canada, OECD, 2009.

64. OECD - NEA, *Nuclear Legislation in OECD and NEA Countries: France*, OECD, 2011.

65. OECD - NEA, *Nuclear Legislation in OECD and NEA Countries: Germany*, OECD, 2011.

66. OECD - NEA, *Nuclear Legislation in OECD and NEA Countries: Japan*, OECD, 2017.

67. OECD - NEA, *Nuclear Legislation in OECD and NEA Countries: Republic of*

Korea, OECD, 2009.

68. OECD – NEA, *Nuclear Legislation in OECD and NEA Countries: United Kingdom*, OECD, 2003.

69. OECD – NEA, *Nuclear Legislation in OECD and NEA Countries: Unites States*, OECD, 2016.

70. OECD – NEA, Principles and Practice of International Nuclear Law, OECD, 2022.

71. OECD – NEA, *Radioactive Waste Management Programmes in OECD/NEA Member Countries: Japan*, OECD, 2011.

72. OECD – NEA, *Radioactive Waste Management Programmes in OECD/NEA Member Countries: France*, OECD, 2016.

73. OECD – NEA, *Radioactive Waste Management Programmes in OECD/NEA Member Countries: Canada*, OECD, 2015.

74. OECD – NEA, *Radioactive Waste Management Programmes in OECD/NEA Member Countries: Unites States*, OECD, 2011.

75. OECD – NEA, *Radioactive Waste Management Programmes in OECD/NEA Member Countries: Russian Federation*, OECD, 2014.

76. OECD – NEA, *Radioactive Waste Management Programmes in OECD/NEA Member Countries: Republic of Korea*, OECD, 2016.

77. OECD – NEA, *Radioactive Waste Management Programmes in OECD/NEA Member Countries: United Kingdom*, OECD, 2011.

78. OECD – NEA, *Radioactive Waste Management Programmes in OECD/NEA Member Countries: Germany*, OECD, 2016.

79. Pablo M. Figueroa, *Risk Communication Surrounding the Fukushima Nuclear Disaster: An Anthropological Approach*, Asia Europe Journal, Vol. 11, Iss. 1.

80. Peter R. Orszag, *Costs of Reprocessing Versus Directly Disposing of Spent Nuclear Fuel*, CBO testimony, 2007.

81. Randall W. Miller, *Wasting Our Options? Revisiting the Nuclear Waste Storage Problem*, Washington and Lee Journal of Energy, Climate, and the Environment, Vol. 4, Iss. 2, 2013.

82. Russian Federation State Atomic Energy Corporation Rosatom and the Federal Environmental, *Industrial and Nuclear Supervision Service*, The Fifth National

Report of the Russian Federation on Compliance with the Obligations of the Joint Convention on the Safety of Spent Fuel Management and the Safety of Radioactive Waste Management, IAEA, 2017.

83. Sanders, Mark H, Sanders, Charlotta E, *Nuclear Waste Management Strategies: An International Perspective*, Elsevier Science & Technology, 2019.

84. Slovic P et al., *Nuclear Power and the Public: A Comparative Study of Risk Perception in France and the United States*, Technology Risk and Society, 2000.

85. Stewart, Richard Burleson and Jane Bloom Stewart, *Fuel Cycle to Nowhere: U. S. Law and Policy on Nuclear Waste*, Vanderbilt University Press.

86. U. S. Department of Energy, *United States of America Sixth National Report for the Joint Convention on the Safety of Spent Fuel Management and on the Safety of Radioactive Waste Management*, IAEA, 2017.